Sabine Burger, Alexander Schwarz

KulturSchock Island

„Það er löng leið frá Íslandi til Himnaríkis."
(Es ist ein langer Weg von Island bis ins Himmelreich.)
Davíð Stefánsson

Impressum

Sabine Burger, Alexander Schwarz
KulturSchock Island

erschienen im
Reise Know-How Verlag Peter Rump GmbH
Osnabrücker Str. 79
33649 Bielefeld

1. Auflage 2019

Gestaltung
Umschlag: G. Pawlak
Inhalt: amundo media GmbH
Fotos: Alexander Schwarz und Sabine Burger (sb)

Lektorat: amundo media GmbH

Druck und Bindung:
Hinckel-Druck GmbH, Wertheim

ISBN 978-3-8317-3105-3

Dieses Buch ist erhältlich in jeder Buchhandlung Deutschlands, der Schweiz, Österreichs, Belgiens und der Niederlande.
Bitte informieren Sie Ihren Buchhändler über folgende Bezugsadressen:

Deutschland
Prolit GmbH, Postfach 1109,
D-35461 Fernwald (Annerod)
sowie alle Barsortimente

Schweiz
AVA Verlagsauslieferung AG
Postfach 27, CH-8910 Affoltern

Österreich
Mohr Morawa Buchvertrieb GmbH
Sulzengasse 2, A-1230 Wien

Niederlande, Belgien
Willems Adventure, www.willemsadventure.nl

Wer im Buchhandel trotzdem kein Glück hat, bekommt unsere Bücher auch über unseren
Büchershop im Internet: www.reise-know-how.de

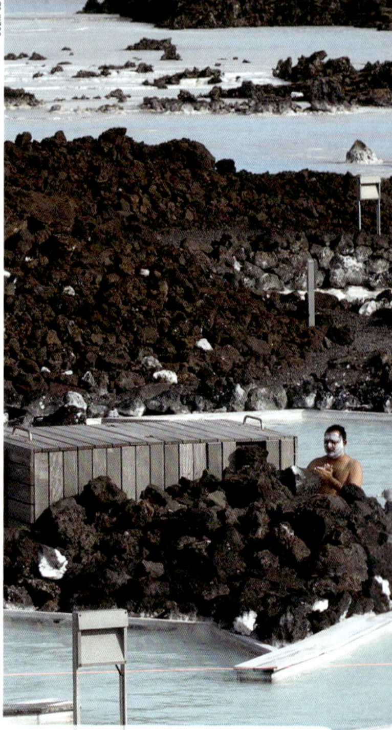

002ki-sb

Wir freuen uns über Kritik, Kommentare und Verbesserungsvorschläge, gern auch per E-Mail an info@reise-know-how.de.

Sabine Burger, Alexander Schwarz

KULTURSCHOCK
ISLAND

Vorwort

Dass auch eher weniger positive Schlagzeilen von Nutzen sein und ein Land auf die mediale Landkarte setzen können, haben 2008 die Finanzkrise in Island und der Ausbruch des Eyjafjallajökull 2010 zur Genüge bewiesen. Denn während ein Flug in den Süden Europas fast genauso lange dauert wie der Flug nach Island, haben viele Europäer doch das Gefühl, Island wäre deutlich weiter entfernt. Im Denken vieler liegt die Insel ganz weit weg, quasi fast am Nordpol. Es ist zwar korrekt, dass Reykjavík offiziell die nördlichste Hauptstadt der Welt ist, doch liegt tatsächlich nur ein klitzekleiner Teil des Landes über dem nördlichen Polarkreis. Das Land ist Kontinentaleuropa also in Wahrheit viel näher, als mancher vermutet, zumindest seit man einfach ins Flugzeug steigen kann, um dorthin zu kommen.

Und doch wissen viele nur wenig über das Leben und die Bewohner auf der Vulkaninsel im Norden, auch wenn es für sie gleichzeitig ein Sehnsuchtsort ist, vor allem weil es in den letzten Jahren bereits unzählige spannende Berichte über die raue und teilweise noch unberührte Natur Islands gab. Letztendlich entscheiden sich doch mehr Reisende für die wärmeren Ziele im Rest der Welt und nur die wirklich Interessierten packen für den Sommerurlaub Anorak, Mütze, Schal und Handschuhe ein – da man tatsäch-

003ki-sb

lich damit rechnen muss, dass die Temperaturen auch im Sommer unter zehn Grad Celsius fallen – und machen sich auf den Weg zu einem Abenteuer im Norden Europas.

Island ist geologisch gesehen ein sehr junges Land, das sich gerade erst entwickelt, weshalb hier heiße Quellen, Erdbeben oder sogar Vulkanausbrüche vorkommen und man nicht von einer üppigen, grünen Natur, sondern einer kargen, schroffen Lavalandschaft begrüßt wird, sobald man isländischen Boden betritt. Es sind der offene Horizont, der einen weiten Ausblick bietet, die schroffen Felsen, kahle Lavafelder, schwarze Sandstrände und Sandwüsten, welche die Landschaft bestimmen. Und natürlich prägt diese Landschaft auch die Menschen, die in ihr leben. Es handelt sich bei den Isländern schon um ein ganz besonderes Volk. Auch wenn sie, zumindest was ihre Anzahl betrifft, eher bescheiden daherkommen. Denn mit 353.070 Einwohnern (Stand 1. Januar 2018) leben hier etwa

⌃ Warten auf die Rückkehr der isländischen Fußballnationalmannschaft nach ihrer erfolgreichen Teilnahme an der EM 2016. Im Zentrum Reykjavíks hat sich ein durchaus beachtlicher Prozentsatz der isländischen Gesamtbevölkerung versammelt.

so viele Menschen wie in Bielefeld oder Wuppertal, oder in Genf und Lausanne beziehungsweise Linz und Salzburg zusammengenommen. Erst wenn man sich dies vor Augen hält, kann man verstehen, was die Menschen hier geleistet haben und noch immer leisten. Wie es ein Land mit so wenigen Einwohnern schafft, ein Gesundheits- und Sozialwesen zu organisieren und auch in Krisenzeiten irgendwie aufrechtzuerhalten, und wie direkt abhängig die Gesellschaft dabei von wirtschaftlichen Entwicklungen ist, wird in diesem Buch thematisiert.

Wenn die Inselbewohner auf den ersten Blick auch etwas verschlossen oder eigenartig erscheinen mögen, wird man auf seiner Reise doch auf viele liebenswürdige, gastfreundliche und hilfsbereite Menschen treffen, vorausgesetzt, man nimmt sich die Zeit für einen Plausch. Praktische Verhaltenstipps sollen verhindern, dass man als Besucher in Fettnäpfchen tritt, die einem das Leben schwer machen können.

Und letztendlich verwundern die Eigenarten der Isländer, die den Lesern in diesem Buch nähergebracht und erklärt werden sollen, nicht so stark, wenn man bedenkt, wie ein Leben beeinflusst wird, das man jahrhundertelang abgeschieden und weit weg vom Rest der Welt auf einer Insel mit besonderen klimatischen Bedingungen geführt hat. Die Geschichte der Isländer war oft genug vom Kampf ums bloße Überleben geprägt. Im Geschichtskapitel wird deutlich, welchen Einfluss diese Erfahrungen darauf haben, wie sich die Isländer in einer modernen Weltordnung sehen. Und auch im modernen Island bleibt das Leben von den Extremen des Wetters sowie den langen Tagen im Sommer und langen Nächten im Winter geprägt und spielen Feste und Bräuche, die auf den alten germanisch-heidnischen Glauben zurückzuführen sind, noch eine wichtige Rolle im Jahresrhythmus.

Sehr viel Freude wird den Besuchern die scheinbar unerschöpfliche Kreativität der Inselbewohner bereiten. Wohl nirgendwo sonst gibt es gemessen an der Einwohnerzahl so viele Musiker, Künstler und Schriftsteller wie in Island, weshalb das Angebot an Festivals, Aufführungen, Lesungen und Ausstellungen auf hohem Niveau erstaunlich vielfältig ist und man manchmal im hintersten Winkel des Landes die interessantesten Überraschungen erleben kann.

Wir hoffen, dass wir Ihnen diese uns lieb gewordenen Menschen auf dieser von den Launen der Natur so geprägten Insel im Nordatlantik mit unserem Buch etwas näher bringen können und wünschen Ihnen viel Freude beim Lesen.

Sabine Burger und Alexander Schwarz

Inhalt

Exkurse zwischendurch

Extrainfos im Buch

ergänzen den Text um anschauliche Zusatzmaterialien, die von den Autoren aus der Fülle der Internet-Quellen ausgewählt wurden. Sie können bequem über unsere spezielle Internetseite **www.reise-know-how.de/kulturschock/island19** durch Eingabe der jeweiligen Extrainfo-Nummer (z. B. „#1") aufgerufen werden.

LEGGUR

Verhaltenstipps von A bis Z

[<] Natürliche Abhärtung von Kindesbeinen an: Während sich die Eltern beim Genuss eines heißen Kaffees aufwärmen, liegt ihr Wonneproppen in der frischen Luft – auch mitten im Winter (004ki-sb).

- **Autofahren** ist eine meist asphaltlose Herausforderung. In Ortschaften darf man maximal 50 km/h, außerhalb maximal 90 km/h auf Asphalt und auf unbefestigten Straßen (Sand, Geröll, Steine) maximal 80 km/h fahren. Steht ein Schild mit der Aufschrift „4x4" am Straßenrand, darf man ab hier nur noch mit Vierradantrieb fahren. Mehr zum Thema Autofahren findet sich ab Seite 271.
- **Begrüßung:** Mit „Góðan daginn" oder „Góðan dag" wünscht man einen guten Tag, „Sæll" gegenüber Männern und „Sæl" gegenüber Frauen tut es auch. Nur „Hallo" oder gar „Hi" hört man eher selten (außer vielleicht im Kontakt mit Touristen). Bei Begrüßungen verbindet man mit der Frage „Hvað segir þú gott?" – „Wie geht es dir?" (wörtlich: „Was sagst du Gutes"), dass das Gegenüber grundsätzlich positiv antwortet (z. B. „Bara fint!") und die gleiche Frage stellt.

  Bei einem ersten Treffen kann man dem Gegenüber die Hand geben, das würde man bei weiteren Zusammenkünften (auch im Geschäftsleben) eher nicht mehr machen, außer es gibt einen besonderen Anlass. Gute Bekannte oder Freunde kann man auch herzlich umarmen. Ansonsten grüßt man einfach mit Worten.

  Zum Abschied sagt man „Bless" oder auch „Bless bless", womit man jemanden wörtlich segnet (wie im englischen *to bless),* oder man weist schon auf das Wiedersehen hin: „Sjáumst!" („Wir sehen uns!").
- **Besucheransturm:** Das Land wurde von dem Besucheransturm nach der Finanzkrise einigermaßen überrumpelt. Es fehlt noch immer an angemessener Infrastruktur, und an so einfachen wie wichtigen Dingen wie Abfallbehältern und Toiletten mangelt es oft. Da Isländer lieber verdienen als investieren, finden diese Anpassungen mit einer gewissen Verzögerung statt. Bis dahin muss man eben improvisieren. Und darin wiederum sind die Isländer Meister. Irgendwas geht immer, und wenn man die Sporthallen als Unterkünfte öffnet, weil es keine freien Zimmer mehr in der Gegend gibt.
- **Baden:** Isländer baden gerne draußen – auch im Schneegestöber. Die isländischen Schwimmbäder sind mehr als nur gefüllte Wasserbecken. Sie nehmen oft einen wichtigen Platz im sozialen Leben ein. Hier trifft man sich, jung und alt tauschen Neuigkeiten und Gerüchte aus, plaudern miteinander über Gott, Island und die Welt. Selbst kleinste Dörfer nennen oft ein Schwimmbad ihr Eigen. Für die Isländerinnen und Isländer ist es sehr wichtig, dass man sich vor Betreten des Schwimmbades oder der heißen Becken gründlichst und ohne Badekleidung abseift und duscht. Obwohl das Nacktduschen selbstverständlich ist und man mehr auffällt, wenn man sich damit schwertut, ist man in Island ansonsten mit Nacktheit eher zurückhaltend. In einer Sauna oder ei-

Extrainfo 1 (s. S. 9): Isländischer Comedy-Beitrag über das Duschen vor dem Schwimmen, u. a. mit dem Komiker und späteren Bürgermeister Jón Gnarr (mit englischen Untertiteln)

nem Dampfbad ist es ganz normal, dass man den Badeanzug anbehält, auch wenn es nach Geschlechtern getrennte Abteilungen oder Tage gibt.

Nacktbaden im Meer erübrigt sich wegen der Wasser- und Lufttemperatur von selbst. Zudem herrscht rund um Island fast überall eine sehr gefährliche Strömung. In Reykjavík gibt es jedoch ein Strandbad, das in den Fjord hinausragt. Dort trauen sich die ganz Tapferen das ganze Jahr über hinaus ins äußerst frische bis eisige Salzwasser und genießen hinterher ein Bad im Heißwasserbecken. Hier wird die normale Badebekleidung von den treuen Besuchern durch Wollmütze und Neopren-Handschuhe und -Socken ergänzt.

- **Bekleidung:** Die hier üblichen Temperaturen und vor allem der Wind zwingen oftmals zu eher funktionaler als zu schicker Kleidung. Das bringt einen eher informellen Kleidungsstil mit sich, der nicht selten von praktischer (Outdoor-)Kleidung bestimmt wird. Allerdings legen Isländer bei wichtigen Terminen, besonderen Anlässen, im Theater oder beim Ausgehen Wert auf ein gepflegtes Äußeres. Schwarz ist die dominierende Farbe und ein typischer Islandpullover geht je nachdem, wie man ihn kombiniert, als Reisekleidung oder schickes Accessoire durch. Als Tourist sollte man zumindest ein ausgehtaugliches Outfit dabeihaben. Und dann gibt es da noch die coolen Jungs, die auch am kältesten Wintertag nur im T-Shirt bekleidet durch die Stadt gehen, auch wenn es einen schon beim Hinsehen friert und man sich fragt, wie diese Wikinger die Kälte aushalten. Diese T-Shirt-Träger bleiben meist nur kurz im Freien und verschwinden bald wieder in recht gut beheizten Häusern. Das sei allerdings eher nicht zur Nachahmung empfohlen.
- **Beleidigungen:** Hiermit sollte man sehr vorsichtig sein. Man wird sehr selten hören, dass ein Isländer jemanden beschimpft oder hinter dessen Rücken schlecht über ihn redet. Die Chancen, dass der Gesprächspartner mit dem Gegenüber in irgendeiner Form verwandt ist, sind schlicht und ergreifend zu hoch, auf jeden Fall ist es aber absolut sicher, dass die Person über drei Ecken etwas von den Beleidigungen erfährt.
- **Drogen:** Außer Tabak und Alkohol sind alle Drogen verboten, was natürlich nicht heißt, dass sie auf der Insel nicht auf illegalem Wege zu bekommen wären. Doch wer versucht, Drogen ins Land zu schmuggeln, muss mit empfindlichen Strafen rechnen. Auf dem Flughafen laufen die Zöllner regelmäßig mit Spürhunden durch die Menge oder stehen einfach ein paar Meter vor dem Ausgang mit ihnen bereit, sodass alle an ihnen vorbei müssen.

005ki-sb

- **Einkaufen/Märkte:** Ein großer Teil der Frischwaren muss importiert werden und die Qualität ist oftmals eher gewöhnungsbedürftig. Isländisches Gemüse aus Gewächshäusern ist da schon viel wohlschmeckender. Eine Auswahl verschiedener Lebensmittelläden gibt es nur in den größeren Orten (ab ein paar Hundert Einwohnern), ansonsten dient die örtliche Tankstelle als Treffpunkt und Versorgungsstelle. Möchte man Bio- oder Diätlebensmittel kaufen oder benötigt man als Allergiker bestimmte Artikel, deckt man sich am besten in Reykjavík ein.

Märkte gibt es auf Island fast nicht. Zwischen Juni und August finden aber ein paar Sommermärkte statt, auf denen Bauern samstags für ein paar Stunden ihre Lebensmittel feilbieten. Eine Ausnahme bildet Kólaportið in Reykjavík. Dies ist vor allem ein Secondhandmarkt, der nur samstags und sonntags geöffnet ist. Dort gibt es in einer Ecke aber auch eine Lebensmittelabteilung mit Fisch, Fleisch, wenigen Gemüsesorten, Backwaren und Süßigkeiten.

Für den Einkauf sollte man sich auch im Sommer etwas wärmer anziehen: Die isländischen Supermärkte bevorzugen es, viele ihrer Waren in einem oder zwei begehbaren Riesenkühlschränken feilzubieten.

Was nicht in Island hergestellt wird, wird importiert, weshalb es tatsächlich vorkommt, dass es etwas nicht gibt. Wenn also etwa ein Händler ein bestimmtes Fahrradersatzteil nicht vorrätig hat, kann es durchaus sein, dass es in diesem Jahr nicht mehr möglich ist, es zu bekommen, denn der nächste Container mit Fahrrädern kommt womöglich erst im Frühjahr wieder auf die Insel.

- **Einladungen:** Isländerinnen und Isländer laden gerne Gäste zu sich nach Hause ein. Falls es um eine Verabredung in ein Restaurant geht, kommt es darauf an, was genau abgesprochen ist. Wird man ausdrücklich zum Essen eingeladen, dann bezahlt der Gastgeber. Bei einem „Lass uns zusammen was essen gehen!" oder „Kommst du mit ins Café?" bezahlt jeder selbst oder man teilt die Gesamtrechnung am Schluss in gleiche Beträge, ohne auf Heller und Pfennig genau auszurechnen, wer was konsumiert hat.
- **E-Mail:** E-Mails zu schreiben, ist in Island vollkommen zwecklos. Auf sie antwortet fast niemand freiwillig. Selbst bei Pensionen und Hotels funktioniert der E-Mail-Verkehr oft nur sehr schwerfällig. Die einzige Möglichkeit, in Island schnell jemanden zu erreichen, ist per Telefon oder über Facebook. Da kann man dann schon mal darauf aufmerksam machen, dass man eine E-Mail mit einem wichtigen Inhalt geschickt hat. Auf Facebook sind praktisch alle Inselbewohner zu finden, denn dies ist das Medium, über das man erfährt, was im Lande gerade wichtig ist, wo es etwas Besonderes zu erleben gibt oder wer was getan hat.
- **Fotografieren:** Isländer sind im Grunde nicht scheu im Angesicht der Kamera und lassen sich eigentlich gerne fotografieren. Trotzdem sollte man den Respekt aufbringen, immer erst zu fragen, ob es okay ist, dass man ein Foto von jemandem macht. Meist ist das auch kein Problem. Sobald Isländer aber den Eindruck bekommen, dass sie wie Zootiere abgelichtet werden, schlägt die Stimmung um.
- **Frauen:** Island ist ein gutes Ziel für allein reisende Frauen, denn hier besteht eine gute Infrastruktur, die Leute sind hilfsbereit und versuchen nicht, einen übers Ohr zu hauen, außerdem gibt es nur wenig Kriminalität. Aufpassen sollte man bei Veranstaltungen, bei denen viel Alkohol konsumiert wird. Tätliche Übergriffe, sexuelle Belästigung und Schlägereien auf großen Festivals oder wenn man am Wochenende ausgeht sind fast immer eine Folge des zu hohen Alkoholkonsums.
- **Fremdenfeindlichkeit:** Besucher werden freundlich begrüßt und man ist ihnen gegenüber hilfsbereit. Ausländer, die hier wohnen, klagen

‹ Fermentierter Hai: Gerade wenn man denkt, es sei ja nicht so schlimm, schlägt das Geschmacksrezeptorengrauen zu – garantiert

vereinzelt darüber, dass es schwer ist, gute Arbeitsstellen und eine Wohnung zu finden. Tatsächlich vermieten viele Isländer lieber an Einheimische oder jemanden, der zumindest die Sprache fließend spricht. Und natürlich spielt hier auch eine Rolle, dass man als Ausländer nicht auf die selbstverständliche Unterstützung durch eine große Familie zurückgreifen kann. Insgesamt unterscheidet sich die ethnische Struktur der Bewohner Islands signifikant von der kontinentaleuropäischen, das Land ist weit von einer multikulturellen Gesellschaft entfernt. Selbst die hier nach dem Zweiten Weltkrieg stationierten US-amerikanischen Truppen bestanden anfangs, entsprechend einem mit der isländischen Regierung unterzeichneten Vertrag, nur aus hellhäutigen Soldatinnen und Soldaten.

- **Freundschaften:** Isländerinnen und Isländer sind anfangs eher reserviert und oft wortkarg, wenn es um die eigenen Gefühle geht. Dagegen kann man sich prima über Island oder ähnlich Unverfängliches unterhalten. Spüren sie echtes Interesse, können sich aber doch recht schnell wirkliche Freundschaften entwickeln.
- **Gast (zu ~ sein):** Wird man von jemandem nach Hause eingeladen, kann man diese Einladung guten Gewissens annehmen. Vor der Wohnungstür werden die Schuhe ausgezogen, in der Wohnung geht man auf Socken. Eine Flasche Wein, Blumen, Pralinen, Servietten und Kerzen oder etwas anderes in der gleichen Preisklasse sind als Mitbringsel immer gern gesehen. Wer zum Essen eingeladen ist, sollte pünktlich erscheinen. Ansonsten nimmt man es mit der Zeit nicht so genau. Nach dem Essen darf man auf keinen Fall vergessen, sich mit einem „Takk fyrir mig!" („Danke für mich") oder „Takk fyrir matinn!" („Danke für das Essen") zu bedanken, worauf die Antwort „Verði þér að góðu!" („Wohl bekomm's") folgt. Es kommt vor, dass auch bei einer Einladung über den Durst getrunken wird und es dann recht laut und forsch zugeht. Wem das zu viel wird, der kann sich unter einem Vorwand freundlich verabschieden. Wenn man die Gastgeber oder andere Gäste das nächste Mal trifft oder am Telefon spricht, bedankt man sich mit „Takk fyrir síðast!" („Danke für neulich!") für das schöne Beisammensein.
- **Gesprächsthemen:** Eine der ersten Fragen, die man als Tourist oder Gast zu hören bekommt, ist das obligatorische „Wie gefällt dir Island?". Bei der Antwort geht es keineswegs darum, im Detail darzulegen, was man über die Politik oder vielleicht den Umweltschutz denkt. Man spricht hier am besten ganz diplomatisch über die einzigartigen Naturphänomene, das köstliche Wasser oder die lebendige Kulturszene. Absolut tabu, außer wenn man sich um Kopf und Kragen reden möch-

te, ist das Thema Walfang (s. S. 116). Die Touristen sind größtenteils der Meinung, der Walfang gehöre abgeschafft, was eine Mehrheit der Besucher allerdings nicht davon abhält, im Restaurant Walfleisch zu konsumieren. Doch bei diesem Thema sind auch die aufgeschlossensten Isländer zu keinem Kompromiss bereit, denn ein Verzicht auf den Walfang käme dem Eingeständnis gleich, man lasse andere Länder über interne Politik mitbestimmen. Besser ist es da, über das Wetter zu reden. Denn das Wetter, beziehungsweise die ständigen Wetterwechsel, sind immer ein dankbares Thema und in manchen Fällen auch nicht unwichtig („Hast du gehört? Ab heute Mittag gibt es einen Schneesturm!").

Isländer reden zunächst nicht so gerne über sich und geben nicht gleich ihre Gefühle preis. Das braucht meist etwas. Manchmal sind sie auch genervt, wenn sie schon wieder zu Naturwesen (Elfen, Trollen usw.) befragt werden. Merken sie aber, dass man ein tatsächliches Interesse hat, werden sie gesprächiger. Sagt ein Isländer während eines Gesprächs nicht viel, bedeutet das nicht, dass er sich nicht wohlfühlt. Sprechen Isländer miteinander, kommt es durchaus vor, dass einige Minuten hintereinander nur ein „so, so" und „ja, ja" ausgetauscht werden. Daher heißt es auch: „Warum ähnelt das heutige Isländisch noch immer dem Altnorwegisch der Wikinger?" „Weil es nicht durch viel Reden abgenutzt wurde."

- **Geld:** Über Geld wird nur allgemein gesprochen, höchstens in Bezug darauf, was eine sinnvolle Geldanlage sein könnte, aber man wird nie von anderen hören, was sie verdienen oder wie viel Geld sie auf ihren Konten liegen haben. Andererseits wiederum wird einmal pro Jahr eine Liste veröffentlicht, in der angegeben wird, welchen Betrag jeder Bürger versteuert hat. Sie liegt offen und für alle einsehbar in den Finanzämtern aus. Vor allem Journalisten machen sich die Mühe, sich durch die Liste zu graben, denn das ergibt immer wieder einen Aufhänger für eine Story.

  Kreditkartenzahlung ist auch bei Kleinstbeträgen möglich und üblich. Man sollte nicht damit rechnen, mit einer Karte mit V-PAY-Funktion in Geschäften bezahlen oder Geld abheben zu können.
- **Handeln/Feilschen:** Man darf sich nicht wundern, wenn man von einem Verkäufer ungläubig angeschaut wird, wenn man versucht, einen Preis herunterzuhandeln. Das ist eher unüblich, man kann es aber, vor allem bei größeren Beträgen, schon mal versuchen, fragen kostet schließlich nichts. Es gibt bei Touristeninformationsstellen manchmal gratis kleine Bücher mit Gutscheincodes und in den Supermärkten Gutscheinhefte, für die man aber etwas bezahlen muss.

Während (ein kurzes) Handeln so eben noch akzeptiert und wie gesagt nur selten zum Erfolg führen wird, gilt Feilschen schlicht als unwürdig.

- **Hierarchien:** Hierarchien sind in Island geradezu verpönt. Man ist stolz darauf, dass man sie kaum kennt. Deutlichstes Beispiel hierfür ist, dass sich alle duzen, ob sie sich kennen oder nicht, welche Stellung der andere auch immer hat – ob Polizist oder Kellner, Ministerpräsident oder Lehrer, Arzt oder Müllmann.
- **Homosexualität:** Island gehört bezüglich der Gesetzgebung zu gleichgeschlechtlichen Paaren zu den fortschrittlichsten Ländern der Welt. Grundsätzlich ist es Isländern egal, mit wem man eine intime Beziehung unterhält. Mit Jóhanna Sigurðardóttir hatte Island von 2009 bis 2013 die erste öffentlich lesbisch lebende Ministerpräsidentin weltweit – und ihre Frau ist hierzulande eine der bekanntesten Kinderbuchautorinnen. Die ausländischen Journalisten stürzten sich wie Geier auf diese Tatsache. Doch die Menschen in Island hat weit mehr beschäftigt, dass das Kabinett damals zum ersten Mal zur Hälfte aus Frauen bestand.

  Bei der Reykjavik Pride gibt es jedes Jahr im August einen bunten Umzug durch Reykjavík, der etwas dem Karneval ähnelt und zahllose Besucherinnen und Besucher aller Altersgruppen, darunter viele Familien, in die Stadt zieht. Da wird gefeiert und getanzt, doch es bleibt auch eine politische Veranstaltung mit der Forderung, den Menschen ihr Recht auf freie Sexualität zu garantieren, diese zu verteidigen und zu schützen. Denn auch in einer Gesellschaft, die in ihrer Gesetzgebung in dieser Hinsicht weit fortgeschritten ist, brauchen Menschen Unterstützung und eine Anlaufstelle.
- **Kritik (im Gespräch):** Vornehme Zurückhaltung zahlt sich sicherlich aus. Als Gast sollte man daher erst ausloten, mit wem man gerade spricht. Eigentlich sind Isländer sehr an Meinungen von außerhalb interessiert – diese sollten aber auch nicht allzu sehr von der eigenen abweichen. Isländer sind letztlich doch sehr stolz auf ihr Land und so erwarten sie auf die unvermeidliche Frage „Wie gefällt dir Island?" auf jeden Fall in erster Linie eine positive bis begeisterte Antwort. Zum heiklen Thema Walfang siehe „Gesprächsthemen" (S. 16).
- **Müll:** Im (sub-)arktischen Klima wird Abfall weniger schnell zu Humus als in Westeuropa. Deshalb ist es sehr wichtig, nichts im Freien wegzuwerfen. Man sollte also meinen, dass Mülltrennung den Isländern ein besonderes Anliegen ist. Leider ist dies nicht der Fall. Nur Papier, Plastik und Getränkeflaschen werden getrennt gesammelt. In einigen Recyclingstationen, z.B. in Reykjavík, kann man auch noch mehr Dinge sortieren, muss diese aber selbst dort abliefern.

Leider gibt es auch bei gern besuchten Sehenswürdigkeiten bisher oft noch zu wenig bis keine Abfallbehältnisse (und WCs). Es lohnt sich, eine Plastiktüte als Abfallsack im Auto mitzuführen und die bemannten Tankstellen für eine sanitäre Pause anzufahren.

- **Naturwesen:** Wie immer man selbst dazu steht, Naturwesen (Elfen, Trolle usw.) üben einen nicht zu unterschätzenden Einfluss auf das Denken der Isländer aus. An der Oberfläche wird man davon zunächst nichts merken. Vielleicht wird man sich aber über die ein oder andere Straßenführung wundern oder sehen, dass kleinere Wiesenflächen nicht gemäht wurden. Möchte man im Gespräch mit Isländern darüber mehr erfahren, so braucht dies oft etwas Zeit und Die Gewissheit aufseiten des Gesprächspartners, dass man ein originäres Interesse an diesem Thema hat, sowohl das Thema als auch die Person ernst nimmt und diese nicht nur auslachen möchte. Die meisten öffnen sich diesem Thema Fremden gegenüber erst, wenn sie sich dessen versichert haben. Daher sind Geduld und oft mehrere Gespräche nötig.
- **Öffentliche Verkehrsmittel:** Die einzigen öffentlichen Verkehrsmittel sind Busse, die in der Stadt fahren oder über Verbindungen auf der Ringstraße das gesamte Land verbinden. Die Isländer sind grundsätzlich mit ihrem Auto verwachsen und nutzen nur ungern eine Alternative zu ihrem eigenen Gefährt. Die Stadtbusse fahren in einem guten Takt vor allem zu Stoßzeiten, also morgens zum Arbeitsbeginn und nachmittags oder abends, wenn die Schulen schließen und die Arbeit beendet ist, zu anderen Zeiten kann es schon mal vorkommen, dass ein Ziel nur einmal pro Stunde angefahren wird. Sonntags beginnt der Fahrbetrieb gebietsweise erst um 12 Uhr. Manche Überlandbuslinien sind nur im Sommer in Betrieb, doch sie bringen Fahrgäste und Warenlieferungen sicher ans Ziel, denn wo es erforderlich ist, können diese hochgerüsteten Busse, die mit den ursprünglichen Katalogspezifikationen nur noch wenig zu tun haben, auch Flüsse furten und Ziele in den Nationalparks anfahren. Oftmals fahren auf einer Linie nur ein oder zwei Busse pro Tag. Man sollte also unbedingt pünktlich an der Bushaltestelle stehen.
- **Patriotismus:** Isländer sind stolz auf ihr Land. Die Insel und ihre Geschichte definieren, wer sie sind. Sie fühlen sich gänzlich in der Tradition ihrer Vorfahren verhaftet. Auch wenn sie untereinander große Konflikte austragen, nach außen hin werden sie ihr Land immer verteidigen. Vor allem Deutschen mag der ungebrochene Stolz der Isländer auf ihr Land zunächst eher ungewöhnlich erscheinen. Aber das isländische Nationalgefühl ist ein sehr ungetrübtes und fröhliches (nicht ohne den nötigen Schuss Melancholie). Mit zu viel und zu direkter Kritik an ihrem Land

stößt man Isländer daher vor den Kopf. Sie mögen ihre Eigenständigkeit und ihre Eigenarten, die sie gegenüber dem Rest der Welt auch als Isländer definieren. Man sollte dies als Besucher akzeptieren und Isländer nicht mit allzu kritischen Kommentaren in ihrem Nationalstolz verletzen. Die Folge wäre, dass man recht schnell ohne Gesprächspartner dastünde.

- **Politik:** Isländer schimpfen gerne selbst über ihr Land und die Politik. Als Gast sollte man seiner Kritik nicht sofort freien Lauf lassen, sondern erst einmal abwarten. Man wird mehr erfahren, wenn man Fragen stellt, als wenn man gleich eine eigene Meinung zum Besten gibt.
- **Prostitution:** Prostitution ist in Island verboten und daher öffentlich nicht sichtbar. Es gibt sie aber, sie fällt in den üblen Bereich der organisierten Kriminalität.
- **Pünktlichkeit:** Pünktlichkeit wird eher locker genommen. „Kein Stress", wird man oft hören, wenn man kurz anruft und sagt, dass man ein paar Minuten später kommt. Bei geschäftlichen Absprachen, Einladungen zum Essen, Konzerten und Absprachen mit Outdoor-Anbietern sollte man aber durchaus pünktlich sein.
- **Rauchen:** Restaurants, Bars, Hotels und alle öffentlichen Gebäude sind rauchfrei. Das führt bei dem rauen Klima dazu, dass Raucherinnen und Raucher draußen in Rekordzeit bibbernd ihre Lungen teeren.
- **Ratschläge:** Isländer mögen es nicht, wenn man ihnen vorschreibt, was sie zu tun oder zu lassen haben. Daher würden sie auch nie jemand anderem sagen, dass etwas nicht möglich sei oder es eine bessere Methode gäbe, etwas anzupacken. Deutlich drücken sich noch am ehesten Leute aus, die es gewohnt sind, mit Touristen zu kommunizieren (wie Reiseführer oder Pensionsbesitzer). Wenn man also um Rat fragt, zum Beispiel fragt, ob man eine bestimmte Route fahren kann, dann sollte man im Hinterkopf haben, dass man bei einem „Das könnte etwas schwierig werden" besser zweimal überlegt, ob man imstande ist, sich bei größeren Problemen selbst zu helfen.
- **Religion:** Anfang 2016 wurde in einer Umfrage festgestellt, dass 0 % (in Worten: Null Prozent) der Isländer unter 25 Jahren daran glaubt, dass Gott die Welt erschaffen habe. Zwar gehört die überwiegende Mehrheit der isländischen Bevölkerung dem evangelisch-lutherischen Glauben an, aber wohl nur, weil sie durch ihre Geburt automatisch der Staatskirche angehört. Wohl auch deshalb sind die Isländer sehr tolerant gegenüber jeder Religion und Nichtgläubigen. Die zentralen Kirchen, vor allem in den größeren Orten, stehen normalerweise offen. Auf dem Land und jenseits der Stadtzentren sind Kirchen außerhalb der Gottesdienste meist geschlossen. Sind die Kirchen offen, darf man sie gerne betreten,

solange man sich mit dem nötigen Respekt verhält.

- **Sicherheit:** Alles in allem ist Island ein sicheres Reiseland, auch wenn man als Frau alleine unterwegs ist. Touristen geraten meist nur dann in Schwierigkeiten, wenn sie Gefahrenhinweise nicht ernst nehmen, die Wetterbedingungen unterschätzen und/oder zu schnell fahren. Sexualstraftaten und tätliche Übergriffe stehen fast immer in Zusammenhang mit zu hohem Alkoholkonsum. In Kneipen, Bars, Discos und auf Festivals sollte man also so wachsam sein, wie man das auch von zu Hause gewöhnt ist.

006ki-sb

- **Souvenirs:** Die isländische Natur ist gesetzlich geschützt. Es ist verboten, durch das Sammeln von Mineralien und Pflanzen natürliche Formationen zu zerstören, beziehungsweise in geschützten Gebieten (z.B. in Vulkankratern, Lavafeldern, Höhlen, Thermalquellen u.a.) Mineralien oder Pflanzen zu sammeln. Dazu gehören, streng genommen, auch Steine. Auf privatem Grund braucht man die Genehmigung des Besitzers. Auf jeden Fall ist die Ausfuhr von Vögeln, Vogeleiern, Eierschalen, Vogelnestern, geschützten Mineralien und Pflanzen sowie Objekten von historischer oder archäologischer Bedeutung verboten.

  Es gibt immer mehr Souvenirläden, in der Hauptstadt genauso wie in den kleineren Orten, sogar ganze Regalabschnitte in den Tankstellenläden sind gefüllt mit Plüschtieren, Magneten, Postkarten, Mützen, Schals und Handschuhen. *Lundirbúðin,* Papageitaucherladen, werden sie von der einheimischen Bevölkerung geschimpft. Der Plüschtier-Papageitaucher zählt mit seinem farbenfrohen Schnabel und seinem etwas unbeholfen wirkenden Gang zu den Verkaufsschlagern bei den Touristen.

⌃ Der einflussreiche Dichter und Bischof Jón Þorkelsson Vídalín starb an dieser Stelle gleich hinter Þingvellir auf der Rückreise von einer Beerdigung

Vor allem in Reykjavík mutierten viele Quadratmeter Ladenfläche zu immer gleichen Souvenirläden. Viele andere Geschäfte können die horrend gestiegenen Mietpreise einfach nicht mehr aufbringen.

- **Sprache:** Mit Englisch kommt man sehr weit. Nur selten geschieht es, und dann vor allem auf dem Land, dass jemand kein Englisch spricht. Immer wieder kommt es auch vor, dass der Gesprächspartner über deutsche Sprachkenntnisse verfügt. Kann man selbst Dänisch, hilft das, außer bei Kindern, oft weiter: Die Sprache der ehemaligen Kolonialmacht ist noch immer Pflichtfach in der Schule und wird als zweite Fremdsprache nach Englisch unterrichtet.
- **Tageslicht:** Auf der Insel scherzt man ja gerne, dass es hier mehr Sonnenstunden im Jahr gäbe als in Kalifornien, doch sind diese Sonnenstunden etwas anders verteilt. Von Ende Mai bis Ende Juli wird es nachts nicht mehr dunkel und in den Wochen davor und danach gibt es zwar ein paar Nachtstunden, aber auch dann ist es nicht stockdunkel. Dafür ist es mitten im Winter tagsüber nicht sehr lange hell. Die vier Stunden um die Mittagszeit sind außerdem weniger hell als im Sommer.

  Für einen Urlaub bedeutet dies, dass der Körper sich auf einen ungewohnten Rhythmus einstellen muss und man daher seine Ausflüge überlegt planen sollte. Wer im Sommer kommt, braucht vielleicht eine Schlafbrille, da es nicht immer funktionierende Verdunklungsgardinen gibt. Außerdem sollte man sich durch die Helligkeit nicht dazu verleiten lassen, immer noch ein Stück weiter zu wandern oder zu fahren, sondern beachten, dass der Körper Ruhe braucht, auch wenn man durch die ausbleibende Dunkelheit das Gefühl hat, den Ausflug noch ausdehnen zu können. Nicht selten sind Autounfälle eine Folge der Übermüdung. Treibt man es zu weit, droht eine Insomnie, eine Schlafstörung, bei der man vollkommen überdreht und keinen Schlaf mehr finden kann. Umgekehrt sollte man im Winter seine Touren so kurz planen, dass man nicht mittendrin von der Dunkelheit überrascht wird.
- **Tanken:** Hier gibt es ihn noch, den freundlichen Tankwart, der den Tank füllt, während man selbst gemütlich im Auto sitzen bleiben kann. Viele größere Tankstellen bieten diesen Service, der zwar extra kostet, aber bei scheußlichem Schmuddelwetter doch recht gerne in Anspruch genommen wird. Es gibt daneben aber auch immer die günstigeren Selbsttankersäulen.

  An manchen Tankstellen (bemannt und unbemannt) muss man vorher eine Guthabenkarte kaufen, mit der man dann die Zapfsäule aktivieren kann. Das Tankstellennetz ist gut ausgebaut, allerdings gibt es ein paar Löcher, innerhalb derer über Strecken von mitunter 300 bis 400 km Länge keine Tankstelle zu finden ist. Man sollte also eine Karte zur

Hand haben, auf der alle Tankstellen eingezeichnet sind und vorausschauend tanken. Am besten fährt man nie mit einem weniger als bis zur Hälfte gefüllten Tank. Unvorhergesehene Umstände sollte man in Island immer einkalkulieren. Ein Erdrutsch, eine Flut, die eine Brücke mitreißt, eine Straße, die überflutet oder gar von den Wassermassen zerstört wird, kommen immer mal wieder vor, vor allem im Süden. Wenn man dann eine Nacht im Fahrzeug verbringen muss, ist eine gut funktionierende Heizung in einem ohnehin schon unangenehm engen Raum der allgemeinen Stimmung durchaus zuträglich.

- **Taschentücher:** Was Taschentücher betrifft, scheiden sich in Island die Geister. Die einen finden das Benutzen von Taschentüchern wirklich ekelerregend und würden nie welche verwenden, um sich damit die Nase zu putzen. Deshalb ziehen sie in geschlossenen Räumen ständig die Nase hoch und rotzen im Freien ohne Taschentuch auf den Boden. Die anderen können Taschentücher ertragen und verwenden diese auch, würden dies aber nie vor anderen tun. Am besten zieht man sich diskret ins Badezimmer zurück, wenn man sich die Nase putzen will und erträgt die laut schniefenden Erkältungsgeplagten mit größtmöglicher Gelassenheit.
- **Termine:** Wer seine privaten Treffen möglichst weit im Voraus planen möchte, wird es schwer haben, denn die Isländer planen private Treffen und gesellige Zusammenkünfte höchstens ein paar Stunden zuvor. Ruft man an und fragt: „Gehst du morgen mit mir ins Kino?", dann ist die Standardantwort, dass man das jetzt noch nicht sagen könne. Umgekehrt ist es aber auch sehr einfach, jemanden zu finden, der innerhalb der nächsten halben Stunde Zeit für ein spontanes Treffen hat und beispielsweise mit in eine Kneipe kommt. Längerfristig planen die Menschen hier nur ihren Urlaub und geschäftliche Termine.
- **Toiletten:** Bisher gibt es noch recht wenige öffentliche Toiletten, was vor allem in Gebieten, die viele Touristen anlocken, ein Problem darstellt. Die Infrastruktur hinkt dem Bedarf etwas hinterher. Bei den allerwichtigsten Sehenswürdigkeiten, z. B. auf der Golden Circle Tour, gibt es Restaurants, Souvenir-Läden und WCs. Genauso kann es aber auch sein, dass keine stillen Örtchen zur Verfügung stehen. Deshalb sollte man so oft wie möglich die Tankstellen auf der Route nutzen.
- **Trinkgeld:** Es ist unüblich, Trinkgeld zu geben, und manche fühlen sich dadurch regelrecht beleidigt. Allerdings findet man seit dem Finanzcrash 2008 manchmal auch Gläser für Trinkgeld an der Kasse. Jede und jeder konnte in der Krise mehr Geld gebrauchen, aber eigentlich sind diese Gläser eher für die Touristen da, die es gewohnt sind, einen Obolus zu hinterlassen.

007ki-sb

- **Vegetarier/Veganer/Allergiker/Bio-Ernährung:** Vegetarier, Veganer, Allergiker und Menschen, die sich gerne von Bio-Produkten ernähren, sollten sich unbedingt in der Hauptstadtregion eindecken. Unterwegs bieten oft genug nur größere Tankstellen verschiedene Nahrungsmitteln. Ein großes Angebot und eine große Vielfalt ist aber ohnehin nicht zu erwarten. An warmem Essen hält sich mit Hot Dogs und Lammeintopf/-suppe das Angebot meist in Grenzen und kennt landauf landab wenig Abwechslung.
- **Vulkanausbrüche:** Das vielleicht faszinierendste Naturschauspiel ist gleichzeitig auch eines der gefährlichsten. Wie klein und unbedeutend man als Mensch eigentlich ist, veranschaulicht eine Naturgewalt wie ein Vulkanausbruch recht deutlich. Möchte man in die Region oder gar in die Nähe eines Vulkanausbruchs fahren, sollte man sich vorher sehr gut informieren. Normalerweise werden die Bereiche weiträumig abgesperrt und nur ausgewiesene Tour-Anbieter dürfen Menschen mitnehmen. Diese Touren (Hubschrauber, Jeep, Snowmobil usw.) sind recht schnell ausgebucht und auch nicht wirklich günstig. Man sollte sich beeilen und über das nötige Kleingeld verfügen.

  Mit dem Auto in einen Ascheregen zu fahren, kann durchaus gefährlich sein. Zum einen liegt das an der Zusammensetzung der Asche. Je nachdem wie viele und welche Schadstoffe der Ascheregen enthält, kann schon das Einatmen tödliche Folgen haben. Außerdem schlüpft der Ascheregen, der sich wie ein öliger Film anfühlt, in jede noch so kleine Ritze, was einem Motor gar nicht guttut. Auch der Lack kann Schaden nehmen.

- **Warnschilder:** In Island geht man gemeinhin davon aus, dass die Natur immer gefährlich sein kann, weshalb jeder auf sich selbst aufpassen und sich möglicher Gefahren bewusst sein muss. Nur selten stehen Hinweisschilder in der Landschaft, die auf Gefahren bei eventuell bröckelnden Klippen, gefährlichen Untergrund bei geothermalen Feldern, auf Gletscher (nie sollte man allein auch nur ein paar Meter auf einem Gletscher laufen, Gletscherspalten sind an der Oberfläche oft nicht sichtbar) oder an Stränden auf die extrem starke Strömung hinweisen. Das ist schön, denn es verschandelt die Landschaft nicht – appelliert aber an den eigenen gesunden Menschenverstand und das Bewustsein, dass kein noch so tolles Foto ein frühzeitiges und plötzliches Ableben rechtfertigen würde. Unfälle passieren leider immer wieder. Vorsicht ist also geboten und es ist ratsam, sich bei Ortskundigen zu informieren.
- **Wetter:** Das Wetter kann innerhalb weniger Minuten völlig umschlagen. Genoss man gerade noch den Sonnenschein, kann es vorkommen, dass man wenige Minuten später klatschnass wird. Man sollte immer entsprechende Kleidung bei sich haben (gegen Niederschlag und Wind) und sich jederzeit der Gefahr eines Wetterumschwungs bewusst sein. Bei Wanderungen sollte man sich darauf gefasst machen, dass man innerhalb kürzester Zeit die Hand nicht mehr vor Augen sieht – und zwar im wahrsten Sinne des Wortes. So kann der Hausberg von Reykjavík, die immerhin 914 Meter hohe Esja, innerhalb von nur zwei Minuten von dichtem Nebel umhüllt sein, der von oben wie ein Vorhang über den Berg fällt. Danach ist von ihm nichts mehr zu sehen, nur noch eine große Nebelwand über dem Fjord.

  Das am meisten mitgeführte Kleidungsstück, das Touristen aber besser zu Hause lassen sollten, sind Jeans. Sie werden, wenn es regnet, schnell nass, schwer und kalt. Da geht dann ganz schnell nichts mehr, vor allem, wenn auch noch ein bisschen Wind weht. Und Regen und Wind gibt es schließlich fast immer. Was oft vergessen wird, ist Kleidung gegen Niederschlag und Wind für den gesamten Körper, also auch unterhalb der Taille.

  Es kann auch vorkommen, dass es im Sommer stürmt oder sogar schneit. Und das ganze Jahr über, aber natürlich besonders im Winter, sollte man den Wetterbericht und den Straßenzustandsbericht verfolgen. Wenn Straßen als gesperrt ausgewiesen werden, dann gibt es auch wirklich kein Durchkommen mehr.

⊲ Seit der Wirtschaftskrise (2008) sind auch Erwachsene verstärkt auf dem Rad unterwegs – im Winter mit Spikes gegen Eis und Schnee

Extrainfo 2 (s. S. 9): Augen auf im Straßenverkehr – Tipps zum Autofahren auf Island

Die geschichtlichen Wurzeln

< Auch heute noch halten die Isländer ihre Wikingertradition in Ehren. Für Wikingerfestivals werden Kleidung, Gerätschaften und Nutzgegenstände authentisch in traditionellen Techniken gefertigt (008ki-sb).

Die isländische Geschichte ist erst ab dem 9. Jahrhundert dokumentiert und spielt sich nur auf der Insel ab. Island hat in seiner Geschichte **nie Kriege** mit ausländischen Mächten geführt, es kam nie zu Auseinandersetzungen um fremde Territorien. Zwar gab es lange Zeit **Kolonialmächte,** die über die Insel herrschten, doch blieben auch dann die Isländerinnen und Isländer meist unter sich.

Aufgrund seiner Abgeschiedenheit war Island höchstens **peripher von Konflikten in Europa und der Welt betroffen.** Dies sollte sich erst mit der Industriellen Revolution und der Erfindung des Dampfschiffs ändern.

Wohl deshalb sind die Isländer mit sich im Reinen und haben nicht nur ein ungebrochenes Verhältnis zu ihrer Geschichte, sie identifizieren sich zutiefst mit ihren Vorfahren und deren Schriften. Sie sind grundlegender Teil ihrer Persönlichkeit, sozusagen ihrer ureigenen DNS. Das schweißt die Inselbewohner zusammen, unterscheidet sie vom Rest der Welt und macht aus, wer sie sind. Ob jung oder alt, alle singen sie die gleichen wehmütigen traditionellen Lieder mit voller Inbrunst und schwenken ihre Fahnen als selbstverständlichen und unverbrüchlichen Teil ihrer Selbst.

Alle Isländerinnen und Isländer wachsen noch immer mit den Erzählungen, Liedern und Gesetzestexten der **Eddas und Sagas** (s. S. 240) auf, die ihnen noch immer als Leitschnur gelten.

Praktisch alle Isländer können ihren **Stammbaum** bis zu den ersten Siedlern zurückverfolgen. Eine stärkere Identifikation kann man sich praktisch nicht vorstellen. Immerhin wendet auch die Bibel mit der Geschichte von Adam und Eva diesen Kniff an, um deutlich zu machen, dass wir alle Gotteskinder, vom Allmächtigen geschaffene Kreaturen sind und von ihm abstammen. In der Bibel ist das eine wohl kaum wörtlich zu nehmende Geschichte, um die Legitimation des christlichen Glaubens zu unterstreichen. In Island ist dies Wirklichkeit.

Und da sich Island erst Mitte des 20. Jh. mehr oder weniger in die Weltgemeinschaft integrierte und einen wirtschaftlichen und technologischen Aufschwung erfuhr, lebt für viele, zumindest in den Erzählungen der Großeltern, die alte Lebensart fort, aus einer Zeit, bevor das Gebiet um die Hauptstadt das heute eindeutige Zentrum der Besiedlung der Insel wurde.

Will man wissen wie die Isländerinnen und Isländer wirklich ticken, muss man ihre Geschichte kennen und die Entbehrungen, die es seit jeher gekostet hat, hier im hohen Norden zu überleben.

Doch davor blieb diese Insel im Nordatlantik für Jahrhunderte ein Mysterium, gab es nur Gerüchte und Vermutungen, war nie wirklich klar, ob es sie überhaupt gibt. Und so beginnt die Geschichte der Isländerinnen und Isländer nicht auf ihrer Insel, sondern Tagesreisen weit entfernt davon in einem politisch unruhigen Norwegen.

Vogelfreie norwegische Männer und geraubte schottische Frauen – die Landnahme

Die einsame Insel im Nordatlantik blieb lange unbesiedelt, länger als die meisten Gebiete auf der Erde. Archäologen können den Zeitpunkt der Landnahme, wie die Besiedelung Islands genannt wird, recht genau bestimmen. Bodenfunde bestätigen das Jahr **871 nach Christus** mit einem Spielraum von zwei Jahren davor und zwei Jahren danach: Die Funde können so genau datiert werden, da sie dicht auf der sogenannten Besiedlungsschicht liegen, einer Schicht aus Vulkanasche, die fast ganz Island bedeckt.

Allerdings gibt es Berichte, die in der Zwischenzeit auch durch Funde belegt werden konnten, darüber, dass sich einige **irische Mönche** schon eher hier aufgehalten haben. Da ein Land aber erst als besiedelt gilt, wenn Menschen dort mindestens ein Jahr gewohnt und mindestens ein Kind zur Welt gebracht haben, gilt der Aufenthalt der Gottesdiener noch nicht als Besiedelung.

Vor allem **norwegische Wikinger,** aber auch andere **Siedler aus Skandinavien** lebten ab dem 9. Jahrhundert hier. Einige Einwanderer waren wohl auch **keltischen Ursprungs.**

Die meisten der Wikinger, die mit ihren Schiffen gen Island zogen, hatten ein Problem. Zu jener Zeit regierte Harald I. Schönhaar, der sich in zahlreichen Schlachten die alleinige Herrschaft über Norwegen gesichert hatte. Dabei machte er sich nicht nur Freunde, aber es war der erste Schritt zu einem vereinten Königreich. Die für vogelfrei Erklärten, Schwerverbrecher, Mörder, aber auch jene, die man heute wohl als politisch Verfolgte bezeichnen würde, machten sich möglichst schnell aus dem Staub, indem sie, um der sicheren Lynchjustiz zu entgehen, mit ihren Schiffen in Richtung eines Landes fuhren, von dem sie nicht einmal sicher wussten, dass es existiert. Vom Hörensagen kannten sie eine Insel weit weg im Westen, die **Thule** genannt wurde. Doch die Fahrt dorthin war eine Fahrt ins Ungewisse und erforderte einigen Mut. Es war ja durchaus möglich, dass man mit Haut, Haar und Schiff einfach so von der Erde fallen konnte!

Unterwegs raubten die Wikinger Frauen von den britischen Inseln. Tatsächlich belegen Studien der mitochondrialen DNS und der Y-Chromosomen der Isländer, dass 80 % der männlichen Siedler nordischer und 62 % der Frauen keltischer Herkunft waren, noch präziser gesagt, stammte ein Großteil der Frauen von den Hebriden (schottische Inselgruppe). Die Wikinger unternahmen Raubzüge, aber man unterhielt damals bereits Handelsbeziehungen mit den britischen Inseln, weshalb man davon ausgehen

009ki-sb

kann, dass nicht alle Frauen geraubt waren, sondern auch ganze Familien umsiedelten. Übrigens ist das der Grund, warum es in Island auch heute noch, wenn auch nicht ganz so zahlreich wie in Schottland, relativ viele Leute mit roten Haaren gibt.

Dies alles weiß man recht genau, weil der erste Historiker Islands, **Ari Þorgilsson** („der Gelehrte"), die Besiedelungsgeschichte der Insel von ca. 870 bis 930 in seinem Íslendingabók, dem Buch über die Isländer, recht akribisch beschreibt. Diese Periode wird die Landnahme genannt. Dabei nennt Ari keine genauen Daten. Diese werden aber im Landnámabók, dem Landnahmebuch, genannt und stimmen recht genau mit archäologischen Funden überein.

Nach Ari und dem Landnahmebuch war **Ingolfúr Arnarson** einer der ersten ständigen Siedler Islands. Er ließ sich an einer Stelle nieder, die die Wikinger Rauchbucht getauft haben. Später entwickelte sich dieser Ort zu einem Handelszentrum und schließlich zur Hauptstadt Islands. Er heißt noch immer so wie damals – Reykjavík.

Wie Ingólfur haben sich die meisten Siedler zunächst an der Westküste Islands niedergelassen. Dies hatte einen einfachen Grund: Die Strömung an der Südküste des Landes ist so stark, dass es kaum möglich ist, dort heil mit einem Schiff anzulegen. Das hat sich in mehr als tausend Jahren nicht geändert, noch heute gibt es fast keine Häfen im Süden. So mag es schon fast poetisch anmuten, dass heute die von Europa kommenden Flugzeuge praktisch die gleiche Route nehmen wie die ersten Siedler: an der südlichen Küste entlang und um die südwestliche Halbinsel Reykjanesbær herum. Erst auf deren Nordseite wird die See ruhiger, konnten Schiffe anlegen und Häfen gebaut werden.

Im Landnahmebuch werden 400 Siedler genannt und die Orte, an denen sie sich niedergelassen haben. Demzufolge waren die meisten Siedler norwegische Adlige. Fundstücke aus dieser Zeit und die Bestattungsgewohnheiten deuten aber eher darauf hin, dass es sich vor allem um gewöhnliche Bauern gehandelt haben dürfte, die Norwegen auf der Suche nach Freiheit und Land verlassen haben.

Thing – erste demokratische Wurzeln

Gegen Ende der Besiedlungsära, so schrieb Ari, „der Gelehrte“ (s. S. 30), taten die freien Männer auf der Insel das, was in allen nordischen Ansiedlungen um den Nordatlantik damals gang und gäbe war: Sie versammelten sich zu bestimmten Zeiten an bestimmten Orten zu einem Thing, um wichtige Entscheidungen zu treffen. Sie gründeten außerdem ein das ganze Land betreffende Althing, das **Alþingi,** und kamen überein, sich künftig an einem bestimmten Ort zu treffen, der **Þingvellir** genannt wurde.

Der Ort bot eine Ebene, in der man zelten konnte, es gab ausreichend Frischwasser und man konnte ihn von allen Landesteilen aus gut erreichen. Außerdem konnte eine Steinwand als Stimmverstärker dienen (in mikrofonlosen Zeiten ein durchaus erwägenswerter Faktor). In einem nahegelegenen tiefen Teich wurden zum Tode verurteilte Frauen ertränkt. Männer wurden bei schweren Vergehen verbannt oder enthauptet.

Die Isländer sind sehr stolz auf die lange Tradition des Alþingi und darauf, dass ihre Demokratie auf das **älteste Parlament der Welt** zurückgeht.

Island war in vier Landesteile geteilt, die alle ihr eigenes **Parlament** hatten. Diese Parlamente hielten ihre Sitzungen im Frühjahr ab. Das Alþingi war das Parlament für das ganze Land und tagte im Herbst. Die Parlamentssitzungen wurden vom *lögsögumaður,* dem **Gesetzessprecher,** geleitet. In Zeiten vor der Entwicklung der Schrift kam ihm die wichtige Aufgabe zu, die Gesetze auswendig zu lernen und vortragen zu können. Er wurde für eine Periode von drei Jahren gewählt. Die Parlamentsmitglieder waren die *goðar,* **Goden,** die über eine Gruppe von Bauern die Amtsgewalt innehatten. Die Anzahl der Goden war gesetzlich auf 36, 39 oder 48 festgelegt. Kraft ihres Amtes durften sie jeden neunten Bauern innerhalb ihres Einflussbereichs für die Sitzungen rekrutieren. Im *lögrétta,* dem gesetzgebenden Rat (Legislative) saßen die Goden, begleitet von jeweils zwei Ratgebern. Die **Gerichte** wurden von Bauern besetzt, die durch die Goden benannt wurden (Judikative).

Man geht davon aus, dass es zu jener Zeit etwa 4500 sich selbst versorgende Bauern auf Island gab. Wenn ein Gode also jeden neunten von ihnen zum Alþingi mitnehmen durfte, bedeutet dies, dass ungefähr 500 Männer den Sitzungen beiwohnten. Praktisch bedeutete dies, dass Sitzungen zu den größten Menschenansammlungen Island führten. Nirgendwo im Land wohnten so viele Leute, wie während der Parlamentssitzungen in

☒ Im Mittelalter ging es durchaus ruppig zu. Da waren Kettenhemd und Helm, der übrigens keine Hörner hatte, so manches Mal vonnöten.

Þingvellir zusammenkamen. Die Parlamentarier und ihre Gefährten mussten etwas zu Essen und Trinken haben, eine ganze Infrastruktur um die Parlamentssitzungen musste geschaffen werden. In den Tagen, an denen das Alþingi tagte, war also richtig was los in Þingvellir. Gerichtsverhandlungen wurden dort abgehalten und Urteile wurden vollstreckt, Ehebündnisse besiegelt, Handel getrieben und Bußgelder bezahlt. Die Sagas berichten nicht selten darüber, dass dort so manche Liebschaft angebahnt, Streitigkeiten geschlichtet, Kopfgeld bezahlt (das Töten von Sklaven war halb so teuer wie das Töten freier Männer) wurde. Während des Alþingi herrschte in Þingvellir Friedenspflicht.

Auf ihrer Rückreise beriefen die Goden *leiðarþing* (Straßenparlamente) ein, um neue Gesetze zu verkünden und Neuigkeiten in ihren Amtsbereichen zu verbreiten. Die Goden achteten sehr darauf, dass Gesetz und Ordnung herrschten: In Island gab es **keinen König, keine Zentralmacht, keine Polizei und keine Armee.**

Eine christlich-heidnische Sonderlösung

Als die ersten Wikinger nach Island kamen, waren sie noch Heiden. In den skandinavischen Ländern spielte das Christentum im 9. Jahrhundert noch keine große Rolle. Im Jahr 995 allerdings riss der getaufte **Ólafur Tryggvason** in Norwegen die Macht an sich. Seitdem wurde in Skandinavien die Christianisierung durchgeführt. Und so kamen gegen Ende des 10. Jahrhunderts auch die ersten christlichen Missionare nach Island. Ihre frohe Botschaft fiel zunächst bei einigen und dann bei immer mehr Menschen auf fruchtbaren Boden. **Manche Isländer ließen sich taufen,** darunter auch Goden. Daher saßen sich im Alþingi jetzt zwei Fraktionen gegenüber: Heiden und Christen. Dies konnte auf Dauer nicht gutgehen, aber man wollte eine Spaltung des Landes in zwei unterschiedliche Rechtssysteme auf jeden Fall vermeiden. Nach langen Diskussionen während eines Alþingi um das Jahr 1000, so erzählt es die Heimskringla-Saga, erhob der heidnische Gesetzessprecher Þorgéir, Gode von Ljósavatn, die Stimme und sagte, dass er sich zurückziehen und einen für alle vertretbaren Kompromiss finden würde. Sie müssten ihm aber versichern, dass sie seine Entscheidung auf jeden Fall akzeptieren würden. Die Goden stimmten zu und so ging er in sein Zelt, zog sich eine Decke über den Kopf und kam erst am folgenden Tag wieder heraus. Dann verkündete er, dass fortan alle die **christliche Religion** annehmen sollten. Es sei aber weiterhin **erlaubt, die nordischen Götter anzubeten** (wenn man dies diskret tue), **Pferdefleisch zu essen** – und **Neugeborene auszusetzen.** Vor allem Letz-

010ki-sb

teres mag vom heutigen Gesichtspunkt aus überraschen. In Zeiten großer Armut schien es den Menschen jedoch humaner, ein Baby verhungern oder je nach Wetterlage erfrieren zu lassen, als dessen Qualen länger hinauszuschieben, wenn schlicht und ergreifend nicht genügend Essen verfügbar war. Eines der bekanntesten herzzerreißenden Lieder „Sofðu unga ástin mín" („Schlafe mein junger Liebling") wird noch immer als Wiegenlied gesungen (meist jedoch nur die erste, harmlose Strophe) und erzählt von einer Mutter, der nichts anderes übrig bleibt, als diese harte Entscheidung zu treffen.

Vielleicht ist die Geschichte mit dem Gesetzessprecher und der Decke nur eine schöne Ausschmückung, die die Saga ziert. Fakt ist aber, dass es die Isländer geschafft haben, ohne Unterwerfung durch einen König und ohne Bürgerkrieg eine andere Religion einzuführen. Ein Umstand, der die Toleranz und Verträglichkeit der Isländer untereinander, die sie auch heute noch an den Tag legen, aufzeigt.

⌃ Während zum Tode verurteilte Männer enthauptet wurden, schmiss man Frauen zwischen dem 16. und 18. Jh. an dieser Stelle ins eiskalte Wasser

Island im Mittelalter

In den folgenden Jahren wurde die **isländische Kirche** gegründet. Ísleifur, der in Herford (Ostwestfalen) zum Priester ausgebildet worden war, wurde im Jahr 1056 auf seinem Familienanwesen in Skálholt im Süden Islands zum ersten isländischen Bischof geweiht. 1106 wurde in Hólar im Norden eine zweite Diözese geschaffen. In dieser Zeit wurde auch der Zehnte eingeführt, der größtenteils an die Kirchen übergeben wurde. Ein Viertel davon aber ging an die Armenfürsorge.

Ein System privat geführter Kirchen entstand. Einzelne Goden und Bauern bauten Kirchen auf ihrem Grund und Boden und **stifteten den Grundbesitz an die Kirchen.** Sie behandelten ihn aber weiterhin als wäre er ihr eigener und vermachten ihn auch von Generation zu Generation ihren Söhnen. Deshalb sieht man im ganzen Land auch so viele kleine Holzkirchen auf Bauernhöfen stehen. Es kommt immer noch vor, dass nicht ganz eindeutig geklärt werden kann, ob ein bestimmtes Stück Land dem Bauern oder der Kirche gehört.

Um das Jahr 1100 lebten 4560 freie Bauern in Island, die Gesamteinwohnerzahl wird auf 40–50.000 geschätzt. Neben Bauern und Arbeitern lebten auch Sklaven in Island. Eine Stadtentwicklung gab es im Mittelalter in Island nicht. Alle wohnten auf **Bauernhöfen** und lebten von der **Landwirtschaft** und dem **Fischen,** das wichtigste Exportprodukt war Schafswolle. Die Fischerei wurde vor allem von an der Küste gelegenen Bauernhöfen betrieben, darüber hinaus wurden aber auch Unterkünfte gebaut, die nur während der Fangsaison betrieben wurden.

Im Lauf des 11. Jahrhunderts wurde die Regel, dass man Pferdefleisch essen durfte, wieder abgeschafft. Seitdem wurden die Tiere nur noch für den Transport verwendet. Fuhrwerke gab es keine – es gab ja auch keine Straßen, sondern eher Trampelpfade – und regelmäßiges Hochwasser der Gletscherflüsse im Sommer verhinderte vor allem im Süden ohnehin, dass man reisen konnte. Dies war nur im Winter möglich, wenn die Flüsse zugefroren waren und man sicher über das Eis gehen konnte.

Gewohnt wurde in recht großen **Langhäusern,** die im Haus untergestellten Kühe gaben die so dringend benötigte Wärme ab und dienten so als natürliche Heizung.

[>] Modell eines typischen Langhauses: Das Erddach sorgt für Windschutz und Wärme.

011ki-sb

Unter Königsherrschaft

Das Gemeinwesen, bestehend aus Goden, Parlamenten und dem Alþingi geriet mit der Zeit unter Druck. Es war den Goden möglich, mehr als einem *goðorð*, einer Provinz, vorzustehen. Dazu kam es zum einen, weil manche ihr Erbe als Gode nicht antreten wollten und es lieber jemand anderem überließen, und zum anderen, da es einige einfach nicht schafften, ihre Leute ausreichend zu schützen. Konflikte wurden immer häufiger mit Waffen ausgetragen. Schließlich konzentrierte sich die Macht im ganzen Land auf nur acht Familien, wobei einige auch noch eng miteinander verwandt waren, sodass man eigentlich sagen kann, dass das Land von **fünf Familienclans** kontrolliert wurde.

Die **Ausbreitung bewaffneter Konflikte** hatte auch damit zu tun, dass Håkan Håkonson 1217 den norwegischen Thron bestieg, denn dieser wollte alle Länder, die von Menschen nordischen Ursprungs bewohnt waren, unter seiner Herrschaft vereinen. Die ersten praktischen Schritte hierfür unternahm er höchstwahrscheinlich um das Jahr 1220. Der Gode Snorri Sturluson, einer der einflussreichsten Politiker und Literaten des Landes, versprach, Island für den norwegischen König zu gewinnen. Snorri tat aber nicht allzu viel, um dieses Ziel auch zu erreichen. Erst 15 Jahre später sollte sich sein Neffe Snorri Sturla Sighvatsson dieser Aufgabe widmen.

Am 21. August 1238 kam es zu einer für isländische Verhältnisse großen Schlacht: Auf der einen Seite kämpften fast 1000 Männer für den norwegischen König gegen beinahe 1700 Männer auf der anderen Seite. Die norwegische Seite verlor diese Schlacht zwar, aber der **schwelende Bürgerkrieg** dauerte noch Jahrzehnte fort und es kam zu weiteren Schlachten. Snorri Sturluson verlor 1241 in einem dieser Kämpfe sein Leben.

1258 wurde der **Gode Gissur** vom norwegischen König mit dem Titel *jarl* (Graf) bedacht. Gissur konnte die Herrschenden im Norden, Westen und Süden dazu bringen, dem norwegischen König Treue zu schwören und Steuern an diesen zu entrichten. In den beiden folgenden Jahren stimmten dem auch die Machthaber in den Ostfjorden und in Südostisland zu. Damit war **Island faktisch dem König von Norwegen untertan.** Die Ära von 1180 bis 1262 wird auch nach dem Geschlecht der Sturlungar, dem auch Snorri Sturluson und sein Neffe angehörten, als **Sturlungen-Zeit** bezeichnet. Letztendlich sollte es bis 1944 dauern, dass Island wieder gänzlich unabhängig wurde.

Gesetzesreformen

Dank der **Járnsiða** (Eisenseite), die in Island 1271 in Kraft trat, und dem **Jónsbók** (benannt nach dessen Hauptautor Jón Einarsson), die Håkons Sohn, Magnus VI. in Kraft setzte, erhielt Island einen immer höheren Sonderstatus und schließlich einen eigenen Gerichtsbereich unter königlicher Herrschaft. Das **isländische Rechtssystem** wurde durch die norwegische Herrschaft und die beiden Gesetzbücher **radikal verändert.** Das Alþingi tagte zwar noch immer, die tatsächliche legislative Macht aber lag nun bei einem Gerichtshof. Die Insel bekam einen **Gouverneur,** der als höchster königlicher Statthalter Island im Königreich vertrat. Dieses Amt bekleideten mal Isländer, mal Norweger.

Übrigens machte Norwegen damals keinerlei Anstalten, Maßnahmen zu ergreifen oder gar Geld auszugeben, um die Insel gegen eventuelle Angriffe verteidigen zu können.

Verständigungsprobleme

Die immer größer werdende Entfremdung zwischen dem skandinavischen Festland und Island, zum Beispiel in Bezug auf die Gesetze, hatte aber auch noch einen anderen Grund: Während der Zeit des Gemeinwesens sahen die Isländer die Dialekte, die in den nordischen Ländern gesprochen wurden, als eine einzige Sprache an. Sie nannten sie Nordisch oder Dänisch. Diese Sprachen aber unterlagen im 14. und 15. Jahrhundert einem beträchtlichen Wandel – während die isländische sich praktisch nicht veränderte. Deshalb nannten die Isländer ihre eigene Sprache nun auch nicht mehr Nordisch, sondern **Isländisch.**

Der **Wandel der Sprache** hatte zur Folge, dass sich immer weniger ausländische Beamte im Land zeigten, da sie schlicht und einfach die Sprache nicht mehr verstanden und deshalb auch weniger ausländisches Recht durchgesetzt werden konnte. Die Entwicklung der Sprache machte es den Isländern also möglich, sich ein **bemerkenswertes Maß an Autonomie** innerhalb des Königreichs zu erhalten. Für die Isländer waren die isländische Sprache und Literatur schon immer das höchste Kulturgut.

An den Rand gedrängt

Im 13. Jahrhundert lag Island ungefähr in der geografischen Mitte des norwegischen Königreichs. Hauptstadt und Königssitz war Bergen, das Reich reichte im Süden bis nach Göteborg und zu den Orkneyinseln, im Norden bis zur Barentssee und im Westen bis zur Westküste Grönlands. Von Island aus konnte man innerhalb einer Woche alle wichtigen Punkte im Königreich erreichen, auch den Königshof in Bergen und den Sitz des Erzbischofs in Trondheim.

König Håkon (1299–1319) richtete seinen Staat jedoch mehr in Richtung Süden und Osten aus. Er verlegte seinen Sitz nach Oslo und arrangierte ein Ehebündnis seiner gerade geborenen Tochter mit dem Bruder des schwedischen Königs. Durch weitere Eheschließungen und die Pest, die vor allem Norwegen hart traf, **veränderten sich die Machtverhältnisse zwischen Norwegen, Schweden und Dänemark** in den folgenden Jahrhunderten immer wieder. 1397 kam es zur Kalmarer Union. Während des Bestehens dieses Staatenbundes (dem Schweden mal angehörte, mal nicht) residierten die Könige in Kopenhagen. Olav II. erbte 1376 im Kindesalter erst die dänische, dann 1380 die norwegische Krone, womit die Union von Dänemark und Norwegen entstand, die bis 1814 bestehen sollte. Seit seiner Regierungszeit **gehörte Island zu Dänemark** und sollte es noch bis 1944 tun.

Stockfisch – ein Exportschlager

Isländer waren von Anfang an Bauern. Sie verstanden es aber auch zu **fischen.** Dies taten sie wohl vor allem in den Wintermonaten Januar und Februar: Auf den Feldern war dann nichts zu tun und es war kalt genug, um den Fisch frisch an Land zu bringen und trocknen zu können, bevor er verdarb.

012ki-sb

Schon für die ersten Siedler war Fisch eine **überlebenswichtige Nahrungsquelle.** Vom Fischexport sprechen Quellen aber zum ersten Mal um das Jahr 1300. 1307 erscheint Fisch aus Island in einem englischen Importregister und ab 1340 musste man in Norwegen Zoll auf Fisch, Fischöl und Schwefel aus Island bezahlen. Die Norweger verkauften diese Produkte dann an ihre Kunden auf dem Kontinent.

Der Schwarze Tod

In der Geschichte der Isländer gibt es verschiedene Zeitpunkte, an denen das Überleben der Bevölkerung gewissermaßen am seidenen Faden hing. Zu Beginn des 15. Jahrhunderts beispielsweise **raffte eine Pestepidemie über 50 % der Menschen dahin.** Das war für ein sowieso schon dünn besiedeltes Land tatsächlich eine Gefahr. Es war unklar, ob Island überhaupt besiedelt bleiben konnte. Zwar stand nun noch mehr Platz für jeden zur Verfügung, aber die Wege, die zurückgelegt werden mussten, um Handel zu treiben, wurden länger. Von den Höfen, die es vor der Pest gab, wurden jetzt nur noch 60 % bewirtschaftet (die übriggebliebene Hälfte der Bevölkerung hatte sich also weiter über die Insel verteilt).

In den folgenden 40 Jahren stieg die Einwohnerzahl um 40 % (entsprechend 20 % vor der Pest) und so waren noch immer 20 % der Höfe unbewohnt.

1494/1495 gab es noch einmal eine Pestepidemie. Diese war aber weniger verheerend, da sie beispielsweise die Westfjorde nie erreichte.

Handelskriege mit Engländern und Deutschen

1412 erspähten die Isländer vor ihrer Küste zum ersten Mal ein englisches Schiff, das auf Fischfang ging. Man nimmt an, dass wenig später etwa 100 **englische Schiffe** pro Jahr zum Fischen vor die isländische Küste zogen und weitere zehn Schiffe mit Kaufleuten, die den Isländern Fisch abkauften. Dies waren zumeist ziemlich große Schiffe mit bis zu 100 Mann Besatzung und bis zu 400 Tonnen Ladegewicht. Die neue Situation sorgte auch für Unruhe und Misstrauen. Die Engländer errichteten auf den Westmännerinseln direkt vor der Südküste einen **Handelsposten,** den sie wie eine Militäranlage befestigten. Außerdem gibt es Berichte, dass sie in manchen Gebieten die gesamte Bevölkerung ausgelöscht haben sollen, beweisen kann man das heute nicht mehr. Was aber als erwiesen gilt, ist der Umstand, dass die Engländer **isländische Kinder entführten.** Vielleicht streuten die Engländer deshalb das Gerücht, die Isländer verschenkten zwar ihre Kinder, würden aber für ihre Hunde hohe Summen verlangen.

Es gab des Öfteren Streitigkeiten bis hin zu Morden zwischen den Isländern und deren dänischen Kolonialherren einerseits und den Engländern andererseits. Den Höhepunkt markiert wohl die **Ermordung des dänischen Gouverneurs für Island** Björn Þorleifsson im Jahr 1467. Ein Jahr später brach ein Krieg zwischen den beiden Mächten aus, der fünf Jahre andauern sollte. Schließlich wurden die Engländer aus Island vertrieben. Auf den vorgelagerten Westmännerinseln konnten sie sich allerdings noch bis 1558 halten.

Im 20. Jh. sollte es noch einmal zu einem ernsten Konflikt zwischen England und Island kommen und wieder waren die reichen Fischgründe vor Island der Auslöser (s. S. 54).

Auch **deutsche Fangschiffe** legten an isländischen Häfen an. Nachdem der dänische König den gesamten Besitz der Engländer in Island und auf den Westmännerinseln beschlagnahmt und diese vertrieben hatte, erging es auch den Deutschen so. 1543 oder 1544 wurden alle deutschen Schiffe, die sich auf der Südwesthalbinsel befanden, beschlagnahmt, immerhin 65 an der Zahl – ein guter Fang für die Dänen.

Die **Vertreibung der Engländer und Deutschen,** die nun in Island nicht mehr an Land gehen durften, hatte aber auch eine Kehrseite. Die Händler hatten in Island in dieser Qualität noch nie gesehene Textilien, Schuhe,

◁ Isländisches Superfood: Getrockneter Fisch enthält jede Menge Eiweiß. Er wird überall im Land auf großen Stellagen im Freien getrocknet.

Wein, Werkzeuge und Waffen mitgebracht. Diese Quellen versiegten nun gänzlich. Und während sich das europäische Festland in ein neues Zeitalter aufmachte, versank Island unter dänischer Herrschaft in eine seit der Besiedlung so nie da gewesene **Isolation, weit abgelegen und fast vergessen vom europäischen Festland.**

Die Reformation in Island

Ging die Christianisierung noch ohne Blutvergießen vonstatten, so gestaltete sich dies beim Übergang von der Heiligen Katholischen Kirche hin zum Protestantismus gänzlich anders.

1536/1537 führte der dänische König Christian III. per Gesetz das **Luthertum** ein. In Island gab es aber bis dahin, anders als auf dem europäischen Festland, wo vor allem Städter diesem Glauben anhingen, praktisch keine Reformierten. Königliche Abgesandte fingen 1539 damit an, Klöster zu plündern und deren Besitztümer einzufordern. Auf dem Weg zum Bischofssitz in Skálholt gerieten sie jedoch in einen Hinterhalt und wurden getötet, wodurch sämtliche Vertreter der dänischen Regierung in Island umkamen. Erst zwei Jahre später wurden neue Vertreter eingesetzt. Der Bischof von **Skálholt** hatte sich zu diesem Zeitpunkt bereits zur Ruhe gesetzt und seinen Nachfolger in Amt und Würden eingeführt. Allerdings war jener Mitglied einer geheimen lutherischen Sekte und so ging die **Reformation in dieser Diözese recht geräuschlos** vonstatten.

Den **zweiten Bischof im Norden, Jón Árason aus Hólar,** ließ man zunächst einfach in Ruhe, auch wenn der König versuchte, seine Gefolgsleute dazu zu bringen, ihn zu verhaften. Im Sommer 1550 aber entschied sich der Bischof, in den Westen zu reisen. In seinem Gefolge befanden sich nur wenige Männer und seine beiden Söhne (um das Zölibat scherte sich in Island praktisch niemand – Rom war weit weg). Die Gruppe wurde unterwegs verhaftet, doch der Winter brach herein und somit mussten die Gefangenen irgendwo untergebracht werden, bevor man sie nach Dänemark bringen und ihnen dort den Prozess machen konnte. Die Menschen auf den Höfen hatten aber Angst davor, dass Gefolgsleute Jón Árasons versuchen könnten, ihn zu befreien, und bangten deshalb um ihr eigenes Leben.

Daher entschied man, dass den Gefangenen ohne Gerichtsverhandlung der Kopf vom Rumpfe getrennt werden sollte. Der Tag der Hinrichtung, der 7. November 1550, markiert das Ende des Mittelalters auf der Insel und den Tag des letzten katholischen Bischofs in Island. Es sollte bis ins 20. Jahrhundert dauern, bis es wieder einen römisch-katholischen Bischof auf Island gab.

Übrigens war die Furcht der Bauern nicht unbegründet, denn nur ein paar Monate später ritten circa 60 Männer aus dem Norden Richtung Süden und töteten sowohl den königlichen Schatzmeister als auch alle anderen Dänen, die sie erwischen konnten. Die dänische Regierung stand ein zweites Mal ohne einen einzigen Vertreter da. Doch natürlich wurde wieder eine Regierung in Island installiert und die Kirchenreform schließlich durchgesetzt. Alle Klöster wurden aufgelöst, die Bischofssitze durften ihr Grundeigentum und die Erträge daraus jedoch behalten, was sie zu den kulturellen Zentren Islands machte. Bischof Guðbrandur Þorláksson (1571–1627) gab 1584 die Bibel auf Isländisch heraus. Es war ein Unikum im dänischen Hoheitsgebiet, dass die Sprache der lutherischen Kirche hier nicht Dänisch war, sondern Isländisch.

Dänisches Handelsmonopol

Die Dänen nahmen im 17. und 18. Jahrhundert immer mehr Macht an sich: 1602 sicherte Christian IV. drei dänischen Städten das **Handelsmonopol** mit Island zu, was 185 Jahre Bestand haben sollte. Das wirkte sich vorteilhaft auf die dänische Staatskasse, die dänischen Händler und, wenn auch in viel geringerem Maße, einige isländische Grundbesitzer aus. Zudem wurde ein Gesetz erlassen, das die Bildung von Städten in Island **verbot**. Die **absolutistische Herrschaft des dänischen Königs** drang immer weiter in das isländische Staats- und Gemeinwesen vor, das lokale Rechtssystem wurde nach und nach durch das dänische ersetzt. Immerhin wurde im 18. Jahrhundert auch beschlossen, alle Isländer zum Lesenlernen zu verpflichten.

Das Handelsmonopol sollte erst 1787 wieder aufgehoben werden – allerdings durften auch dann zunächst nur Untertanen des dänischen Königs Handel mit Island treiben. De facto blieb der Handel noch fast einhundert Jahre in dänischer Hand, was den Dänen erhebliche Einkünfte bescherte und die Isländer arm bleiben ließ.

Auf Messers Schneide – Island vor dem Untergang

Das **17. und 18. Jh.** stellen den **Tiefpunkt in der Entwicklung Islands** dar – nicht nur klimatisch, denn zu dieser Zeit herrschte eine lange Kälteperiode. Auch das gesellschaftliche Leben kam fast vollständig zum Erliegen und es war unklar, ob Island überhaupt besiedelt bleiben konnte. Hierbei kamen einige Faktoren zusammen.

In Island war es nicht die katholische Inquisition, sondern die Lutherische Orthodoxie, die zu **Scheiterhaufen, Hexenjagden** und ähnlichen

Exzessen führte. Im 17. Jahrhundert starben 25 Menschen auf dem Scheiterhaufen einen furchtbaren Tod.

Die wohl **blutigste Invasion in der Geschichte Islands** ereignete sich 1627, als eine **nordafrikanische Piratenbande** in Island einfiel, 50 Bewohner ermordete und 350 als Sklaven entführte.

Das **18. Jahrhundert** war in Europa insgesamt eine Zeit des Aufbruchs – in Island dagegen eine des Rückschritts, in der es nur ums Überleben ging. Von 1707 bis 1709 wurde Island zum ersten Mal nach 35 Jahren wieder von einer **Pockenepidemie** heimgesucht. Diese traf, anders als in anderen Teilen Europas, vor allem Erwachsene, deren körperlicher Widerstand schlicht und ergreifend zu schwach war. Als Folge davon starb ein Viertel der Isländer und die Einwohnerzahl sank auf 37.000.

Als die Population schon fast wieder bei 50.000 angelangt war, ließ eine **Hungersnot 1751–1758** die Einwohnerzahl wieder auf etwa 43.000 sinken, denn durch die lang anhaltende Kälte kam es zu Ernteausfällen, Seeeis behinderte zudem die Fischer.

Nachdem man 1781 gerade wieder die 50.000-Einwohner-Marke überschritten hatte, kam der dritte Schicksalsschlag, die **Skaftá-Feuer.** Am 8. Juni 1783 brach im Südosten der Insel ein Vulkan aus und verursachte eine der größten **Naturkatastrophen** in Island seit der Besiedlung der Insel. Der Ausbruch sollte bis zum 7. Februar 1784 dauern. Zunächst wurden 600 km² von den monatelang anhaltenden Lavaströmen aus den etwa 130 Laki-Kratern bedeckt. Bis zu 1000 m hoch wurde die Asche geschleudert. Die Lavaströme gelangten über das Flussbett der Skaftá bis hinunter ins Tiefland. Dabei verdampfte das Wasser der Skaftá vollständig und die 100 m tiefe Schlucht wurde über die gesamte Länge von 27 km von **Lava** ausgefüllt. Doch bedrohlicher noch als die brennende Lava waren die **Asche- und Gaswolken,** die neun Monate lang in die Atmosphäre geschleudert wurden. 120 Millionen Tonnen Schwefeldioxid regneten, nachdem sie mit den Wassertropfen in den Wolken reagiert hatten, als **Schwefelsäure** wieder auf Menschen, Tiere und Natur herunter. (2015 betrug der Ausstoß an Schwefeldioxid in Deutschland 0,35 Millionen Tonnen.) Die Laki-Krater stießen außerdem 8 Millionen Tonnen Fluor aus, das sich, vermengt mit Asche, wie ein giftiger Teppich über das Land legte. Die Folge: 80 % aller Schafe, 50 % der Kühe und 50 % der Pferde starben aufgrund von Vergiftungen. Den Menschen fielen die Zähne aus. Zu kauen gab es ja eh viel zu wenig. Fleisch war also kaum noch verfügbar und es gab noch einen anderen Grund für eine jahrelange Hungerkatastrophe: Durch die enormen Aschewolken verdunkelte sich der Himmel über Island bis einschließlich 1785. Ein **Temperatursturz** war die Folge, die Sommer waren noch kürzer als sie sowieso schon waren. Es kam zu enormen

Ernteausfällen. Hinzu kamen **gewaltige Erdbeben,** die im Sommer 1784 ganze 400 Bauernhöfe zerstörten. Es wurde vielerorts unmöglich, die nötigen Vorräte für den Winter anzulegen. Durch das dunkle und kalte Wetter und die wenige Nahrung litten die meisten auch an Mangelernährung. Etwa 10.000 Menschen, ein Fünftel der Bevölkerung, überlebte diese Periode nicht, weshalb Island wieder nur noch 40.000 Einwohner zählte.

Manche Forscher vertreten die These, dass der Vulkanausbruch der Laki-Krater durch die damit einhergehenden kalten Sommer und Winter in Europa, die erhöhte Sterberate, die Ernteausfälle und die folgenden Preiserhöhungen für Grundnahrungsmittel letztendlich auch zum Ausbruch der Französischen Revolution 1789 geführt hat.

Bei allem Elend ist aber auch von einem Wunder zu berichten. **Jón Steingrímsson** war Pastor in der südisländischen Gemeinde Kirkjubærklaustur und las am 20. Juli 1783 wie jeden Sonntag die Messe, obwohl der Lavastrom der Kirche schon bedrohlich nahe war. Doch während seiner Predigt stoppte die Lava plötzlich kurz vor der Kirche und verschonte das Gotteshaus. Seither wurde der Pfarrer „Jón eldklerkur" („Feuerpriester") genannt. Jón Steingrímsson war außerdem naturwissenschaftlich sehr interessiert und seine detaillierten Aufzeichnungen und Beobachtungen über den Vulkanausbruch sind bis heute von wissenschaftlicher Bedeutung.

Island erkämpf sich Handelsfreiheiten

Eine Revolution ganz anderer Art ging im Westen von Island vonstatten. 1751 taten sich 13 Isländer zusammen, um eine **Wollmanufaktur** zu gründen. Die treibende Kraft war der Landvogt Skúli Magnússon. Sie entschieden, ihr Unternehmen in einem kleinen Dorf in der Nähe der Niederlassung des dänischen Gouverneurs anzusiedeln. So wurde **Reykjavík** zur ersten Siedlung Islands, die Züge einer Stadt zu tragen begann. Es wurden mehrere ein- und zweigeschossige Holzhäuser errichtet, in denen bis zu 100 Menschen spinnen, walken, Seile produzieren und gerben konnten.

14 dänische und norwegische Landwirte wurden auf die Insel geholt, um die isländischen Bauern **Ackerbau** zu lehren. **Schwefel** wurde exportiert, damals einer der wichtigsten Rohstoffe für Munition. Wirklich wirtschaftlich erfolgreich waren die Unternehmen nicht, obwohl die dänische Krone die Projekte mehrmals subventionierte. 1786 wurde der Monopolhandel abgeschafft, wodurch in Island sechs **Handelszentren** entstehen konnten. Eines davon war Reykjavík, das einzige, das letztlich überlebte, bis 1803 auch hier das letzte Handelsunternehmen der ersten Stunde wieder geschlossen wurde. Dennoch war der Aufschwung zu jener Zeit

enorm. Und so gelten der Tag, an dem das Handelsmonopol fiel, der 18. August 1786, als der Gründungstag Reykjavíks als Stadt und **Skúli Magnússon** als Gründungsvater dieser Stadt.

Die Abschaffung des Handelsmonopols bedeutete außerdem, dass nun auch mehrere Händler in einem Ort tätig werden konnten und diese sich gegenseitig Konkurrenz machen durften.

Es war auch die Zeit, als die Verwaltungsspitze des Landes nach Reykjavík zog. Der Bischofssitz in Skálholt wurde durch die Erdbeben 1784 zerstört und der **Bischof** entschied sich für einen **Umzug nach Reykjavík.** Um 1800 kam auch der Bischof von Hólar nach Reykjavík. Die Naturkatastrophen führten also zu einer politischen, religiösen und gesellschaftlichen Zentralisierung. Selbst der Gouverneur zog 1806 vom nahen Bessastaðir in die Stadt. Reykjavík war binnen weniger Jahre zu einem Zentrum entwickelt und Island hatte eine **Hauptstadt.** Wobei Hauptstadt, politisches und kulturelles Zentrum des Landes großartiger klingt, als es war. Zwei Zahlen mögen genügen: Reykjavík hatte sich jetzt so groß wie noch nie, zählte im Jahr 1801 aber gerade einmal 307 Einwohner und fünf Geschäfte.

Der Kampf um Unabhängigkeit

Erst im 19. Jahrhundert erwachte bei den Isländern so etwas wie ein eigenes Nationalbewusstsein. Bis dahin störten sie sich nicht daran, unter eine fremde Macht zu fallen und von dieser regiert zu werden. Jetzt aber regten sich immer mehr Stimmen, die forderten, dass die Isländer selbst über die Politik ihrer Insel entscheiden sollten. Dieser Position standen die Dänen mal mehr, mal weniger offen gegenüber. Und da sich die Isländer untereinander auch nicht immer einig waren, wie viel Unabhängigkeit sie wollten, ging das Streben nach Unabhängigkeit nur äußerst schleppend voran. 1840 schlug der dänische König Christian VIII. vor, das **isländische Parlament** als Beratungsgremium wieder zu aktivieren. Es sollte allerdings fünf Jahre dauern, bis dies auch geschah. Immerhin wurde dadurch deutlich, dass Island einen Sonderstatus im Königreich erlangt hatte.

Alle anderen Beratungsgremien innerhalb des dänischen Imperiums vertraten mehrere hunderttausend Einwohner, Island zählte damals gerade einmal 58.000 Menschen. Ein wichtiger Wortführer der isländischen Unabhängigkeitsbewegung war der Sprachwissenschaftler **Jón**

▷ Seine Hoheit musste durch den Schlamm gehen: Der dänische König Christian X. auf Besuch in Island.

013ki

Sigurðsson (1811–1879), auch wenn er sein ganzes Berufsleben über in Kopenhagen wohnte. Heute steht sein Standbild auf dem Parlamentsplatz in Reykjavík und er schaut von seinem Sockel aus genau in den Plenarsaal, um zu sehen, was die Abgeordneten so alles diskutieren und beschließen. Der Nationalfeiertag, der 17. Juni, findet an seinem Geburtstag statt. Kränze und Blumen werden dann nicht nur an der Statue am Austurvöllur, sondern auch auf seinem Grab auf dem Friedhof Hólavallagarður niedergelegt.

1871 kam man überein, dass Island unabdingbarer Teil des dänischen Königreichs sei, allerdings mit **Sonderrechten.** Die Unabhängigkeit war damit aber noch lange nicht erreicht. Zur 1000-Jahrfeier der Besiedelung Islands baten die Isländer den dänischen König um ein Geschenk: eine **Verfassung** für die Insel. Die bekamen sie auch. Das Parlament wurde wieder ein Gesetzgebungsorgan und ein Minister des dänischen Kabinetts war von da als Minister für Island zuständig.

Auswanderungswelle

In der ersten Hälfte des 19. Jahrhunderts wuchs die Wirtschaft Islands enorm, die Bevölkerungszahl stieg an, ebenso die Anzahl der Nutztiere. Erstmals konnten sich auch „gewöhnliche“ Leute die Importprodukte Kaffee und Zucker leisten.

014ki-sb

Zwischen 1850 und 1860 wendete sich das Blatt jedoch wieder. Die Insel wurde von einer hochansteckenden Form des **Schafswundschorfs** heimgesucht. Die Schafzucht als Produzent von Wolle, Fleisch und Talg war zu einem großen Teil für den wirtschaftlichen Aufschwung verantwortlich. Durch die Epidemie verringerte sich die Schafspopulation um 40%, was nicht mehr aufzufangen war. Erneut herrschte in Island eine Hungersnot. Verschärfend kam hinzu, dass sich das **Klima** in den letzten 40 Jahren des 19. Jahrhunderts **extrem verschlechterte,** es war wahrscheinlich die kälteste Periode seit der Besiedlung. An reiche Ernteerträge war also nicht zu denken, und das zu einem Zeitpunkt, als die starken Geburtsjahrgänge nach der letzten Katastrophe durch die Laki-Krater und Erdbeben jetzt im heiratsfähigen Alter waren. Wieder ging es für viele um das nackte Überleben. Im Parlament herrschte die Bauernpartei und die tat wenig für die **Arbeiterschicht,** zu der vor allem Tagelöhner und Saisonarbeiter zählten, die sich im Sommer auf den Höfen verdingten und im Winter als Fischer ihren kargen Unterhalt verdienten.

Sie versuchte gar, deren Rechte einzuschränken, den Armen sollte das Heiraten und Kinderkriegen verboten werden. Die Dänen lehnten dieses

Skúli Magnússon gilt als der Gründer der Stadt Reykjavík

Vorhaben allerdings ab. Als das isländische Parlament jedoch Gesetzgebungsbefugnis erhielt, wurden die Grundrechte von Menschen mit wenig Geld wesentlich eingeschränkt. So durften sie ohne Viehhaltung kein Haus an der Küste bauen oder dort wohnen. Allerdings wurden andererseits auch die nachteiligen Verträge, mit denen Arbeiter gebunden waren, 1894 abgeschafft.

Doch auch den **Bauern** ging es immer schlechter und so standen nicht wenige vor der Wahl, entweder in eines der Fischerdörfer an der Küste umzuziehen und sich selbst als Arbeiter zu verdingen - oder nach Amerika auszuwandern.

Amerika, das bedeutete vor allem Kanada. In den Hundert Jahren zwischen 1815 und 1914 zog es circa 15.000 Isländer in die neue Welt, was in etwa 20 % der Bevölkerung entsprach!

Diese Auswanderungswelle und eine **Masernepidemie** im Jahr 1882 sorgten zum letzten Mal in der Geschichte des Landes für einen signifikanten Bevölkerungsrückgang. 1890 hatte die Insel knapp 71.000 Einwohner. Doch dann änderten sich die klimatischen Bedingungen erneut und es wurde wieder wärmer auf Island.

Technische Fortschritte

Das Handelsvolumen wuchs kräftig, nachdem es seit 1855 erlaubt war, mit allen Ländern Handel zu treiben. Von 1870 bis 1904 stieg der **Auslandshandel** um das Vierfache an, wobei der Großteil auf die **Fischerei** entfiel. Diese wurde nach und nach industrialisiert. Fuhren die meisten isländischen Fischer bisher noch stets mit ihren offenen Booten auf das Meer hinaus, so wurden nach und nach immer mehr Schoner in Dienst genommen, um 1850 waren es um die 20. im Jahr 1904 waren bereits 160 dieser Schiffe, die überdacht waren und auch mehrere Tage auf See bleiben konnten, in Betrieb. Und doch fingen die offenen Ruderboote zu diesem Zeitpunkt noch bis zu einem Drittel mehr Fisch. Die Schoner kündigten trotzdem eine neue Zeit in Island an. Zum ersten Mal gab es nun **Privatunternehmen** in den Städten, die Personal anheuerten. Die **Zeit des Kapitalismus** war auch in Island angebrochen.

Schnell wurden die Schoner von Trawlern (Schleppnetzschiffen) abgelöst, die noch größer waren und mit denen man viel mehr Fisch fangen konnte. Die Entwicklung der Fischerei in Island ist in ihren Effekten vergleichbar mit der Industriellen Revolution in Europa. 1902 gab es 2000 Ruderboote, die zum Fischfang ausfuhren. 1930 waren es nur noch 170, während inzwischen über 1000 motorbetriebene Schiffe auf Fischfang gingen.

1890 gab es bereits einen ersten **Trawler,** richtig los ging es 1905 mit der Coot, einem gebrauchten schottischen Schiff, auf dem im ersten Jahr auch noch zwei Maschinisten aus Schottland mitfuhren. 1912 wurden dann aus zehn Trawlern in Island schon 20, auf die ein Fünftel der insgesamt gefangenen Fische entfielen. Vor der Depression 1930 gab es bereits 41 Trawler. Die Schoner waren zum damaligen Zeitpunkt bereits gänzlich von der Bildfläche verschwunden. 1930 gab es im Fischfang im Vergleich zu 1900 50 % mehr Arbeitsplätze und es wurde das Fünffache an Fisch gefangen. Der Fang bestand vor allem aus Kabeljau. Das meiste davon wurde exportiert. Die Schleppnetze und Verbrennungsmotoren machten es möglich, dass der wichtigste Industriezweig des Landes, und vielleicht der einzige, der diesen Namen verdient, die Exportwirtschaft voranbrachte. Island entwickelte sich nun in rasantem Tempo:

Telegrafenverbindungen mit Übersee wurden möglich gemacht (1906), der **Pflichtschulunterricht** wurde eingeführt (1907) eine **Universität** wurde gegründet (1911), Häuser wurden aus Beton errichtet, in den Städten gab es **Strom,** Straßen wurden mit **Gehsteigen** geplant und gerade ausgerichtet und die **(Abwasser-)Leitungen** kamen unter Grund (ab 1915). 1920 war die städtische Bevölkerung erstmals größer als die auf dem Land. Wobei die größte Stadt des Landes, Reykjavík zu dieser Zeit gerade einmal etwa 20.000 Einwohner hatte. Und doch lebten vor allem in den ländlichen Gebieten die Menschen oft noch immer in Torfhäusern mit Lehmboden in mittelalterlichen Zuständen und konnten sich finanziell keine großen Sprünge erlauben.

Die letzten Schritte zur Unabhängigkeit

Während des ganzen 19. Jahrhunderts wurde mit Dänemark über die Unabhängigkeit hin und her verhandelt. Oder besser gesagt, über ein geringes Maß an größerer Selbstständigkeit. Ein großer Schritt im Streben nach Unabhängigkeit war getan, als auch tatsächlich ein Isländer zum Minister für Island ins dänische Kabinett berufen wurde. Diese Ehre kam dem Dichter und Politiker **Hannes Hafstein** zu, der am 1. Februar 1904 sein Amt antrat.

Ein **unabhängiger Staat** wurde Island aber erst **nach dem Ende des Ersten Weltkriegs** 1918 unter der Bedingung, dass sich die Insel mit Dänemark den König und die Außenpolitik teile. Außerdem wurde vereinbart, dass sich Island in Konflikten zwischen Nationen neutral verhalten und kein Militär unterhalten würde.

1920 wurde schließlich auch ein Oberster Gerichtshof als höchste Berufungsinstanz in Island installiert.

Extrainfo 3 (s. S. 9): Reykjavík 1926: historische Stummfilmaufnahmen des amerikanischen Fotografen und Filmemachers Burton Holmes

Der Zweite Weltkrieg

Während des Zweiten Weltkriegs verhielten sich die Isländer neutral. Mit der Besetzung Dänemarks im April 1940 durch Nazi-Deutschland war jedoch keine Kommunikation mit der dänischen Regierung mehr möglich. Großbritannien bot sich damals den Isländern als Schutzmacht an, diese lehnten das Angebot jedoch ab. Doch dann machten die **Briten** kurzen Prozess und am 10. Mai landeten britische Truppen im Morgengrauen unangekündigt in Reykjavík. Island liegt strategisch wichtig auf den Schifffahrtswegen zwischen dem amerikanischen und dem europäischen Kontinent und kann in diesem Zusammenhang als Brücke und Ausgangsbasis dienen. Die Briten wollten nicht riskieren, dass ihnen die Deutschen zuvorkämen. Schließlich waren schon U-Boote direkt vor Islands Küste gesichtet worden und hatten auch früher schon mal deutsche Militärschiffe mit der Hakenkreuz-Flagge in Reykjavík vor Anker gelegen.

Die Landung der britischen Truppen vollzog sich ohne Widerstand. Verwundert war man aber schon. Die Regierung ließ schnellstmöglich verlauten, dass man die Briten doch als Besucher ansehen möchte, die Briten ihrerseits sagten zu, dass sie für ihren Verbleib auf isländischem Boden gut bezahlen würden, und versprachen, nach Ende des Krieges wieder abzuziehen. Insgesamt wurden 25.000 Soldaten aus dem Commonwealth, vor allem Briten, darunter viele Schotten, und Kanadier, in Island stationiert.

Allerdings blieben sie nicht sehr lange, denn die Briten benötigten recht bald mehr Mannschaften im sich dahinziehenden Wüstenkrieg und schlossen daher ein Abkommen mit Island und den USA. Und so landeten ab dem 7. Juli 1941 US-Streitkräfte in Island, fünf Monate bevor die USA nach dem Angriff auf Pearl Harbour (8. Dezember 1941) und der drei Tage später folgenden Kriegserklärung Deutschlands an die USA in den Krieg eintreten sollten. Die US-Amerikaner brachten nicht nur mehr Material, sondern auch wesentlich mehr Soldaten mit nach Island: 60.000 Mann stark waren die Truppen. Zum Vergleich: Reykjavík hatte zu diesem Zeitpunkt gerade einmal ebenso viele Einwohner!

Der Aufenthalt sowohl der Briten als auch der Amerikaner sorgte für einen **enormen wirtschaftlichen Aufschwung.** Die Depression der 1930er-Jahre war mit einem Mal vergessen. Die Armeen hatten viele Arbeitskräfte nötig. Die Wirtschaft boomte wie noch nie, die Preise stiegen mit einer Inflation von bis zu 30 % wie nie zuvor und es kam zu einem bisher ungekannten Bauboom. Die Briten und Amerikaner hatten eine gesunde Infrastruktur für ihre Mannschaften und ihr Kriegsgerät nötig. Nur drei Projekte, die gleich ins Auge stechen, seien hier genannt. Sie machen gleichzeitig auch deutlich, dass Island durch „die Besucher“

wirtschaftlich im Nullkommanichts vom Mittelalter in die Moderne katapultiert wurde. So verwandelten die Briten die unbefestigten Start- und Landebahnen in Reykjavík zu einem modernen Flughafen und die Amerikaner bauten im Südwesten gleich einen ganz neuen: Der **Flughafen Keflavík,** der heute als internationaler Flughafen dient, entstand. Die wichtigste Straße des Landes, die **Ringstraße,** die die meisten Teile des Landes miteinander verbindet, war bis dahin nur eine Schotterpiste gewesen. Doch darauf hatte man nur beschränkt schweres Gerät transportieren können. Die Amerikaner begannen also damit, Hunderte von Kilometern Straße zu asphaltieren. Die Ringstraße wäre ohne die US-Truppen wohl noch lange eine Schotterpiste geblieben. Und auf einmal gab es **Geld** und es waren Güter im Umlauf, die man vorher in Island nie zu Gesicht, geschweige denn zu kaufen bekommen hatte.

Die große Zahl amerikanischer Soldaten hatte aber auch noch andere Auswirkungen. Jene waren allesamt jung, gut genährt und Männer von Welt. Die isländischen Männer waren arm, mussten hart arbeiten, um überhaupt über die Runden zu kommen, und kannten nichts als ihr Dorf. Und die Fischer waren tage- und wochenlang auf See ... Wie es schon in früheren Jahrhunderten bei Schiffbrüchigen der Fall war, war den Isländerinnen durchaus bewusst, dass aufgrund der geringen Anzahl Eingeborener eine Vergrößerung des Genpools zum Nutzen des Landes sei. Während der zweiten Hälfte der 1940er-Jahre bekam dieses Phänomen auch einen Namen: **Ástandið** („die Situation"). Mit diesem Euphemismus wurde versucht, die Attraktivität, die die amerikanischen Soldaten auf die weibliche isländische Bevölkerung ausübte in den Griff zu bekommen. So wurden die Soldaten gebeten, sich zurückzuhalten. Aber so weit von zu Hause, im besten Mannesalter und bei vielen Frauen war dies wohl vergebliche Liebesmüh.

Tatsächlich machte sich die isländische Regierung Sorgen um die jungen Mädchen und weil es gehäuft zu Schlägereien zwischen isländischen Jugendlichen und den Soldaten kam. Dass die Situation aber auch zu Spannungen in Familien geführt haben dürfte, ist wahrscheinlich. Viel gesprochen wird darüber in Island aber bis heute nicht, man bleibt da lieber diskret.

Der Zweite Weltkrieg hatte aber noch eine ganz andere Konsequenz. Dänemark wurde 1940 von Nazi-Deutschland besetzt. Konnte sich Dänemark anfangs noch weitreichende Sonderrechte unter der Besatzung erhalten, war ab August 1943 Schluss damit. Das Standrecht wurde eingeführt, der militärische Ausnahmezustand wurde ausgerufen, das dänische Parlament kam nicht mehr zusammen, es kam zu Deportationen. Für die isländische Politik war es praktisch unmöglich, Kontakt mit der seit dem

015ki-sb

9. April 1940 von den deutschen Besatzern kontrollierten dänischen Regierung aufzunehmen.

In den Verträgen, die 1918 zwischen Dänemark und Island geschlossen worden waren, war aber auch vereinbart worden, dass man anstelle des Statusgesetzes von 1871 bis 1943 eine neue Übereinkunft treffen wolle. Nun waren Dänemark durch die Besatzung die Hände gebunden. Und so entschied das isländische Parlament schließlich nach langen Debatten einerseits „diese Situation unehrenhaft auszunutzen", andererseits „hätte man das schon 1942 machen sollen, da Dänemark ja seinen Teil des Vertrags nicht mehr einhalten kann", und stimmte für eine **Volksabstimmung über die Unabhängigkeit von Dänemark.** Diese wurde im Mai 1944 abgehalten, ihr Ausgang war mehr als deutlich: 98,6 % derjenigen, die ihre Stimme abgegeben hatten, stimmten für die Unabhängigkeit. Gerade mal 377 Wähler (0,5 %) stimmten dagegen.

Und so wurde **1944** auf geschichtsträchtigem Boden, in Þingvellir, wo schon das erste Parlament getagt hatte, am 17. Juni, dem Geburtstag Jón Sigurðssons, die **Republik Island ausgerufen.** Nach beinahe 700 Jahren waren die Isländer wieder frei – und 20 % der Inselbevölkerung waren vor Ort, um dieses Ereignis mitzuerleben. Seitdem ist der 17. Juni der Nationalfeiertag Islands.

⌃ Überreste eines amerikanischen Militärflugzeugs aus dem Zweiten Weltkrieg

Island nach dem Zweiten Weltkrieg

Nach dem Zweiten Weltkrieg nahm die rasante Entwicklung Islands von beinahe mittelalterlichen agrarischen Strukturen hin zu einer modernen Industrienation, die mit der Ankunft der britischen und amerikanischen Streitkräfte begonnen hatte, weiter Fahrt auf. Island wollte, nachdem es sich gerade erst für unabhängig erklärt hatte, jetzt auch Teil der Welt sein. 1947 wird Island Gründungsmitglied der **Organisation für wirtschaftliche Zusammenarbeit und Entwicklung, OECD** (die damals noch als OEEC gegründet wurde).

Umstrittene Westanbindung

Die Absprache, die eigentlich auch für die **Amerikaner** galt, dass nach Kriegsende das ausländische Militär abrücken sollte, wollten diese nun nicht mehr einhalten. Letztlich einigte man sich darauf, dass der Flughafen in Keflavík auch zivil würde genutzt werden können und die US-amerikanische Präsenz auf den dortigen Militärstützpunkt konzentriert bleiben würde. Dies stellte eine **Abkehr von der Neutralitätspolitik** dar, wie sie bisher betrieben worden war, zumal der Inselstaat, der damals wie heute keine eigenen Soldaten oder Truppen unterhält, **1949 der NATO beitrat.** Das Land war darüber sehr gespalten und zum ersten Mal in der Geschichte wurde von der Polizei Tränengas verwendet, um Demonstranten vom Austurvöllur, dem Parlamentsplatz, zu vertreiben.

Letztendlich wogen die Interessen der USA (Brückenkopf, Überwachung, Spionage) – und ihr Geld – schwerer. Island ließ sich die Einschränkung seiner Hoheitsrechte an dem Flugplatz gut bezahlen. Der militärische Teil des Flughafens in Keflavík stand jetzt unter NATO-Befehl. 1951 baten die USA die isländische Regierung im Vertrauen, eine eigene Militärbasis in Island einrichten zu dürfen. In einer geheimen Sitzung aller Parlamentsmitglieder unter Ausschluss der Parlamentarier der Sozialistischen Partei wurde dem zugestimmt. Daraufhin wurden 5000 amerikanische Soldaten in Island, die allermeisten davon in Keflavík, stationiert. Die **amerikanischen Streitkräfte** entwickelten sich zum **größten Arbeitgeber** in ganz Island, zeitweise arbeiteten bis zu 2000 isländische Zivilisten für sie. Dieser Arbeitgeber galt als durchaus attraktiv, schließlich konnte man dadurch in den amerikanischen Supermärkten auf der Basis einkaufen, die Waren anboten, die es nirgendwo sonst in Island gab.

Die Präsenz der amerikanischen Streitkräfte sollte ein ständiger **Zankapfel in der Nachkriegspolitik** bleiben, bis die Amerikaner mit dem Ende des Kalten Krieges immer mehr ihr Interesse an Island verloren und im Sep-

Bewaffnete Polizei – nein danke!

In Island gibt es nach wie vor kein Militär. Die Polizei besitzt nur wenige Schusswaffen und auch die sind in einem Panzerschrank untergebracht und werden nur höchst selten und unter bestimmten Bedingungen in die Hand genommen. Nur die isländische Küstenwache ist mit Feuerwaffen unterwegs.

2014 gab es einen enormen Aufschrei in der Bevölkerung, als verbreitet wurde, dass Norwegen der isländischen Polizei und der isländischen Küstenwache 250 Maschinengewehre geschenkt habe und sich diese auch schon im Land befänden. Dass die Schusswaffen bereits im Land waren, wurde bestätigt. Die Norweger ihrerseits meinten aber, es handle sich hierbei keineswegs um ein Geschenk (wie es früher tatsächlich schon mal der Fall gewesen war), sondern um die Erfüllung eines Vertrags, der 2013 geschlossen worden sei, und laut dessen sie jetzt eine Bezahlung in Höhe von 75.000 € erwartet würden. Die Maschinengewehre wurden wieder zurück nach Norwegen geschickt und die isländische Polizei erfüllt ihren Dienst weiterhin, außer in Extremsituationen, ohne Schusswaffen.

Island wird in militärischer Hinsicht durch einen bilateralen Vertrag mit den USA geschützt, der noch aus der Zeit unmittelbar nach dem Zweiten Weltkrieg stammt. Außerdem wurden Verträge mit Norwegen (Luft) und Dänemark (Wasser) geschlossen, die die Isländer bei der Wahrung ihrer Hoheitsrechte unterstützen. Zusätzlich wacht die eigene Küstenwache über die Hoheitsrechte auf See. Ferner werden turnusmäßig mit anderen NATO-Staaten Vereinbarungen zum Schutz der Landesgrenzen in der Luft und auf dem Wasser getroffen - kein übertriebener Luxus, zumal vor allem seit dem Abzug der Amerikaner immer mal wieder russische Militärjets in den isländischen Luftraum eindringen.

Zu Wasser stellt die Unterbindung von Schmuggel, insbesondere von Drogen, ein nicht unerhebliches Betätigungsfeld für Küstenwache und ausländischen Schutzkräften dar. Und auch unter Wasser, durch die ausländischen Schutzmächte, möchte man sich vor ungebetenen militärischen Besuchern schützen.

tember 2006 ihre Flagge einholten. Jetzt war es auf einmal die isländische Regierung, die die Amerikaner davon überzeugen wollte, doch im Land zu bleiben. Der Wirtschaftsfaktor war einfach nicht zu unterschätzen.

Angesichts der wachsenden Spannungen in der Welt und der geopolitisch und strategisch nicht uninteressanten Lage Islands (Brückenkopf zwischen Europa und den USA, Zugang zum Nordpol, schmelzendes Eis, das neue Schifffahrtswege ermöglicht) zeigen die USA heute Interesse an einer militärischen Präsenz auf der Insel.

1950 erfolgt der Beitritt zum **Europarat** und 1952 zum **Nordischen Rat.** Unter einer Art großen Koalition zwischen rechten und linken demokratischen Parteien machte sich die isländische Regierung direkt nach der Unabhängigkeitserklärung daran, die Trawler-Flotte, die damals noch zum Großteil in den Händen der Kommunen lag, zu modernisieren und ein soziales Sicherheitsnetz und damit einen **Wohlfahrtsstaat nach skandinavischem Muster** aufzubauen.

Island erstmals auf der Bühne der Weltwirtschaft: die Kabeljau-Kriege

Nach dem Zweiten Weltkrieg wurde der Fischfang und -export noch wichtiger. Der bedeutendste Fisch war (und ist) dabei der Kabeljau. Die Fischfangflotte wurde erneuert, sodass die reichen Fischgründe um die Insel herum noch gründlicher abgeschöpft werden konnten – zu gründlich, wie sich schnell herausstellen sollte, und so entschied die isländische Regierung, die Fischfangzone 1950 bis 1952 von drei auf vier Seemeilen zu erweitern.

Von der Drei- zur Vier- zur Zwölf-Meilen-Zone

Dies führte zu Protesten und Konsequenzen. Großbritannien, das die Drei-Meilen-Zone für Island 1901 vertraglich mit Dänemark geregelt hatte, boykottierte von da an isländischen Fisch. Dafür taten sich für die Isländer neue Märkte auf. Dank neugebauter Kühlanlagen konnten sie jetzt auch **Fisch an die USA und die Sowjetunion liefern.**

Doch schon bald waren auch die Bestände innerhalb der Vier-Meilen-Zone überfischt. Und so entschied sich die isländische Regierung 1958, eine **Zwölf-Meilen-Zone** auszurufen. Die englische Regierung entschied sich daraufhin, Militärschiffe zum Schutz der britischen Fischfangflotte auszusenden. Die englische Presse, nicht gerade bekannt dafür, allzu subtile Artikel zu schreiben, taufte die Auseinandersetzung martialisch **„Kabeljau-Krieg“** („codwar“). Auf See bemühte man sich aber tatsächlich, Auseinandersetzungen aus dem Weg zu gehen. Nachdem Island bei der UNO und dem NATO-Rat protestiert hatte, wurde der Konflikt 1961 zunächst beigelegt.

Es blieb bei Drohungen von beiden Seiten und schließlich akzeptierte Großbritannien nach zweieinhalb Monaten die neue Grenze. Für die britischen und deutschen Schiffe vor der Küste Islands stand einiges auf dem Spiel, denn in beiden Ländern machte der Fischfang vor Island jeweils rund ein Viertel des gesamten Fischfangs aus.

Die 200-Meilen-Zone

Dass der Mensch wohl tatsächlich nicht gerne aus der Geschichte lernt, zeigte sich dann schon wenige Jahre später. Wieder war das Gebiet um die Insel überfischt. Die Regierung wusste sich 1972 keinen anderen Rat, als die Schutzzone für die Fischerei noch weiterauszudehnen, dieses Mal auf 50 Meilen. Jetzt sprachen die britischen Zeitungen vom **„Zweiten Kabeljau-Krieg"** und auch Deutschland wollte diese Grenzziehung nicht anerkennen. Und was zunächst doch recht überraschend scheint, geschah: Der David trotzte dem Goliath die Seemeilen nach langen Verhandlungen tatsächlich ab.

Sowohl beim ersten als auch beim zweiten Kabeljaukrieg war **Lúdvík Jósepsson** Fischereiminister – ein Sozialist, der, so wurde vermutet, den Konflikt auch dazu verwendete, um einen Keil zwischen die Nato-Länder zu treiben. Vielleicht aber hat er ihn nur außerordentlich geschickt genutzt, um für Island den für unmöglich gehaltenen internationalen Erfolg verbuchen zu können.

Die Trumpfkarte der Isländer waren ihre, vor allem bei eher links orientierten Isländern ungeliebte, NATO-Mitgliedschaft und die Flugbasis in Keflavík. Vor allem die Amerikaner waren besorgt, dass die Isländer den militärischen Teil des Flughafens schließen oder gar aus der NATO austreten würden, wenn sie nicht bekämen, was sie wollten. Oder wie Lord Kennet im Oberhaus des britischen Parlaments es formulierte: „Wenn die Sowjetunion Island als unsinkbaren Flugzeugträger und als U-Boot-Basis benutzen könnte, wäre das eine äußerst ernste Sache."

Doch selbst die 50-Meilen-Grenze war für Island nicht genug. Fisch war nun einmal das einzige Exportprodukt und somit auch so ziemlich das einzige, womit das Land im hohen Norden Geld verdienen konnte. Und so entschied sich die Regierung 1974, wiederum einseitig, die Grenze für die Fischereirechte vor ihrer eigenen Küste auf damals **unglaubliche 200 Meilen** auszudehnen. Immerhin, die Grenzen zu ihren Nachbarn, den Färöern und Grönland, wurden an den Stellen, an denen der Abstand weniger als 400 Seemeilen beträgt, auf die Mitte zwischen den Ländern festgelegt.

Dieses Mal wurde der Konflikt deutlich grimmiger. Natürlich sorgte die englische Presse für die nötige Wortgewalt (**„Dritter Kabeljau-Krieg"**) und es ging härter zur Sache. Isländische Schiffe kappten die Taue der Schleppnetze der englischen und deutschen Trawler. Die englische Marine fuhr wieder zum Schutz mit den Fischern mit – und die isländische Küstenwache versuchte ihrerseits, die einseitig ausgerufenen Grenzen zu bewachen.

Ein Netz kostete damals umgerechnet ca. 35.000 €, der Fang selbst war ein Mehrfaches wert. In Deutschland ging es auf das Jahr gerechnet um einen Fangausfall von umgerechnet fast 40–50 Mio. € und um 1200 Arbeitsplätze. Wohl auch deshalb blieb es nicht nur bei Drohgebärden. Es wurden Warnschüsse abgegeben.

Auf Kollisionskurs

Dieses Mal blieb es nicht bei Sticheleien, bei denen die englischen Schiffe die Piratenflagge hissten und über Lautsprecher „Rule Britannia! Britannia rule the waves" plärren ließen, und es gab nicht nur Drohgebärden und Warnschüsse auf hoher See, sondern auch tatsächlich den ein oder anderen **Beschuss,** Tote aber glücklicherweise nicht. Manchmal gingen die Schiffe beider Seiten auch voll auf Kollisionskurs. Als am spektakulärsten gilt der **Zusammenstoß zwischen der britischen Fregatte HMS Andromeda und dem isländischen Küstenwacheschiff Þór.** Beide Schiffe wurden erheblich beschädigt, blieben aber überraschenderweise manövrierfähig. Selbstredend, dass jede Partei das jeweils andere Schiff für den Zusammenstoß verantwortlich machte.

International herrschte gehörige Unruhe. Immerhin waren es zwei Nato-Länder, die hier aufeinander losgingen – zu einem Zeitpunkt, als der Kalte Krieg auf seinem Höhepunkt angelangt war. **Großbritannien und Island brachen ihre diplomatischen Beziehungen untereinander ab.** Island, das nur über sage und schreibe vier Schiffe mit Bordwaffen aus der Vorkriegszeit verfügte, hielt auf See und auf dem internationalen diplomatischen Parket der britischen Seemacht stand.

Erneut waren die strategische Lage der Insel zwischen den Kontinenten und der von den Amerikanern betriebene NATO-Flughafen in Keflavík die entscheidenden Argumente. Großbritannien musste letztendlich am 2. Juni 1976 klein beigeben. Ab 200 Seemeilen vor der isländischen Küste beherrscht „Britannia" seither nicht mehr „the waves".

Keine Unterordnung

Auch heute noch ist Fisch der wichtigste Exportartikel und bildet, inzwischen nach dem Tourismus, den zweitwichtigsten Wirtschaftszweig des Landes. Er ist wohl der wichtigste Grund, warum sich der Inselstaat selbst zur Zeit der Wirtschaftskrise 2008 (s. S. 141) nicht dazu entschließen konnte, einen Antrag zur Aufnahme in die Europäischen Union zu stellen. Zu tief sitzt die Angst, dass Island einen Teil seiner Fischereirechte an andere Länder abtreten müsste. Denn was über Jahrhunderte das Überleben gesichert hat, lässt man sich nicht einfach nehmen.

Das selbstständige Regieren erwies sich als nicht allzu einfach. Zunächst war es keiner Regierung vergönnt, längere Zeit an der Macht zu bleiben.

Immer wieder mussten neue Koalitionen geformt und Kompromisse aufs Neue ausgearbeitet werden.

Das Hauptaugenmerk der verschiedenen Regierungen lag in den 1950er-Jahren auf der Wirtschaft. Der **Bekämpfung des Staatsdefizits** wurde Priorität eingeräumt, ebenso den **Importkontrollen, Lohnforderungen, Einzelhandelsgewinnspannen** und vor allem und mit allem zusammenhängend, der **Inflation.** Gegen Ende des Jahrzehnts betrug sie durchschnittlich rund 10 %. Im Nachhinein betrachtet war das noch ganz ordentlich.

Ab 1959 stabilisierte sich die Politik etwas. Von diesem Zeitpunkt an war bis 1971 ununterbrochen eine **Koalition der konservativen Unabhängigkeitspartei und der Sozialdemokratischen Partei** an der Macht. In dieser Periode wurden Importkontrollen abgeschafft und ein freies Marktsystem zugelassen. Immer noch war die Eindämmung der Inflation Hauptthema. Jetzt lag sie aber schon bei durchschnittlich 12 %.

1970 trat Island der den Handel betreffend als Gegengewicht zur EU, damals noch EWG, gedachten und 1960 gegründeten **Europäischen Freihandelszone (EFTA)** bei.

In den beiden Jahrzehnten nach 1971 wechselten die politischen Machtverhältnisse wiederum recht häufig. Dabei blieb vor allem die Kontrolle der **Inflation** auf der Strecke. Sie stieg auf durchschnittlich 35 % pro Jahr. 1983 schien die Isländische Krone endgültig ganz außer Kontrolle zu geraten, die Rate in diesem Jahr betrug 86 %, ein trauriger Höhepunkt. Das geschah, obwohl bereits 1981 eine neue Krone eingeführt worden war, die im Verhältnis 1 : 100 eingetauscht wurde.

Ab Anfang der **1990er-Jahre** bis zum finanziellen Kollaps 2008 gab es etwas **mehr politische Stabilität.** Die Unabhängigkeitspartei war in dieser Zeit an allen Regierungen beteiligt – ob dies angesichts eben dieses Kollapses dem Land tatsächlich diente, sei dahingestellt. Jedenfalls stimmten die Gewerkschaften 1990 schweren Herzens Einschnitten im Lohnsektor zu. So konnte tatsächlich der Teufelskreis steigender Löhne und damit steigender Preise durchbrochen werden. Bis zum Zeitpunkt der Finanzkrise 2008 konnte die Inflation dann auch auf einem annehmbaren Niveau gehalten werden. Auch wenn sie immer etwas höher lag als beispielsweise in Deutschland.

Was wir mit dem Jahr 1968 verbinden (Jugendrevolte, Studentenproteste, Demonstrationen und eine Neuordnung der Gesellschaft aus den alten, verkrusteten Strukturen) geschah in Island etwa ab dem Jahr 1970. Vor allem die **Frauen** forderten mehr und mehr ihre Rechte ein (s. S. 166) – mit Erfolg. 1980 wurde Vigdís Finnbogadóttir zur Präsidentin der Republik gewählt (s. S. 166). 1994 wurde Ingibjörg Sólrún Gísladóttir

Bürgermeisterin von Reykjavík und damit zu einer der wichtigsten Politikerinnen im Land. Sie hatte es geschafft, eine Koalition aller Parteien gegen die Unabhängigkeitspartei (Sjálfstæðisflokkurinn, auch „Blaue Hand" genannt, wobei die Anspielung auf mafiaähnliche Gruppierungen durchaus beabsichtigt ist) zu formen, die seit ihrer Parteigründung 1929 durchgängig den Bürgermeister in der Hauptstadt gestellt hatte.

Auch **Minderheitengruppen** machten in dieser Zeit immer dringlicher auf sich aufmerksam. So formte sich 1978 die Allianz für Schwule und Lesben (Samtökin '78).

Bis in die 1990er-Jahre wurden Teile des wirtschaftlichen Lebens in Island noch immer vom Staat gelenkt. Erst als die „Blaue Hand" mit Davíð Oddsson 1995 an die Macht kam, änderte sich dies. Jetzt wurde wie im Rest Europas privatisiert, darunter auch die Banken, und so entwickelte sich Island zu einem kapitalistischen Land. Eine rasante wirtschaftliche Entwicklung war die Folge. Sie wurde erst 2008 gestoppt, dafür aber auf dramatische Weise (s. S. 141).

Mit dem von den Demonstrantinnen und Demonstranten erzwungenen Rücktritt der Regierung **2009** kam es zu **neuen politischen Machtverhältnissen.** Bisher war die Unabhängigkeitspartei als größte Partei zusammen mit den Sozialdemokraten an der Macht. Die Schuld für den wirtschaftlichen Zusammenbruch wurde aber nur der Unabhängigkeitspartei gegeben, schließlich waren die Sozialdemokraten erst seit einem Jahr mit an der Regierung und es waren die Funktionäre und Mitglieder der „Blauen Hand" und des vorigen Koalitionspartners, der Bauernpartei, die sich an dem System bereichert hatten. Zum ersten Mal seit Langem fand bei Parlamentswahlen wieder eine größere Veränderung statt. Dieses Mal wurden die Sozialdemokraten stärkste Kraft und konnte Vinstri græn („Links-Grün") so viele Stimmen hinzugewinnen, dass diese zwei Parteien eine Regierung formen konnten. Ministerpräsidentin wurde **Jóhanna Sigurðardóttir.** Und die Isländer wären nicht die Isländer, wenn sie nicht auch hier Vorreiter gewesen wären: Sigurðardóttir war die erste bekennende lesbische Ministerpräsidentin der Welt.

Sie hatte allerdings einen recht undankbaren Job. Die neue Regierung musste den Scherbenhaufen der alten zusammenkratzen und unliebsame Entscheidungen treffen, die den Leuten weh taten. Ohne Geld Politik zu machen, weil das die Vorgängerregierungen mit beiden Händen ausgegeben hatte, war schier unmöglich. Jetzt ging es vor allem um Schadensbegrenzung und darum, den Staat nicht vollständig pleite gehen zu lassen, sowie sich mit eventuellen Geberländern und dem IWF zu einigen. Über den eigenen Tellerrand zu schauen, fiel vielen Isländerinnen und Isländern vier Jahre später scheinbar so schwer, dass sie wieder den rechten Par-

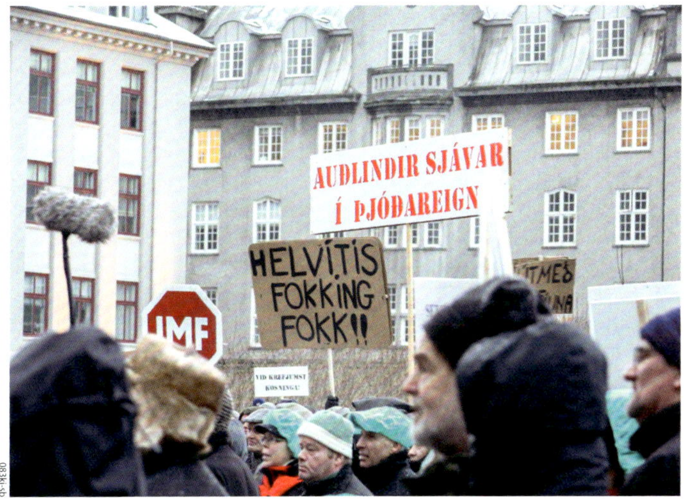

083ki-sb

teien, der Unabhängigkeits- und der Bauernpartei, also den Parteien, die mit ihrem Sumpf aus Kapital- und Politikverstrickungen für die Lage verantwortlich gewesen waren, in den Sattel der Macht halfen. Dieses Mal stellte mit **Sigmundur Davíð Gunnlaugsson** die Bauernpartei den Premier. Blöd nur, dass sein Name und der seiner Frau in den **Panamapapers** zu lesen waren. In ihnen stand auch der Name des damaligen Finanz- und Wirtschaftsministers, Bjarni Benediktsson, der, seit 2003 Parlamentsabgeordneter, gleichzeitig auch Vorsitzender der Unabhängigkeitspartei war. Während aber Sigmundur Davíð Gunnlaugsson von seinem Amt des Regierungschefs zurücktreten musste, schaffte es **Bjarni Benediktsson** irgendwie, dass sich die Pfeile nicht auf ihn richteten, obwohl er offensichtlich nicht die Wahrheit sprach. Unglaublicher noch: Er wurde für die Zeit bis zu den Neuwahlen als Ministerpräsident vereidigt. Diesen Job hatte er aber nicht lange inne. Bei den vorgezogenen Parlamentswahlen im Oktober 2016 verlor seine Partei weitere Stimmen und wurde die Regierungsbildung recht mühsam.

Letztendlich schaffte er es im Januar 2017, eine **Dreiparteienregierung** mit zwei kleineren, liberalen Parteien zu präsentieren. Im September desselben Jahres brach die Koalition aber auch schon wieder aus-

⌃ Wütende Massenproteste während der Wirtschaftskrise im Januar 2009

einander. Der Vater des Premiers, der in Island bekannte Investor und in einflussreichen Kreisen äußerst gut vernetzte Großunternehmer Benedikt Sveinsson, hatte ein Empfehlungsschreiben der besonderen Art verfasst. In Island war es möglich, dass man für jemanden ein **Schreiben zur „Wiederherstellung der Ehre"** aufsetzte. Dies war der nötige Weg für verurteilte Straftäter, nach der Verbüßung ihrer Strafe ihre vollständigen Bürgerrechte wieder zu erlangen, also wieder wählen und gewählt werden zu dürfen oder wieder in Amt und Würden aufgenommen werden zu können, wie es beispielsweise für Ärzte, Beamte, Rechtsanwälte oder Richter nötig ist. Das polizeiliche Führungszeugnis wird damit sozusagen wieder weißgewaschen. Erhält man drei solcher Persilscheine, gilt man als rehabilitiert. In diesem Fall ging es um einen wegen Kindesmissbrauch verurteilten Pädophilen, der seine Adoptivtochter ab ihrem sechsten Lebensjahr zwölf Jahre lang fast täglich missbraucht und vergewaltigt hatte.

Dass **Benedikt Sveinsson** sich die Mühe macht, jemandem nach solch gravierenden Vergehen ein solches Schreiben zukommen zu lassen, ist das eine. Das andere ist, dass die Regierung auf parlamentarische Nachfrage behauptete, davon nichts gewusst zu haben. Ein Journalist konnte aber beweisen, dass das nicht der Wahrheit entsprach – willkommen im isländischen Filz. Dieser Vertuschungsversuch führte zum **Bruch der Regierungskoalition.** Es folgten wiederum vorgezogene Neuwahlen. Diese fanden bis auf einen Tag genau ein Jahr nach den letzten Wahlen statt. Dieses Mal dauerte es nur einen Monat, bis sich ein neues Kabinett geformt hatte, auch wenn vorher niemand gedacht hätte, dass eine solche Koalition jemals zustande kommen würde: Ministerpräsidentin wurde die frühere Ministerin für Kultur, Wissenschaft und Schulen im Kabinett von Jóhanna Sigurðardóttir, die links-grüne **Katrín Jakobsdóttir.** Sie führt eine Koalition mit der Unabhängigkeitspartei unter der Führung des Mannes an, der an der Macht festgeklebt zu sein scheint, eben jenem Bjarni Benediktsson. Der ist jetzt wieder stellvertretender Ministerpräsident und Finanz- und Wirtschaftsminister.

Die **politische Situation seit 2008** darf man also durchaus als **turbulent** bezeichnen. Zum Glück gibt es da die große Anzahl Touristen, die die Wirtschaft aufblühen lassen.

Durch die Jahrzehnte hin hat sich das **Verhältnis Islands zur EU** auf der Waage mal mehr und mal weniger Richtung Beitritt geneigt. Einen Aufnahmeantrag gab es aber bisher nicht. Zum einen möchte man seine erst 1944 erlangte Unabhängigkeit genießen. Zum anderen ist die außerordentlich starke Fischereilobby seit jeher gegen einen Beitritt. Zu groß ist die Angst, dass man Teile seiner hart erkämpften Fischereirechte wieder verlieren könnte. Als die sozialdemokratisch-grüne Regierung an der Macht war, wurden bereits Aufnahmegespräche mit der EU geführt und erste Kapitel sogar schon abgeschlossen. Die Nachfolgeregierung legte diese Gespräche aber nicht nur auf Eis, sondern brach diese kurzerhand gänzlich ab, und das, obwohl sowieso schon mehr als 80 % der Gesetze EU-Recht entsprechen und Island dafür sorgt, dass es Veränderungen in der europäischen Gesetzgebung folgt.

Viele Ökonomen denken aber, dass es mit dieser kleinen Bevölkerungszahl in Zukunft immer schwieriger werden wird, die Isländische Krone auf sinnvolle Weise (Stichwort Inflation) am Leben zu erhalten. Es ist ohnehin schon fast ein Wunder, dass sich Island ein Gesundheitssystem und soziale Einrichtungen leisten kann. In regelmäßig durchgeführten Umfragen bezüglich der Stimmung für oder gegen einen EU-Beitritt halten sich die beiden Lager beinahe die Waage, wobei die Nein-Sager tendenziell die etwas größere Gruppe darstellen. Je besser Island im Moment der Umfrage dasteht, desto deutlicher gewinnen die Beitrittsgegner die Überhand und umgekehrt.

Geschichtstabelle

- **871±2:** Die Insel wird von Norwegern besiedelt, einige kamen aus britischen Wikingersiedlungen, andere aus anderen skandinavischen Ländern und Irland.
- **930:** Das Alþingi in Þingvellir (s. S. 31) wird gegründet. Es gilt als das älteste noch aktive Parlament der Welt.
- **Zwischen 980–1020** reisen Isländer mit ihren Schiffen gen Westen und suchen nach neuem Land. Um das Jahr 1000 entdeckt Leifur Eiriksson Amerika.

  Im Jahr 1000 wird Island christianisiert. Es ist aber weiterhin erlaubt, zu Hause die heidnischen Götter anzubeten, Pferdefleisch zu essen und Neugeborene auszusetzen. Es dauert fast 300 Jahre, bis sich in Island ein unangefochter Bischofssitz etablieren kann.
- **1120–1350:** In dieser Zeitspanne werden die großen Sagas verfasst. Die Handlungen der ca. 40 Sagas spielen in der Zeit von der Landnahme bis ins 13. Jh.
- **1262–1380:** Der norwegische König unterwirft die Insel nach langen bewaffneten Konflikten.

  Die Deutsche Hanse fährt bereits im **13. Jh.** bis nach Island: Bier und Stoffe werden gegen Fisch und Schwefel getauscht.
- **Um 1300** exportiert Island zum ersten Mal Stockfisch.

016ki-sb

- **1380** fällt Island an Dänemark. Dies wird bis 1944 so bleiben.
- **1402–1404** und **1494–1495:** Die Pest kommt in zwei Wellen nach Island und rafft die Hälfte der Bevölkerung dahin.
- **1552:** Der dänische König zwingt die Isländer zur Reformation.
- **1602** erlässt der dänische König das dänische Handelsmonopol für Island. Es wird 185 Jahre lang gelten.
- **1662** wird der dänische König als absoluter Herrscher über Island anerkannt. Da es weder Bürgertum noch Adlige in Island gibt, die dem König einen Treueeid leisten können, ist es wahrscheinlich, dass die, die die Isländer beim Treueeid in Kópavogur vertreten, nicht genau wissen, dass sie damit Rechte abtreten.
- **1600–1785** gilt als das „Dunkle Zeitalter" Islands. Durch Epidemien, Vulkanausbrüche mit giftigen Gaswolken, verheerenden Erdbeben und einer mehrjährigen Kälteperiode wird die Einwohnerzahl von 1703 von rund 50.000 wiederrum stark reduziert, und zwar dieses Mal um ein Viertel auf 37.000.

Die Domkirche zu Reykjavík. Erbaut zwischen 1788 und 1796, hatte sie ursprünglich nur ein Stockwerk, wurde dann aber 1879 aufgestockt.

- **1751:** Gründung der ersten Manufakturen des Landes in Reykjavík zur Wollverarbeitung unter dem Vorsitz des von den Dänen eingesetzten Landvogts Skúli Magnússon, dem ersten Isländer auf diesem Posten. Zudem werden Fisch und Schwefel exportiert. Diese Periode beendet das sogenannte „Dunkle Zeitalter".
- **1784:** Der Bischofssitz und die Lateinschule werden nach verheerenden Vulkanausbrüchen (1783), Erdbeben (1784) und anschließender Hungersnot (die giftige Asche tötet die Tiere und macht die sowieso schon kargen Böden unbrauchbar) von Skálholt nach Reykjavík verlegt.
- **1815–1914:** 15.000 Menschen, rund 20 % der Bevölkerung, siedeln nach Amerika und Kanada über.
- **1830:** Baldvin Einarsson, ein isländischer Student in Kopenhagen, regt an, das Alþingi zumindest als Beratungsgremium für Island wieder einzusetzen. Dies wird von der dänischen Kolonialmacht zwar abgewiesen, doch ist die Saat für erste Unabhängigkeitsbestrebungen gelegt und soll nicht mehr ruhen, bis letztlich die Eigenständigkeit erlangt wird.
- **1874:** Zur 1000-jährigen Siedlungsfeier gewährt der dänische König Christian IX. dem isländischen Volk eine eigene Verfassung. Das Parlament hat nun begrenzte legislative Rechte, die Exekutive verbleibt jedoch in dänischer Hand.
- **1886:** Gründung der Nationalbank
- **1911:** Gründung der Háskoli Íslands, der ersten Universität des Landes
- **1914–1918:** Island bleibt während des Ersten Weltkriegs neutral.
- **1915:** Frauen über 40 Jahre erhalten das Wahlrecht, ab 1920 dürfen alle volljährigen Frauen wählen.
- **1. Dezember 1918:** Island wird ein selbständiger Staat, der den König und die Außenpolitik mit Dänemark teilt.
- **1940:** Im April wird Dänemark von deutschen Truppen besetzt. Island verhält sich als Teil Dänemarks neutral, auch nachdem die Briten militärischen Schutz anbieten. Letztere marschieren zehn Tage nach der Besetzung Dänemarks durch das Deutsche Reich in Island ein. Niemand wehrt sich – wie auch, selbst heute noch hat Island keine Armee. Außerdem sind fast alle Isländer froh darüber, dass die Briten den Wettlauf mit Deutschland um die strategisch günstig liegende Insel zwischen Europa und Amerika für sich entschieden haben.
- **1941:** Die amerikanischen Streitkräfte übernehmen am 7. Juli die Besetzung Islands, also noch vor dem Eintritt der USA in den Krieg. Nach 25.000 britischen sind nun 60.000 US-amerikanische Soldaten auf der Insel stationiert.

- **17.6.1944:** Island erklärt sich für unabhängig von dem zu diesem Zeitpunkt unter deutscher Besatzung stehenden Dänemark und ruft am 17. Juni die Republik Island aus. Der 17. Juni ist der Geburtstag Jón Sigurðssons (s. S. 44).
- **1949:** Island wird trotz ungewöhnlich heftiger Demonstrationen Gründungsmitglied der NATO.
- **1950–1975:** Island, stark abhängig vom Fischfang, erweitert seine Fischgründe nach und nach auf schließlich 200 Seemeilen rund um die Insel. Dies führt zu drei sogenannten „Kabeljau-Kriegen" mit Großbritannien (s. S. 54).
- **1972:** Das bekannteste Schachspiel der Weltgeschichte findet in Reykjavík statt: Boris Spasky, UdSSR, spielt gegen seinen Herausforderer Bobby Fischer aus den USA – die Fortsetzung des Kalten Krieges mit anderen Mitteln.
- **1986:** Der Anfang vom Ende des Kalten Krieges zwischen den Supermächten USA und UdSSR findet, auf Einladung der weltweit ersten weiblichen demokratisch gewählten Präsidentin eines Landes, Vigdís Finnbogadóttir, im Haus Höfði in Reykjavík statt. Hier treffen sich, genau gleich weit von den USA und der UdSSR entfernt, der amerikanische Präsident Ronald Reagan und der Generalsekretär der KPdSU Michail Gorbatschow zu einem Spitzengespräch über Abrüstung.
- **2008:** Zusammenbruch der Wirtschaft am 6. Oktober. Die Banken können ihre Kredite nicht mehr bedienen. Die drei größten isländischen Banken werden verstaatlicht. Die Krone fällt, bis sie schließlich im Vergleich zum Euro fast nur noch halb so viel wert ist wie zu Jahresbeginn.
- **2009:** Nach zunächst friedlichen Demonstrationen werden die Proteste zunehmend unisländisch aggressiv. Im Januar halten sie schließlich Tag und Nacht an. Zum ersten Mal seit 1949 (den Demos gegen die Teilnahme an der NATO) setzt die Polizei Tränengas ein. Die konservative Regierung beugt sich schließlich dem Druck und tritt zurück. Auch der Leiter der Zentralbank muss seinen Hut nehmen. Eine Regierung aus Sozialdemokraten und Grünen erhält die Mehrheit im Parlament. Man besinnt sich auf traditionelle isländische Werte.
- **2013:** Augenscheinlich erholt sich Island schneller vom wirtschaftlichen Zusammenbruch als gedacht. Doch warnen Wirtschaftsexperten vor einer neuen Finanzblase. Die neu gewählte, wie vor der Krise rechts-konservative Regierung räumt dem Wirtschaftswachstum absoluten Vorrang ein. Dies geht auf Kosten von Gesundheit, Kultur, Bildung und Natur.

Extrainfo 4 (s. S. 9): Wie ein bescheidenes Holzhaus Weltgeschichte schreibt – das Höfði-Haus

Erstmals kommen mehr als eine Million Touristen in einem Jahr nach Island.

- **2014:** Viele gut ausgebildete Akademiker haben seit der Krise das Land verlassen. Dies macht sich jetzt bemerkbar. So ist die Zahl der Ärzte im Land besorgniserregend gering. Die Regierung bricht Wahlversprechen. Dies führt wiederum zu massiven Demonstrationen.

  Der Tourismus wächst weiter. Es wird lebhaft über eine Tourismussteuer diskutiert. Vor allem darüber, welches die beste Form der Erhebung sein könnte.
- **2015:** In Reykjavík herrscht ein kleiner Bauboom, da mehr und mehr Hotels errichtet werden. Die Preise in den Supermärkten steigen weiterhin deutlich schneller als die Löhne. Dies führt zu mehreren Streiks bis hin zu einem Generalstreik. Der Tourismus wird immer mehr zu einem wichtigen Wirtschaftsfaktor.

017ki

- **2016:** Im Sommer wird der parteilose Geschichtsprofessor Guðni Thorlacius Jóhannesson zum Präsidenten gewählt. Premierminister Sigmundur Davið Gunnlaugsson stürzt bereits im Frühjahr über die Panama Papers. Bei großen Demonstrationen werden Neuwahlen gefordert. Diese bringen im Herbst keinen eindeutigen Sieger hervor.
- **2017:** Erst nach monatelangen Koalitionsverhandlungen formt sich eine Mitte-Rechts-Regierung unter der Leitung des neuen Premiers Bjarni Benediktsson. Pikantes Detail: Auch ihm wurden in den Panama Papers Geldanlagen unter tropischer Sonne nachgewiesen.

Sie begriffen zu diesem Zeitpunkt noch nicht, was sie da tatsächlich getan hatten, und fuhren beide missmutig wieder nach Hause: US-Präsident Ronald Reagan und der sowjetische Generalsekretär Michail Gorbatschow vor dem Höfði-Haus

018ki-sb

Aber diese Regierung hält nicht lange. Am 28. Oktober werden Neuwahlen abgehalten, fast auf den Tag ein Jahr nach der letzten Wahl. Die Partei Björt framtið steigt aus der Koalition aus.

Nach einmonatigen Verhandlungen wird die Parteivorsitzende der Linksgrünen Partei, Katrín Jakobsdóttir, zur Premierministerin ernannt. Sie führt eine eher unerwartete Koalition mit der rechten Unabhängigkeitspartei und der Progressiven Partei, eine Partei der Mitte, an. Die Koalitionsverhandlungen mit Sozialdemokraten, Piraten und der Progressiven Partei scheiterten an letzterer: Eine Stimme Mehrheit im Parlament war ihr zu fragil. Vizekanzler und Finanz- und Wirtschaftsminister (er hatte dieses Amt bereits 2013–2016 inne) wird der Vorsitzende der Unabhängigkeitspartei und vorige Premier Stehaufmännchen Bjarni Benediktsson.

- **2018:** Die isländische Premierministerin Katrín Jakobsdóttir besucht im März die deutsche Bundeskanzlerin in Berlin.

  Die Isländische Krone stabilisiert sich auf einem recht hohen Niveau. Das macht Island für den Export und für Besucher teurer: Die Fischin-

Vigdis Finnbogadóttir war die erste Frau, die Präsidentin eines Landes wurde (1980–1996). Hier ist sie neben Jón Gnarr zu sehen, dem Komiker und Reykjavíker Bürgermeister (2010–2014).

dustrie beklagt einen Exportrückgang um 15 % im Vergleich zum Vorjahr. Es kommen wieder weniger Besucher, und diejenigen, die kommen, bleiben kürzer und geben im Land weniger aus. Die beiden isländischen Fluggesellschaften Icelandair und WowAir rutschen in die Verlustzone ab: Weniger Touristen und teureres Kerosin sind die Gründe.

Die Schulden des isländischen Staates verringern sich innerhalb eines Jahres um 710 Mio. Euro, vor allem durch den weiteren Verkauf von Bankanteilen, die mit der Verstaatlichung in Folge der Finanzkrise in Staatsbesitz übergegangen waren. Im Juli stuft Moody's das A3-Rating (seit September 2016) für Island von „stabil" auf „positiv" herauf.

Im Juni wird nach langwierigen Verhandlungen nach den Gemeinderatswahlen der sozialdemokratische Bürgermeister und Vater von vier Kindern Dagur B. Eggertsson von einer Vier-Parteien-Koalition im Amt bestätigt.

- **2019:** Da sich bisher nur 10 % der Isländer freiwillig als Organspender gemeldet haben, dreht die Regierung jetzt den Spieß um. Ab diesem Jahr gelten alle Isländer, die sich nicht explizit dagegen aussprechen, als Organspender.

Der kulturelle Rahmen

Der heidnische Wikinger und Entdecker Amerikas, Leifur Eiriksson, steht vor der größten Kirche des Landes, der Hallgrímskirkja (019ki-sb)

Religion und Kirche

Als die Wikinger nach Island kamen, waren sie **Heiden.** Óðinn (Odin), Freya, Þór (Thor), Nanna und noch einige mehr waren die Götter, zu denen sie beteten und denen sie Opfer darbrachten. Und dies wollten sie eigentlich auch weiterhin tun.

Auch in Skandinavien spielte das Christentum im 9. Jahrhundert noch keine große Rolle. Im Jahr 995 kam mit Olafur Tryggvason in Norwegen ein **christlicher König** an die Macht und damit begann auch die **Missionierung Islands.** Wie ab Seite 32 beschrieben erfolgte der Übergang vom heidnischen Glauben zum Christentum in Island unspektakulär und vor allem ohne Blutvergießen und Bürgerkrieg. Die Christianisierung wird auf das Jahr 1000 datiert, was bedeutet, dass die Wikinger in Island für nur rund 130 Jahre Heiden waren.

In den folgenden Jahren wurde die **isländische Kirche** gegründet und Skálholt im Süden Islands sowie Hólar im Norden wurden als Bischofssitze auserkoren und damit zu wichtigen geistigen und wirtschaftlichen Zentren.

Eine der Sonderregelungen bestand darin, dass es auch weiterhin erlaubt sein sollte, die alten Götter anzubeten, solange dies diskret geschah. Daher verschwanden dieser Glaube, seine Traditionen und Bilder nie ganz von der Insel. Mit Religion wurde und wird hier recht **tolerant** umgegangen. Irgendwie konnten die christlichen Kirchen den Menschen hier nie wirklich strenge Moralvorstellungen und Verhaltensnormen aufzwingen.

Heute gilt grundsätzlich, dass man mit der Geburt der lutherischen Staatskirche angehört. Das bleibt so, bis man daran aktiv etwas ändert. Vor allem die Ásatrú, die heidnische Glaubensgemeinschaft, konnte in den letzten Jahren viele neue Mitglieder willkommen heißen – entgegengesetzt den Säkularisierungstrend, der auch in anderen Ländern Europas herrscht. Sie stellen damit die größte nichtchristliche Glaubensgemeinschaft in Island.

In Zahlen ausgedrückt gehören 226.953 Einwohner einer Glaubensgemeinschaft an. Wie viele von ihnen tatsächlice Kirchgänger sind, sei dahingestellt. Auf jeden Fall gibt es, außer vielleicht bei der Beerdigung einer bekannten Persönlichkeit, kein Gerangel um Sitzplätze. 186.477 Menschen sind Mitglied in der **Evangelisch-Lutherischen Kirche** Islands, der Staatskirche. Die mit 9735 Schäfchen zweitgrößte Gruppe ist, vor allem dank der Einwanderer aus Polen, **römisch-katholisch,** danach folgen die **Freie Lutherische Kirche** (7335) und die **Freie Lutherische Kirche in Hafnafjörður** (5127).

Danach kommen schon die **Ásatrú** mit 4126 Mitgliedern. Neben weiteren christlichen Glaubensgemeinschaften, gibt es als eingetragene Glaubensrichtungen noch die **Ethisch Humanistische Vereinigung** mit 2167, den **Buddhismus** mit 931, das **Bahaitum** mit 305, das **Muslimisch Kulturelle Zentrum** in Island mit 264, **Zen** in Island mit 146, die **Soka Gakkai** mit 142, das **Islamisch Kulturelle Zentrum** in Island mit 68, die **Heilsarmee** mit 57, den **Tibetanischen Buddhismus** mit zehn, **New Avalon** mit vier Mitgliedern und einige mehr.

Eine isländische Besonderheit stellt in diesem Zusammenhang der **Zuisimus** mit 1898 Mitgliedern dar. Dieser entstand 2013 als eine religiöse Gemeinschaft, die die Werte alter sumerischer Religionen vertritt. Anfangs waren nur zwei Mitglieder eingeschrieben, 2015 waren es mit vier registrierten Mitgliedern nur wenig mehr. Eine Ausschreibung aus dem Religionsregister drohte. Doch dann erwies sich die Ankündigung einer Art Kirchensteuer zunächst als Segen für diese Gemeinschaft. Auf einmal traten jede Menge Leute aus Protest gegen diese Steuer aus der Staatskirche aus und schlossen sich den Zúistar an. Ende 2015 hatten sie auf einmal mehr als 1000 Mitglieder. Doch dann versuchte eine Gruppe, die Glaubensgemeinschaft zu übernehmen. Ihr Lockmittel: Wir zahlen die staatlichen Zuschüsse, die eine Religionsgemeinschaft in Island erhält, verteilt auf alle Mitglieder an diese aus. Dagegen hatte nicht nur der Staat etwas, sondern auch die ursprünglichen Religionsgründer. Im Folgenden kam es zu Streitereien, die einer Religion nicht wirklich würdig waren und bei denen sich die ursprünglichen Religionsgründer durchsetzen konnten. Der Mitgliederzahl hat dies jedoch nicht geschadet.

Grundsätzlich halten es die Isländer mit der Gretchenfrage eher locker. Als Beispiel mag die größte Kirche des Landes dienen, die **Hallgrímskirkja,** die am Ende des Hügels, auf der Skólavörðurstígur stehend, über der Innenstadt thront. In der Kirche steht im Kirchenschiff eine überlebensgroße Jesusstatue seitlich des Haupteingangs. Als Vorlage für die Hände hat der Bildhauer Einar Jónsson die des Arbeiterführers und Sozialisten Guðmundur Jaki Guðmundsson verwendet. Vor der Kirche steht mit Leifur Eiriksson ein heidnischer Wikinger (er stand da schon, bevor die Kirche an dieser Stelle errichtet wurde) und zu guter Letzt ist die Kirche lediglich nach einem isländischen Dichter und Pastor, **Hallgrímur Pétursson,** benannt, der aber zugegebenermaßen einen großen Einfluss auf das geistige Leben ausgeübt hat und dessen Passionspsalmen und Hymnen noch immer viel gesungen und gelesen werden.

Die Asenglaubensgemeinschaft

Interessant sind die **Ásatrú.** Diese heidnische Glaubensgemeinschaft wurde in ihrer heutigen Form 1972 gegründet. Um es gleich vorweg zu nehmen: Die Ásatrú sind eine sehr aufgeschlossene Glaubensgemeinschaft. Mit etwaigem Gedankengut Ewiggestriger und deren Geistesverwandten haben sie überhaupt nichts am Hut. Die Ásatrú stehen mit ihren Grundsätzen Rechtsradikalen und Rechtspopulisten vielmehr diametral gegenüber. Die heidnischen Götter, die Runenschrift und die Eddas sind religiöses und kulturelles Erbe Islands und somit als natürlicher Bestandteil in das isländische Leben seit der Besiedelung eingebettet – nicht mehr, aber auch nicht weniger. Die Glaubensgemeinschaft basiert auf Toleranz, Würde und Ehrlichkeit und dem Respekt gegenüber anderen, der Natur und alten kulturellen Traditionen. Einer der wichtigsten Leitsätze ist, dass jeder Mensch für sich und sein eigenes Handeln verantwortlich ist.

Allsherjagóði, der oberste Gode (s. S. 31) der Ásatrú, ist seit 2003 **Hilmar Örn Hilmarsson.** Hauptberuflich ist er Musiker und auch in diesem Beruf hoch angesehen. So hat er die Musik zu einigen wichtigen isländischen Filmen komponiert und wäre eine Band wie Sígur Ros ohne ihn als Wegbereiter wohl nicht denkbar. Auch macht er sich um die alte Form der *rímur,* einer isländischen Form von epischen Gedichten und Gesang (siehe eímur, S. 252), verdient.

Blót heißen die zeremoniellen Zusammenkünfte, die einem Gottesdienst in der christlichen Kirche entsprechen. Grundlage hierfür bilden die alten Schriften der Edda. Dazu gehört beispielsweise die *Hávamál,* auf Deutsch „Die Sprüche des Hohen" oder „Des Hohen Lied" genannt, die man im „Codex Regius" findet. Darin gibt Óðinn den Menschen Ratschläge für ihr Leben. Oder die *Völuspá,* „Die Weissagungen der Seherin", ebenfalls aus dem Codex Regius. Wobei der Codex Regius die zentralen Teile der Lieder-Edda, auch „Ältere Edda" genannt, enthält. Die Blót-Zeremonien markieren wichtige Ereignisse im Jahreskreis, dazu gehören Þorrablót (s. S. 82), Sigurblót am ersten Sommertag, Þingblót in der 10. Sommerwoche um die Sommersonnenwende, Haustblót am ersten Wintertag, Landvættablót am 1. Dezember und Jólablót zur Wintersonnenwende. Soweit es das Wetter zulässt, finden die Zeremonien an historischer Stätte in Þingvellir (s. S. 31) statt. Die Glaubensgemeinschaft hat 2016 mit

⊡ Die Ásatrú auf dem Weg zu ihrer Blót-Feier im Sommer in Þingvellir. Vorneweg schreitet im grün-weißen Gewand der Obergode Hilmar Örn Hilmarsson.

020ki-sb

dem Bau eines Tempels begonnen, um endlich auch einen würdigen Rahmen bieten zu können, wenn Feiern nicht draußen stattfinden können.

Solange man der Zeremonie mit Respekt begegnet, ist man auch als Gast willkommen.

Auch wenn man kein Isländisch kann und kein Isländer ist, so kann man doch auf Island bei den Ásatrú den **Bund der Ehe** schließen. Dieser wird in anderen Ländern, auch in den deutschsprachigen und EU-Ländern, anerkannt als eine vor dem Standesamt geschlossene Ehe. Der Gode fungiert also gleichzeitig als Standesbeamter.

Beim Ásatrúfelagið geben sie gerne Auskunft, welche Papiere benötigt werden und wieviel Zeit man für die bürokratischen Abläufe sowohl in Island als auch im eigenen Land einreichen muss. Informationen zum Heiraten auf Deutsch gibt es auch unter www.inreykjavik.is/heiraten-in-island.

Huldufólk – die verborgenen Völker Islands

Wenn man in unbewohnten Gebieten Islands alleine durch die Lavalandschaften wandert, dann glaubt man vor allem bei schlechtem Wetter, **Gesichter, Figuren und Formen in den bizarren Steinformationen** zu erkennen, und man kann sich leicht vorstellen, dass Menschen sich fürchteten, wenn sie in einer solchen Landschaft unterwegs waren. Dann versteht man, warum es in Island so viele Geschichten über verborgene Wesen gibt. Und die Toleranz der Isländer, wenn es um religiöse Fragen geht, lässt es zu, dass auch aktive Christen durchaus an *huldufólk* glauben können und dies für sie keineswegs einen Widerspruch darstellt.

Als *huldufólk* (verborgene Völker) bezeichnen Isländer diese Naturwesen, die sich dem menschlichen Auge und der menschlichen Wahrnehmung nicht so ohne Weiteres zeigen. Zu den bekanntesten dieser Wesen, und es gibt viel mehr als die hier genannten, gehören unter anderem Elfen, Trolle, Berserker, Feen, Zwerge und Riesen.

Nach Überzeugung vieler Isländer sind Elfen keineswegs kleiner als Menschen oder netter. Sie sind genauso groß wie Menschen und können genauso böse werden. Eine Elfe oder ein Elf kann von einem Menschen nur gesehen werden, wenn das Naturwesen dies möchte. Man erkennt es äußerlich nur an zwei subtilen Unterschieden zum Menschen: der fehlenden Trennung der Nasenlöcher und an einer Erhöhung statt einer Grube in der mittigen Spalte der Oberlippe.

Elfen leben normalerweise in großen Steinen. Manchmal kommen sie heraus und laden Menschen in ihren Stein ein. In Volkserzählungen gibt es mehrere Berichte darüber, dass Menschenfrauen nachts von Elfmännern mit der Bitte geweckt werden, ihrer Frau doch bei der Entbindung zu helfen. Die Frauen gehen mit und der Elf führt sie in den Stein, in dem die Elfenfamilie wohnt. Die Menschenfrau hilft bei der erfolgreichen Geburt und der Elf bringt sie wieder aus dem Stein zurück in ihr Haus. Am nächsten Morgen wird die Frau in ihrem eigenen Bett wach und denkt, sie habe das alles nur geträumt. Aber da findet sie auf ihrem Nachttisch ein Geschenk des Elfen, das so wunderschön verarbeitet wurde, dass es nur von Elfenhand hergestellt worden sein kann. Beispiele für diese Geschenke finden sich beispielsweise im Nationalmuseum in Reykjavík (ein Topf) und im Museum Skógasafn (Haarnadel und Kamm) im Süden des Landes.

Ein weiteres wiederkehrendes Motiv in diesen Erzählungen betrifft die Voraussage von Katastrophen, die zum Beispiel dem Viehbestand der Menschen drohen. Letztere erhalten eine Warnung von jemandem aus dem *huldufólk* und bekommen auch meistens Hinweise, wie sie das drohende Unglück abwenden können. Manchmal halten die Menschen sich

Extrainfo 5 (s. S. 9): ZDF-Doku über das „verborgene Volk"

an die gemachten Vorgaben, die sie dann auch tatsächlich vor einem Unglück bewahren. Manchmal aber auch nicht, was zu einem desaströsen Ausgang führt.

Fragt man Isländer heute, ob sie noch an Naturwesen glauben, so werden sie zunächst mit den Augen rollen und dies verneinen. Man will schließlich nicht als alberner Klischee-Isländer abgestempelt werden. Mit Unbekannten reden sie nur ungern über dieses Thema. Wird man etwas vertrauter mit ihnen, hört man als Antwort schon mal „Ja, also, meine Großmutter hat da ja immer Geschichten erzählt, wie sie damals ..." Offen reden die Isländer über dieses Thema nur, wenn sie jemandem vertrauen und bei ihrem Gesprächspartner ein aufrichtiges Interesse an diesem Thema verspüren.

Es gibt auch einige **Umfragen und wissenschaftliche Erhebungen** zu diesem Thema und eigentlich kommen alle mehr oder weniger zum gleichen Resultat. Etwa 30 % der Isländer glauben, dass es das *huldufólk* gibt. Die restlichen ca. 70 % der Befragten glauben nicht unbedingt daran, möchten aber die Existenz des *huldufólks* nicht vollständig ausschließen.

Manche erzählen auch ganz unbefangen von ihren selbstverständlichen **Begegnungen mit Naturwesen.** Dabei ist es nicht selten, dass die Fähigkeit, die Naturvölker zu sehen und mit ihnen zu kommunizieren, mit dem Beginn der Pubertät ein Ende nimmt. Dies ist aber nicht bei allen Betreffenden der Fall.

Die Frage stellt sich immer wieder: Sind die Berichte über Begegnungen mit Angehörigen des *huldufólks* nun Volksmärchen oder gibt es sie tatsächlich? Diese Frage muss wohl jeder für sich selbst beantworten.

Auf jeden Fall kann man sagen, dass sich die Isländer des *huldufólks* sehr wohl bewusst sind und dies auch Auswirkungen auf das Alltagsleben hat.

Bestimmte Stellen eines **Rasens** werden nie gemäht – auch wenn das mitten auf einem Golfplatz nicht gerade ideal ist –, weil Elfen dies untersagt haben, andernfalls kommt es zu großem Unglück. In Kópavógur, einer Nachbargemeinde Reykjavíks, wurde in den 1970er-Jahren in der wachsenden Gemeinde wieder einmal eine neue **Straße** gebaut. An einer Stelle aber kamen die Arbeiter einfach nicht voran. Maschinen wurden während des Einsatzes beschädigt oder fielen sogar ganz aus, es kam zu Unfällen. Diese Situation dauerte an, bis jemand einem Gemeinderatsmitglied erklärte, er sei im Traum von *huldufólk* besucht worden, die ihm mitgeteilt hätten, dass sie in dem Felsen wohnten und doch um Rücksicht bäten. Jetzt war die Sache klar und man konnte entsprechend reagieren: Der Stein blieb unangetastet, sodass die Elfenfamilie dort weiterhin wohnen konnte, die Straße wurde an dieser Stelle einfach etwas verengt, der Menschenfamilie, die an dieser Stelle ein Haus hatte bauen wollen, wurde ein neuer Bauplatz zugewiesen und die Hausnummer wurde nicht vergeben.

Zwar gibt es ein Schreiben des isländischen Straßenbauamts, dass man nicht an die Existenz der Naturvölker glaube und darum auch nicht Rücksicht nähme oder Maßnahmen für die Wesen ergreifen würde, doch sieht dies in der Praxis bisweilen anders aus.

Dieser Umstand wird im Folgenden durch einige Beispiele aus der jüngeren Vergangenheit belegt.

Grásteinn

Als man 1970/1971 die Straße zwischen Reykjavík und Mósfellsbær baute, den Vesturlandsvégur, lag dort ein 50 Tonnen schwerer Felsbrocken im Weg. Also hob man ihn mit einem Kran an, fuhr ihn weg und stellte ihn irgendwo an anderer Stelle, zu allem Überfluss auch noch auf den Kopf gedreht, wieder auf. Dabei bekam **Grásteinn** (Graustein) wie er genannt wird, einen Riss. Seitdem ereigneten sich an der ursprünglichen Stelle immer wieder Unfälle. Die Maschinen der Straßenarbeiter gingen kaputt und eine Wasserleitung für eine Fischfarm wurde durchtrennt, woraufhin 90.000 Fische verendeten. Erst jetzt kam man auf den Gedanken, dass in dem Stein Elfen leben könnten. Und eine Frau gab zu Protokoll, dass sie Licht aus dem Stein habe kommen sehen und dort eine Tür wahrgenommen habe. Dies galt vielen als beinahe sicheres Indiz, dass der Felsbrocken von Elfen bewohnt sei. Also entschied man sich, den Stein in die unmittelbare Nähe der ursprünglichen Stelle zurückzubringen. Bereits 1983 wurde *Grásteinn* darum vom Isländischen Nationalmuseum offiziell als *álfasteinn* (Elfenstein), als ein Stein also, in dem *huldufólk* wohnt, registriert. Später wurde er auch von der Fornleifaskrá Reykjavíkurborger, der Archäologischen Gesellschaft von Reykjavík, so eingestuft. Somit kam der Felsbrocken zu frühen Ehren, denn normalerweise müssen die Berichte über das Bewohntsein von Steinen durch Elfen mindestens 100 Jahre verbrieft sein, bevor ein solcher Status zuerkannt wird.

1994 aber wollte man die Straße verbreitern und so war der Stein wiederum im Weg. Dieses Mal entschied man sich, zuerst Kontakt zu den Elfen aufzunehmen. Und siehe da, aus dem Stein war eine blühende Wohnlandschaft für *huldufólk* geworden. Nach Absprache mit den Bewohnern entschied man sich, die beiden Brocken vorsichtig und mit dem nötigen Respekt 37 Meter von der Straße entfernt zu platzieren. Vier Stunden nahm man sich hierfür, begleitet von Journalisten, Zeit. Der Direktor des isländischen Straßenbauamtes ließ verlauten, dass man den Grásteinn mit einem solchen Aufwand und an fast derselben Stelle umgebettet habe, da es sich zum einen um einen Orientierungspunkt handle und zum zweiten Elfen darin wohnten.

2012 wurde dann ein Geh- und Radweg neben der Straße angelegt. Dies geschah unter der Auflage, dass der Felsbrocken nicht mehr angetastet werden dürfte. Der Infrastrukturdirektor der Stadt Reykjavík verkündete, dass er nicht einmal daran denke, den Grásteinn noch einmal an einen anderen Ort zu verlagern. Und da man die Wege also entlang des Steines führte und ihn nun nicht mehr behelligte, war es dieses Mal auch nicht nötig, das *huldufólk* um eine Genehmigung zu bitten.

Tunnelbau

Im Januar 2011 sollte ein lang ersehnter **Tunnel in Bolungarvík** in den Westfjorden gebaut werden, wo die Landschaft und das Wetter noch rauer als in den übrigen Landesteilen sind. Da kann es schon vorkommen, dass manche Orte im Winter aufgrund der Witterungsbedingungen über Tage von der Außenwelt abgeschnitten sind. Ein Tunnel anstelle holpriger, rutschiger, steiler und schmaler Pisten entlang der Klippen ist also kein überbordender Luxus, zumal die Küstenstraße, die Ísafjörður mit Bolungarvík verband, immer wieder von Steinschlägen und Lawinen bedroht war.

Als die Bauarbeiten aber schließlich am Berg Tradarhyrna begannen, gingen in zwei aufeinanderfolgenden Tagen zwei **Maschinen kaputt** und zwei andere funktionierten einfach überhaupt nicht mehr. Trotzdem begann man mit der **Sprengung in einer Mine am Fuße** des Berges. Die ersten paar Male ging das noch gut, doch plötzlich ging eine der Sprengungen buchstäblich nach hinten los. Im naheliegenden Dorf Bolungarvík zerbrachen so ein Dutzend Scheiben. Verletzt wurde glücklicherweise niemand, die Sprengung geschah mitten am Tag, die meisten Dorfbewohner waren bei der Arbeit.

Einigen in der Gegend war bereits klar, warum die Arbeiten nicht vorangingen und so viel Unvorhergesehenes geschah. Schließlich einigte man sich darauf, dass ein Medium Kontakt mit dem *huldufólk,* welches dort lebte, aufnehmen sollte, um dann, gemeinsam mit einem Pastor, zu versuchen, mit den im Stein Lebenden eine Lösung zu finden. Dies geschah auch, indem man den besorgten Elfen versichert hatte, nicht auf ihrem Land und in ihrem Felsen zu bauen. Erst jetzt konnten die Tunnelarbeiten ohne weitere besondere Vorkommnisse fortgesetzt und erfolgreich beendet werden, wodurch der gefährliche Straßenabschnitt geschlossen werden konnte.

Umzug auf die Insel

021ki-sb

2010 hatte ein konservativer **Parlamentsabgeordneter einen schweren Autounfall** auf der Hellisheiði, einer Anhöhe zwischen Reykjavík und Hveragerði, die für ihre äußerst grimmigen Wetterbedingungen bekannt ist. Dort kann es schon mal heftigen Wind, viel Eis und Schnee geben, auch wenn in der Stadt unten noch die Sonne scheint. Sein Auto überschlug sich, wurde 40 Meter von der Straße weggeschleudert und kam direkt vor einem Felsen zum Stillstand. Sein Geländewagen hatte einen Totalschaden, er selbst nur ein paar Schrammen.

Als nun die Straße erweitert werden sollte und der Felsbrocken dafür weichen musste, schaltete sich der Abgeordnete ein. Er vermutete, dass hier *huldufólk* wohnen würde und bat ein Medium, dies zu untersuchen. Das Medium bestätigte die Vermutung.

Es meinte sogar, dass es es noch nie gesehen habe, dass drei Generationen in einem Stein zusammenlebt. Nach Gesprächen mit den Bewohnern wurde beschlossen, den 30-Tonner gut verpackt per Lastwagen und Schiff in den Garten des Abgeordneten auf die Westmännerinseln zu verfrachten. Das Medium gab ihnen unterwegs sogar Honig zu essen, dies sei schließlich ihre Lieblingsspeise. Die einzigen Bedingungen der *huldufólk* waren, dass der Felsen doch bitte auf Gras abgestellt werden solle, da sie auch Schafe hätten und diese Weidegrund bräuchten. Außerdem sollte der Fels so aufgestellt werden, dass ihre Fenster eine schöne Aussicht böten. Selbstverständlich wurden beide Bedingungen im Garten des Parlamentsabgeordneten erfüllt.

⌃ Trolle, die es nicht mehr geschafft haben, vor Sonnenaufgang zurück im Fels zu sein, werden selbst zu Stein, glauben viele Isländer

Erfolgreiche Verhandlungen

2016 wurde in Hegranes im Skagafjörður im Norden Islands **nach Wasser gebohrt.** Obwohl viele Einwohner vermuteten, dass dort eine der größten Populationen von *huldufólk* in Island beheimatet ist, begann man mit den Tätigkeiten ohne vorherige Konsultation der Angehörigen des verborgenen Volkes.

Nach einem Monat voller Rückschläge und nicht ordentlich funktionierender Maschinen kamen selbst hartgesottene Ingenieure und Bauarbeiter auf die Idee, sich mal mit den Bewohnern im Berg zu unterhalten. Die Verhandlungen waren auch in diesem Fall erfolgreich und so konnten die Bohrungen ohne weitere Zwischenfälle, aber einige Meter vom bewohnten Felsbrocken entfernt, fortgeführt werden.

Huldufólk ist ein Sammelbegriff für alle möglichen Energiewesen. Elfen sind den Menschen normalerweise gut gesinnt, zumindest so lange die Menschen sie auch respektieren.

Elfenschule

Seit 1998 gibt es in Reykjavík auch eine Elfenschule, in der man alles über Elfen und andere Naturwesen lernen kann. Der englischsprachige Unterricht findet normalerweise freitagmittags statt. Mehr Informationen zur Elfenschule, die von einem ehemaligen Historiker geleitet wird, gibt es auf der Website der Schule (http://theelfschool.com).

Trolle

Im Unterschied zu Elfen können **Trolle** in der Vorstellung vieler Isländer unheimlich alt werden und sie gelten als eher grimmig. Auch sie leben in Felsen, allerdings trauen sie sich nachts auch gerne mal raus. Nach traditioneller Auffassung sollte man also achtgeben, dass man im Dunkeln nicht aus Versehen einem schlecht gelaunten Troll über den Weg läuft. Worauf Trolle aber achten müssen: Sobald die Sonne aufgeht, müssen sie wieder im Fels verschwunden sein, andernfalls erstarren sie selbst zu Stein. In der isländischen Landschaft gibt es so einige Stellen, an denen diese Naturwesen es wohl nicht so genau genommen haben mit der Zeit und ihnen das zum Verhängnis wurde.

Eine der bekanntesten Felsformationen ist direkt vor der Küste von Vík i Mýrdal im Süden Islands zu sehen. Dort ist deutlich ein großes Trollschiff in den Wellen zu sehen. Da hatten die Jungs wohl einen flauen Tag erwischt und es so gerade nicht mehr in ihren Heimatfelsen geschafft.

Feste, Bräuche, Traditionen

Der heidnische Mondkalender

Island mag etwa seit dem Jahr 1000 ein christliches Land sein. Bis heute aber haben **heidnische Bräuche** nicht nur überlebt, sondern sind auch tief in der Gesellschaft und im Jahreskreis der Isländer verwurzelt.

Neben dem **kirchlichen Kalender** existierten in Island über Jahrhunderte hinweg ein **isländisches Jahrbuch sowie ein Mondkalender.** Die alten Monate wurden nach dem Mondkalender berechnet und unterteilten das Jahr in Sommer und Winter. Noch immer gilt in Island, dass es nur diese zwei Jahreszeiten gibt, markiert durch den ersten Sommertag und den ersten Wintertag. Die Begriffe Frühling und Herbst gibt es zwar, doch fallen diese Jahreszeiten oft relativ kurz aus und im täglichen Sprachgebrauch spielen sie keine große Rolle. Und tatsächlich scheint es jedes Jahr irgendwann im Mai einen Tag zu geben, an dem irgendwer einen Schalter umlegt und das Wetter recht plötzlich von Winter auf Sommer schwenkt. Meist schon im September geht es dann auch andersherum recht schnell. Der Wind wird kalt und schneidend, die Luft kühlt ab, auch in Reykjavík kann der erste Schnee fallen (im Hochland sind Schneefälle im Sommer nicht die Regel, aber auch nicht besonders ungewöhnlich).

Der **Mondkalender** unterteilte das Jahr in zwölf Monate zu je 30 Tagen (z. B. Þorri, Góa, Harpa), die sich im Vergleich zu den heute gebräuchlichen Monaten mit den Mondphasen im Datum immer ein wenig verschoben. Im Sommer wurden vier Zusatztage eingeschoben und alle 5–7 Jahre kam eine Extrawoche hinzu, um die Verschiebungen mit dem Sonnenjahr auszugleichen. In Buchhandlungen ist noch immer ein aktuelles Jahrbuch mit allen entsprechenden Angaben erhältlich. Deshalb hat zum Beispiel der erste Sommertag (einer der wichtigsten Feiertage im Jahr) ein variables Datum, denn er beginnt mit dem ersten Tag des Monats Harpa. Jeder alte Monat beginnt an einem bestimmten Wochentag, im Monat Harpa ist es der Donnerstag. Folglich fallen der Beginn des Monats Harpa und der Sommeranfang auf den 1. Donnerstag nach dem 18. April.

Im Gegensatz zu den deutschen germanischen Stämmen, die ihre Monate mit dem Neumond beginnen ließen, wählten die Isländer den **Vollmond als den Anfang eines neuen Monats.**

Dem Jahrbuch zufolge wurde das Jahr in Winter und Sommer eingeteilt und das Alter von Menschen und Tieren wurde in Wintern gezählt. Ein Datum gab man mit der soundsovielten Woche im Sommer oder Winter an, die Wochentage trugen Namen der nordischen Götter (z. B. Óðin, Þór).

Wichtige Tage im Jahr

6. Januar – Þrettándinn

„Der Dreizehnte" heißt der Tag, an dem die Weihnachtszeit ihren Abschluss findet. Während an diesem Tag in Deutschland und Österreich Dreikönig gefeiert und in der Schweiz zusätzlich die Fastnacht eingeläutet wird, hat dieser Tag in Island **mit dem christlichen Feiertag wenig zu tun.**

Der 6. Januar ist der Tag, am dem sich auch der letzte der 13 isländischen Weihnachtsmänner wieder in das Hochland aufgemacht hat (s. S. 92). Es ist der 13. Tag nach Weihnachten. Im deutschsprachigen Raum ist der Zeitraum von Weihnachten bis Dreikönig unter dem Namen **Raunächte** bekannt. In der letzten Raunacht lassen es die Isländer noch einmal richtig krachen. Die Weihnachtszeit wird an diesem Tag mit **Feuerwerk und großen Feuern** verabschiedet. Für viele hat diese Zeit jedoch auch eine magische Bedeutung, um die sich viele Legenden ranken. Es ist eine besondere Zeit, die der Familie, dem gemeinsamen Feiern und der Erholung gewidmet ist.

Dem alten Glauben zufolge ist in dieser Zeit die **Trennschicht zwischen der realen und magischen Welt besonders dünn.** So heißt es, dass in der Nacht des 6. Januars (ebenso wie in der Johannisnacht) Seltsames geschehen könne, weil Kühe sprechen könnten, Seehunde die Gestalt von Menschen annehmen, der Tau besondere Kräfte berge und Elfen und Feen um die Feuer tanzten, weshalb in einigen Gegenden auch eine Elfenkönigin und ein Elfenkönig gewählt werden oder sich die Menschen entsprechend verkleiden. Außerdem soll dies auch der Tag sein, an dem Elfen ihre alten Wohnstätten verlassen und sich eine neue Unterkunft suchen.

Die großen Feuer und das Feuerwerk, das am Abend verschossen wird, bilden den krönenden Abschluss der Weihnachtszeit. An vielen Stellen in den Städten und Gemeinden werden große Feuerstellen aufgeschichtet, die über viele Stunden brennen. Es wird zum letzten Mal Weihnachtsbier ausgeschenkt und die letzten Reste der Weihnachtsvorräte werden vertilgt. Doch dann verschwinden alle Dekorationen und aller Weihnachtsschmuck bis zum nächsten Dezember in ihren Schachteln und Dosen. Vom Feuer geläutert macht man sich auf ins neue Jahr.

Bóndadagur

Der erste Tag des Monats Þorri ist *bóndadagur* (von *bóndi* = Bauer, Landwirt), der den Männern gewidmet ist. Festgelegt ist der Anfang dieses Monats auf den Freitag in der 13. Winterwoche, was dem Zeitraum zwischen dem 19. und 25.1. entspricht. An diesem Tag **schenken Frauen ihren Männern eine kleine Aufmerksamkeit oder verwöhnen sie ganz besonders.**

Extrainfo 6 (s. S. 9): Beitrag über den Þrettándinn, den 6. Januar

Þorrablót – Neubelebung alter Tradition

Þorrablót wird im tiefsten Winter gefeiert. Ende Januar beginnt der Monat Þorri und in früheren Zeiten begann mit diesem Monat der härteste und kälteste Wintermonat. Die Sonne schaffte es immer noch nicht über den Horizont, frisches Essen gab es praktisch nicht mehr. Und in dieser Zeit, in der das Ende des Winters noch lange nicht in Sicht war, drohten Kälte und sich dem Ende zuneigende Vorräte. Doch wenn man die alten isländischen Monate Þorri und den darauffolgenden Monat Góa überstanden hatte, dann war man sozusagen über den Berg. Serviert werden beim Þorrablót die **Lebensmittel, die bereits Monate zuvor eingelegt, gesäuert, geräuchert worden sind.**

Bei den Ásatrú, der Glaubensgemeinschaft, die die alten Nordischen Götter verehrt (s. S. 72), bezeichnet *blót* eine Opferfeier für die Götter. Bei einem *blót* wurden den Göttern Speisen geweiht und in deren Gedenken in der Gemeinschaft geteilt. Þorrablót ist dem Gott Þór (Thor) gewidmet, der dem vierten Wintermonat seinen Namen gab. Während das Fest für die Christen in Island eigentlich keine Rolle mehr spielte, wurde es gegen Ende des 19. Jahrhunderts, in der Zeit als sich in Island eine Unabhängigkeitsbewegung entwickelte, **als identitätsstiftend neu entdeckt und wiederbelebt.** Heute feiern die Isländer das Fest nicht unbedingt, um die Götter zu ehren, sondern um damit alter Zeiten und ihrer Vorfahren zu gedenken, als das Leben in Island sehr viel schwerer war.

Da die diversen **Speisen** eines Þorrablót-Mahles sowohl für die Mägen der Einheimischen als auch der Touristen **gewöhnungsbedürftig und nur schwer verdaulich** sind, fließen an einem solchen Abend enorme Mengen *brennivín* (Schnaps) durch die Kehlen. Die Gerichte dieses traditionsreichen Mahles sind im Prinzip typisch für das, was man früher auf einem Bauernhof aß. Dazu gehören: versengter Schafskopf inklusive Augen und Ohren *(svið)*, eingelegte Schafshoden *(hrútspungur)*, Schwartenmagen *(svinasulta)*, Trockenfisch *(harðfiskur)*, Schweinsfett *(lundabaggi)*, Blutwurst, teilweise auch sauer eingelegt *(blóðmör)*, geräuchertes Lamm *(hangikjöt)* und fermentierter Hai *(hákarl)*. Dazu wird ein süßlich schmeckendes Roggenbrot *(rugbrauð)* und/oder eine Art Fladenbrot *(flatkökur)* serviert. Wohl bekomm's!

Der *brennivín* schmiert die Kehlen und manchmal werden bei einem Þorrablót-Mahl auch Gedichte rezitiert, auf jeden Fall wird **viel gesungen.** Es ist jedenfalls immer eine gesellige Angelegenheit, die man entweder im

☐ Das Þorrablót ist aufgetischt. Immerhin kann man Schafshoden im Gegensatz zu den Schafsköpfen nicht mehr an der Form erkennen.

Extrainfo 7 (s. S. 9): Þorrablót – was man eigentlich nie essen wollte

022ki-sb

Kreis der Familie oder mit Kollegen mindestens einmal in dieser Zeit feiert. Falls man zu einem solchen Essen eingeladen wird, erlebt man etwas Unvergleichliches – kulinarische Besonderheiten genauso wie ausgelassene Isländer in der ansonsten trüben Jahreszeit der kurzen Tage und langen, dunklen Nächte.

Bolludagur – Rosenmontag

Wenn in anderen Ländern vor der Fastenzeit der Karneval auf Hochtouren läuft, dann steht auch in Island das Leben auf dem Kopf. Der Montag vor der Fastenzeit, der im deutschen Sprachraum als Rosenmontag bekannt ist, wird *bolludagur* genannt, denn dann werden ganze Massen von dem **süßen Gebäck** vertilgt. *Bollur* bestehen aus einem Brandteig (wie Windbeutel) und sind etwas größer als ein Tennisball. Sie werden aufgeschnitten, mit Marmelade ausgestrichen und dann mit süßer Sahne gefüllt – und zwar reichlich. Als Krönung kommt ein Klecks Schokolade auf den Deckel. Das ist die normale Variante, daneben gibt es aber noch viele weitere Geschmacksrichtungen, dann kommt entweder ein anderer Guss auf den Deckel oder eine andere Füllung in den Windbeutel. Bereits am Wochenende vorher werden in allen Bäckereien im Land abertausende *bollur* gebacken und verkauft. Auf diese Art und Weise haben alle genug Zeit, über mehrere Tage verschiedene süße Teilchen zu genießen. Die Tradition der *bollur* ist wahrscheinlich Ende des 19. Jahrhunderts von Dänemark oder Norwegen nach Island „herübergeweht".

Kinder basteln für diesen Tag sogenannte **Bolluvendir,** dafür werden kleine Stöckchen mit Papierstreifen verziert mit dem Ziel, damit die Eltern vor dem Aufstehen zu klopfen und *„Bolla, bolla, bolla!"* zu rufen. Denn für

Extrainfo 8 (s. S. 9): Rosenmontag auf Isländisch: Kinder und Windbeutel

jedes Klopfen und *„Bolla, bolla, bolla!"* verdienen sich die Kinder einen Windbeutel. Aber auch wenn man die Eltern nicht allzu oft erwischt, an diesem Tag stopfen sich alle mit *bollur* voll. Laut einer Theorie ist dieser Kinderbrauch ein harmloses Überbleibsel der Selbstkasteiungen, die die Gläubigen sich zufügten, um an die Schmerzen zu erinnern, die Jesus erlitten hat, und Buße für die eigenen Sünden zu tun.

Sprengidagur – Faschingsdienstag

Auf die süßen Verführungen des Montags folgt etwas Solideres am nächsten Tag. Am *sprengidagur* wird noch einmal **richtig viel gegessen,** bevor die Fastenzeit bis zum Osterfest beginnt. Dazu wird recht salziges Fleisch (bevorzugt Lammfleisch) mit gekochten gelben Erbsen serviert. Früher war dies der letzte Tag, an dem noch einmal Fleisch gegessen werden konnte. Der Name *sprengidagur* bezieht sich darauf, dass man so viel isst, bis man fast platzt, oder anders gesagt, seinen Magen sprengt. Es ist kein Tag für eine leichte Diät. Das Abendessen nimmt man normalerweise mit der gesamten Familie ein – von den Großeltern bis hin zu den Enkelkindern.

Öskudagur – Aschermittwoch

Der *öskudagur* (Aschetag) entspricht zwar dem Aschermittwoch, doch **unterscheiden sich die Gebräuche inzwischen wesentlich vom katholischen Beginn der Fastenzeit.** An diesem Tag versuchen die Kinder Erwachsenen und anderen Kindern kleine Stoffbeutel mit Asche anzuheften, natürlich ohne dass die anderen etwas davon merken. Das könnte daher rühren, dass die Katholiken geweihte Asche nach dem Gottesdienst mit auf ihre Höfe nahmen. Danach kam der Brauch auf, dass Mädchen versuchten, die Säckchen jungen Männern anzuhängen und umgekehrt. Inzwischen machen sich nur noch die Kinder einen Spaß daraus. Eigentlich haben sie dafür aber kaum noch Zeit, denn sie verbringen den ganzen Tag damit, die Ladengeschäfte im Ort aufzusuchen, wo sie mit dem **Singen von Liedern Süßigkeiten verdienen** können.

Falls man selbst am *öskudagur* unterwegs ist, sollte man sich nicht wundern, dass den ganzen Tag Gruppen verkleideter Kinder und Jugendlicher durch die Ortschaften pilgern. Manche Gruppen tragen schöne Lieder vor oder geben etwas Lustiges zum Besten, manche sind allerdings wenig enthusiastisch und singen nur ein kurzes Lied. Dabei kommt es darauf an, einigermaßen früh unterwegs zu sein, auch wenn schulfrei ist, um die besten Süßigkeiten zu ergattern, denn irgendwann hängen die ersten Zettel an den Türen, dass die Süßigkeiten leider schon alle sind. Dann geht es auf zum nächsten Laden.

Konudagur – Frauentag

Am ersten Tag des Wintermonats Góa wir der *konudagur,* der Frauentag, der immer auf einen Sonntag zwischen dem 18. und 25. Februar fällt, gefeiert. Der Monat Góa löst den Monat Þorri ab.

Am *konudagur,* dem Pendant zum *bóndadagur* (s. S. 81), **wird von den Männern erwartet, dass sie den Frauen in ihrer Familie etwas Gutes tun.** Männer beschenken nicht nur ihre Partnerinnen, sondern sie denken auch an ihre Mutter und Schwestern.

Blumensträuße, Schokolade, ein leckerer Kuchen oder ein anderes schönes Geschenk werden gerne angenommen, auch Frühstück ans Bett zu bringen, ist beliebt. Und da der Tag immer auf einen Sonntag fällt, sollte es schon auch ein besonderes Essen geben. Entweder man kümmert sich um alles oder sorgt zumindest für ein, zwei Dinge aus dieser Liste. Die Zeitungen sind voller Anzeigen mit Anregungen, sodass es auch ja keiner vergisst und jedem etwas einfällt.

Der Tag hat in der Art, wie er jetzt gefeiert wird, keine allzu lange Tradition. Seit Mitte des 19. Jahrhunderts kommt der Name *konudagur* vor. Zu Beginn des 20. Jahrhunderts lag die Betonung auf einem besonderen Essen. Das könnte allerdings auch mit christlichen Traditionen zusammenhängen, schließlich fällt der Anfang des Monats Góa oft auf den letzten Sonntag vor der Fastenzeit. Erst in den 1970er-Jahren kamen die Blumensträuße hinzu, die inzwischen aber schon einigermaßen üppig ausfallen sollten.

Älter ist die Tradition, am Vorabend des jeweiligen ersten Tages Þorri oder Góa wie gute Gäste hereinzubitten und zu bewirten. Schließlich waren dies die beiden harten Wintermonate, in denen es normalerweise am kältesten war, da konnte es sicher nicht schaden, die Götter wohlgesonnen zu stimmen. Doch wer diese beiden Monate überstanden hatte, durfte sich auf den kommenden Sommer freuen. Und in diesem Sinne macht in modernen Zeiten gut Wetter, wer die Frau des Hauses zum Strahlen bringt.

Páskar – Ostern

Ostern läuft mehr oder weniger genauso ab wie in Westeuropa. Eine Besonderheit sind die **riesigen Schokoladenostereier.** Alle bekommen mindestens ein großes Osterei geschenkt. Wer es sich leisten kann, kauft ein teures Ei bei einem Chocolatier, aber viele schenken und erhalten einfach ein Osterei aus dem Supermarkt. Allerdings kann man sich ausrechnen, dass bei knapp drei Millionen von verkauften Eiern in einer Durchschnittsfamilie doch eine ganze Menge Ostereier vertilgt werden müssen. In diesen Eiern versteckt sich aber auch ein Geheimnis. Denn die großen

Exemplare sind **mit Konfekt und Süßigkeiten gefüllt,** und alle, selbst die kleinsten Eier, haben zusätzlich einen kleinen **aufgerollten Zettel mit einem weisen Spruch** im Innern. Es gehört zur Ostertradition, dass alle ihren Spruch vorlesen. Diese können bekannte und leicht verständliche Weisheiten enthalten wie: „Wer den Pfennig nicht ehrt, ist des Talers nicht wert." Viele sind jedoch auch Zitate aus den „Sprüchen Odins" oder andere Zitate der Sagas, zum Beispiel: „Die Eiche lebt, auch wenn die Blätter wegfliegen" oder „Überfluss währt einen Augenblick, dann flieht er, der falscheste Freund."

Das christliche Symbol des Opferlamms rückt bei dem ganzen Rummel um die Schokoladeneier etwas in den Hintergrund.

Sumardagurinn fyrsti – Der erste Sommertag

Dieser Tag markiert einen wahren **Freudentag** im isländischen Kalender. Man hat gute Laune und man wünscht sich den ganzen Tag über, ganz egal ob gerade tatsächlich die Sonne scheint oder das Land im Schneesturm versinkt „Gleðilegt sumar" – einen frohen Sommer!

Der erste Sommertag, *Sumardagurinn fyrsti,* ist der erste Donnerstag nach dem 18. April und gleichzeitig der erste Tag des Monats Harpa. Zwar beginnt der Sommer in Island noch zu einer recht kalten Zeit des Jahres. Dennoch war dies immer schon ein sehr erfreuliches Ereignis, denn es bedeutete, vor allem in früheren Zeiten, dass man die schweren Wintermonate überstanden hatte. Ein wichtiger Hinweis auf einen guten Sommer war tatsächlich, ob Sommer und Winter „aneinanderfrieren". Dazu stellte man am Vorabend des ersten Sommertages eine Schale mit Wasser nach draußen. Wenn sich darauf am nächsten Morgen eine Eisschicht gebildet hatte, dann verhieß dies einen guten Sommer.

Alte Bräuche, die mit diesem Tag verbunden sind, ähneln ein bisschen den Gepflogenheiten zum Ersten Mai. Es war ein Tag, der den jungen Frauen und Kindern gewidmet war. Es war auch ein guter Tag für junge Männer, um einem Mädchen zu zeigen, dass sie ihm zugeneigt waren. Es wurde nicht gearbeitet, sondern gefeiert. Die Tiere wurden für diesen Tag nach draußen gebracht und es gab sogar **Sommergeschenke,** lange bevor es Weihnachtsgeschenke gab.

Sumardagurinn fyrsti ist immer noch ein Feiertag, der häufig schon mit Festen und Partys am Vorabend eingeläutet wird. Die Isländer nutzen den Tag, wenn das Wetter es zulässt, um ihren **Garten auf Vordermann zu bringen und die isländische Flagge zu hissen.** Ab jetzt spielt sich das Leben wieder vermehrt draußen ab. Dieser Tag markiert auch den Zeitpunkt, an dem man die **Sommerkleidung** aus dem Schrank holt. Ab jetzt sollte man sich nicht darüber wundern, dass die Jugendlichen nur mit T-

Shirts bekleidet auf der Straße zu sehen sind. Alle anderen sind vielleicht nicht im T-Shirt unterwegs, aber alle dicken Kleidungsstücke sind definitiv verschwunden, und das völlig unabhängig von den Temperaturen.

In wirklich guten Jahren sind in der Natur bereits vor dem Sommeranfang erste grüne Spitzen und zarte Gewächse zu sehen, aber es kann durchaus auch vorkommen, dass es noch weit in den Sommer hinein schneit oder stürmt. Richtig zur Blüte kommt der Sommer etwa ab Mitte/ Ende Mai. Dann wird das Grün der Natur schlagartig sichtbar.

Verkalýðsdagurinn – Tag der Arbeit

Der Tag der Arbeit am 1. Mai ist auch in Island ein Feiertag, an dem die **Gewerkschaften Kundgebungen** organisieren.

Sjómannadagurinn – Der Seemannstag

Am ersten Sonntag im Juni findet in den Häfen des Landes der *Sjomannadagurinn* statt. In Reykjavík feiert man das ganze Wochenende ein **Hafenfest** - *Hatið Hafsins.* Einzige Ausnahme: Fällt Pfingsten auf dieses Wochenende, findet der Seemannstag eine Woche später statt.

Es ist das **erste große Festival des Jahres unter freiem Himmel,** ein Tag, um die Seeleute zu ehren, die für das Überleben Islands einen so wichtigen Beitrag leisten und geleistet haben. Inzwischen ist es ein wahres Volksfest, bei dem es die Leute raus an die Häfen zieht. Das Fest eignet sich besonders bei gutem Wetter hervorragend für einen erlebnisreichen Tag, vor allem, aber nicht nur, mit Kindern.

Man kann **Schiffe besichtigen,** es gibt **Segel- teilweise auch Ruderwettkämpfe, Live-Vorführungen der Rettungsbrigade,** oftmals werden Fischcontainer mit Eis gefüllt, auf denen verschiedene Fischsorten einschließlich Erklärung liegen. Wer in der Ichthyologie, der Fischkunde, nicht so wirklich bewandert ist, wird sich über so manche rare Erscheinungsform wundern dürfen - und wer sich traut, darf sie auch anfassen. Es wird **Livemusik** geboten, **Unterhaltung für Kinder,** es gibt **Informationsstände** und natürlich sorgen jede Menge **Essensbuden** für das leibliche Wohl.

Íslenski þjóðhátíðardagurinn – Nationalfeiertag am 17. Juni

Als sich die Isländer 1944 entschlossen, Dänemark den Laufpass zu geben und unabhängig zu werden (s. S. 48), entschieden sie, den Tag zur Ausrufung der Unabhängigkeit auf den 17. Juni zu legen, auf den Geburtstag von Jón Sigurðsson (s. S. 44), der so wichtig war in dem langen Kampf um die Unabhängigkeit. Seitdem ist dieser Tag ein Feiertag auf der Insel. Er wird immer mit einer **Eröffnungsfeier** mit offiziellen Ansprachen und Kranzlegungen eröffnet. Danach wird der Nationalfeiertag vor allem

Extrainfo 9 (s. S. 9): Beitrag zum „Volksfest zur Unabhängigkeit", dem Nationalfeiertag

023ki-sb

als **Volksfest mit Musikdarbietungen, Kinderveranstaltungen und Essensangeboten** begangen und auf der Straße trifft man an diesem Tag jede Menge Bekannte und Freunde. Wer eine im Schrank hängen hat, holt seine Nationaltracht hervor, um sie an diesem besonderen Tag zu tragen.

Sumarsólstöður – Sommersonnenwende

Am Tag der Sommersonnenwende (jeweils dem 20., 21., oder 22. Juni) erreicht die Sonne ihren Höchststand am Horizont, steht also am entferntesten vom Äquator entfernt und über dem nördlichen Wendekreis, was dazu führt, dass auf und nördlich dieses Wendekreises an diesem Tag (bzw. in dieser Nacht) die Sonne nicht untergeht. Island liegt ein wenig unter dem nördlichen Wendekreis, was zur Folge hat, dass die Sonne zwar für eine kurze Zeit vom Horizont verschwindet (im südlich gelegenen Reykjavík beispielsweise nicht länger als eine halbe Stunde), aber gleich danach auch wieder auftaucht. Dunkel wird es deshalb aber keineswegs. **Es bleibt die ganze Nacht über taghell,** wie auch in den Wochen davor und danach. Deshalb kleben sich manche Besucher aus Verzweiflung Aluminiumfolie auf die Fenster, um endlich einmal wieder richtig und tief durchschlafen zu können.

Die meisten Isländer stört die Sonne nachts aber nicht sonderlich. Im Gegenteil – im Sommer sind alle aktiv und möglichst viel draußen unterwegs, ob zum **Mitternachtsgolf** (s. S. 230) oder um den Hund um zwei Uhr nachts auszuführen. In dieser Zeit kommt keiner auf die Idee, sich für einen Kurs oder eine Aktivität drinnen zu entscheiden. Jetzt konzentrieren sich alle darauf, draußen etwas zu unternehmen. Auch junge Kinder dürfen im Sommer nachts relativ lange draußen sein. Was natürlich immer wieder zu Diskussionen in der Familie führt, da Eltern im Gegensatz zu ihren Kindern oft der Meinung sind, dass man nicht unbedingt so lange draußen sein muss, wie die Polizei erlaubt. Zwar werden die Tage ab jetzt theoretisch wieder kürzer, aber vorerst merkt man davon nichts. Außerdem freut sich jetzt erst einmal jeder auf den bevorstehenden Sommer – denn **über den ganzen Monat Juli ist der Großteil der Büros und Geschäfte geschlossen** und haben die meisten Isländer ihren Sommerurlaub. Die Mittsommernacht selbst wird in Island aber nicht so wichtig genommen. Das sieht ein paar Nächte später, in der Johannisnacht, dann schon ganz anders aus.

Jónsmessunótt – Johannisnacht

Alten isländischen Traditionen zufolge spielt vor allem *jónsmessunótt,* die Nacht zum Johannistag am 24. Juni, eine bedeutende Rolle. Es handelt sich um **eine der Nächte, denen magische Kräfte zugesprochen werden.** Steinen und Kräutern, die in dieser Nacht gesammelt werden, werden besondere Heilwirkungen nachgesagt. Kühe sollen in der Johannisnacht gar die Fähigkeit zu sprechen besitzen und Seehunde können die Gestalt von Menschen annehmen. Auch anderen wunderlichen Wesen kann man in dieser Nacht der Legende nach begegnen.

Aber vor allem sollte man in dieser sagenumwobenen Nacht um Mitternacht dringend **nackt im Gras einen Hügel hinunterrollen.** Oder wenigstens barfuß durch das Gras laufen. Der Tau birgt nämlich ganz besondere Kräfte und fördert angeblich die Gesundheit.

Verslunarmannahelgi – Kaufmannsfeiertag

Am 1. Montag im August bleiben die **Geschäfte geschlossen.** Traditionell ist das der Tag, an dem auch die Angestellten eines Ladens einen Tag frei hatten. Das lange Wochenende wird überall auf der Insel mit **Musik und Open-Air-Festivals** gefeiert. Besonders wenn die Wettervoraussichten gut sind, macht man sich mit dem gesamten Familienclan zu einem Sommerhaus oder Zeltplatz auf, um die Natur zu genießen, zu wandern und mit Freunden und der Familie zu feiern. Es ist der einzige Tag im Jahr, an dem man sich auf **Staus** gefasst machen muss, wenn alle gegen Montagabend wieder nach Hause pilgern.

◁ Vor allem am Nationalfeiertag tragen viele die Nationaltracht

Hinsegin Dagar í Reykjavík – Reykjavík Gay Pride

Die Reykjavíker haben die Parade der LGBT-Gemeinschaft und das anschließende Konzert am zweiten Augustwochenende als **Familienfest** adoptiert. Also strömen alle mit Kind und Kegel in die Stadt, um sich zusammen mit den vielen extra angereisten Touristen den kleinen, aber farbenfrohen und fröhlichen Umzug mit Themenwagen, Musik und Tanz durch das Stadtzentrum sowie das abschließende Freiluftkonzert anzuschauen und -zuhören. Es herrscht ein buntes Treiben und eine gemütliche Stimmung, obwohl oder gerade weil um die 100.000 Menschen zur Parade strömen. Isländer würden sich nie einen guten Grund zum Feiern entgehen lassen und schließlich trifft man ja, da alle hier sind, auch jede Menge Bekannte, Freunde und Familie. Eigentlich ist die Reykjavík Gay Pride am ehesten mit einem **Karnevalsumzug mit ernstem Hintergrund** zu vergleichen, denn obwohl Island, was die Rechte von Lesben, Schwulen, Bisexuellen und Transgendern betrifft, sehr fortschrittlich ist, gilt es noch immer, Vorurteile abzubauen und Hilfe anzubieten.

Réttir – Herdenabtrieb

Isländische Schafe verbringen im Prinzip das ganze Jahr draußen im Freien, werden aber im Herbst, **meist am dritten Septemberwochenende,** zusammengetrieben und nahe den Bauernhöfen und damit vor allem tiefer gelegen untergebracht.

Viele Isländer haben noch **Familie oder Freunde,** die einen Bauernhof betreiben und beim alljährlichen Herdenabtrieb wird Hilfe zu Fuß oder zu Pferde gerne angenommen. Viele erinnert dies an ihre Jugendzeit. Alle Bauern und Helfer eines Gebiets treiben gemeinsam die Schafe an einen Ort. In ländlichen Gebieten sieht man häufig runde Einzäunungen, die aussehen wie ein Kuchen, bei dem in der Mitte ein Kreis bleibt und der von dort aus in verschiedene abgetrennte Tortenstücke unterteilt ist. Hat man die Schafe erst einmal im Tal, werden sie in die Mitte der Einzäunung getrieben und die verschiedenen Eigentümer holen dann aus der großen Schafsmenge ihre eigenen Tiere in ihr Segment. Das Ganze ist mit viel Arbeit verbunden und wirkt auf Außenstehende vielleicht etwas hektisch und chaotisch. Und es ist auch nicht unbedingt etwas für zartbesaitete Seelen. Denn nachdem die Tiere sortiert sind, werden diejenigen Tiere ausgewählt, die zur Zucht auf den Bauernhof kommen, während die anderen Tiere ins Schlachthaus geführt werden. Der Herdenabtrieb wird mit **gutem Essen und Trinken** abgeschlossen.

〉 Die größte Sause des Jahres: der Gay-Pride-Umzug in Reykjavík

024ki-sb

Fyrsti vetrardagur – der erste Wintertag

Der Winter beginnt am Samstag zwischen dem 21. und 28. Oktober viel geräuschloser als der Sommer. Mit dem ersten Wintertag beginnt der Monat Gor, der traditionelle Schlachtmonat. In alten Zeiten wurde mit dem Schlachten gewartet, bis dieser Monat begann. Die Ásatrú-Glaubensgemeinschaft (s. S. 72) feiert den Winteranfang mit einer eigenen Feier, *blót* genannt, die dem Gott Óðinn gewidmet ist. Es handelt sich um ein **Dankfest für die Ernte und die Tiere, die ihr Leben geben.**

Jetzt werden die Tage merklich kürzer und das Tageslicht macht sich rar. Von nun ab gilt es, jeden schönen Tag zu nutzen und auf jeden Fall über Mittag einige Zeit rauszugehen, damit man ein paar Sonnenstrahlen abbekommt. Nun findet man in immer mehr Fenstern Weihnachtsbeleuchtung und -Deko. Alle freuen sich auf Weihnachten, ein in Island wirklich großes und wichtiges Fest, das die Zeit der längsten Nächte heiter und fröhlich macht. Als Entschädigung für die langen, dunklen Nächte gibt es aber auch die Chance, das **Nordlicht** zu sehen, das jedes Mal wieder ein beeindruckendes Erlebnis am Nachthimmel ist.

Die dreizehn isländischen Weihnachtsmänner

In Island gibt es tatsächlich dreizehn Weihnachtsmänner. Allerdings sind es eigentlich dreizehn Trolle mit mäßig guten Manieren. Ihre Mutter ist die jahrhundertealte Trollfrau Grýla. Sie lässt ihre Söhne so gut wie nie aus ihrer Trollhöhle, erst im Dezember, wenn es draußen so richtig kalt wird und der Schnee fällt, erweicht Grýlas Herz ein wenig und sie lässt ihre dreizehn Söhne, einen nach dem anderen vom Hochland hinunter in die Stadt wandern. Das ist zwar ein ziemlich weiter und beschwerlicher Weg für die Jungs, aber sie freuen sich so unheimlich darauf, endlich aus der Höhle zu kommen und Menschen zu treffen, dass sie dafür nur allzu gerne die ganzen Strapazen in Kauf nehmen.

Mit Grýla haben die Brüder nicht gerade das große Los gezogen, sie ist nämlich eine echte Rabenmutter, vor der man sich besser in acht nimmt. Sie ist fast immer schlecht gelaunt und nörgelt an ihren Söhnen herum, außerdem ist sie eine wirklich schlechte Köchin und steckt schon mal Menschenkinder in den Topf, wenn sie sie erwischen kann. Außerdem dürfen die Dreizehn im Sommer nicht mal aus ihrer Höhle raus zum Spielen, weil es ja nicht dunkel wird. Kein Wunder, dass die Höhle dreckig und stickig ist und darin ein heilloses Durcheinander herrscht. Was Grýla aber noch am meisten ärgert, ist das Geschnarche ihres Trollmannes Leppalúði, der ist ein echter Faulpelz! Eigentlich schläft und schnarcht er die meiste Zeit und macht keinen Finger krumm.

Trolle kommen nur nach draußen, wenn es dunkel ist, denn die Sonnenstrahlen verwandeln sie zu Stein. Das ist im Dezember in Island aber kein großes Problem, schließlich scheint die Sonne dann sowieso nur etwa vier Stunden am Tag. Die dreizehn Trolle tragen Namen wie Löffellecker, Skyrschlund, Rauchwursträuber, Kerzenschnorrer und Türschläger und jagen den Erwachsenen und Kindern schon mal einen gehörigen Schrecken ein, eben weil sie im Haus herumschleichen und den Skyr, die Würste und die Kerzen stibitzen oder mit den Türen knallen. Doch ihr Benehmen hat sich im Vergleich zu früheren Zeiten sichtlich gebessert, sodass die Kinder hoffen, dass die Weihnachtsmänner ihnen wohlgesinnt sind. Daher stellen isländische Kinder am 12. Dezember *(s. S. 94)* *und an den folgenden dreizehn Abenden ihre frisch geputzten Schuhe auf den Fenstersims und hoffen, dass ihnen der Weihnachtsmann, der an diesem Tag in die Stadt darf, etwas mitbringt. Aber Vorsicht! War man nicht wirklich artig, kann es schon mal sein, dass man in seinem Schuh statt Süßigkeiten nur eine alte Kartoffel findet. Im Zweifelsfall kann man neben seinen Schuh eine Kleinigkeit zum Knabbern für die Weihnachtsmänner legen, um sie gütig zu stimmen, schließlich hatten sie ja einen langen Weg.*

Extrainfo 10 (s. S. 9): Alles über die dreizehn isländischen Weihnachtsmänner

025ki-sb

Ab dem 25.12. machen sich die Weihnachtsmänner dann einer nach dem anderen wieder auf den Weg nach Hause, sodass mit dem 6.1. wieder alle Trolle verschwunden sind.

Mitglied der Trollfamilie ist außerdem noch die Weihnachtskatze. Isländischen Volkserzählungen zufolge holt die Weihnachtskatze all diejenigen, um sie mit Haut und Haaren zu verschlingen, die zu Weihnachten keine neue Kleidung tragen. Daher ist es noch immer Tradition, an Weihnachten mindestens ein neues Kleidungsstück zu tragen.

⌃ Der achte der Weihnachtsmänner, Skyrgámur (der Skyrschlund), stibitzt soviel er kann

Vorweihnachtszeit

Isländer sind wirklich **weihnachtsverrückt.** Ab Anfang Dezember organisieren Arbeitgeber und Vereine großangelegte Festgelage, um schon mal vorzufeiern und das Jahr langsam ausklingen zu lassen. Es kostet allerdings Mühe, alle Weihnachtsfeiern so einzuplanen, dass man auch wirklich möglichst überall mitfeiern kann. Hinzu kommen **zahllose Konzerte und Lesungen,** um den Kunden neue Platten und Bücher vorzustellen. Und natürlich sind die Geschäfte voll auf das Weihnachtsgeschäft eingestellt. Den ganzen Dezember über gibt es viele Tage mit **langen Öffnungszeiten.** Es hilft trotzdem wenig, Isländer planen einfach nicht gerne im Voraus. Deshalb ist es vor allem an den allerletzten Tagen vor Weihnachten bis einschließlich des Vormittags am 24. Dezember unwahrscheinlich voll in den Läden und Einkaufszentren.

12. Dezember – der erste Weihnachtsmann kommt

An diesem Tag kommt der erste der 13(!) isländischen Weihnachtsmänner vom Hochland hinunter in die von Menschen bewohnte Welt. Da sie jeweils einzeln und je einer pro Tag kommen, sind sie alle zum 24. da (s. S. 92). Alle kleinen Kinder sind dann schon ganz aufgeregt und überall findet man die dreizehn Trolle: auf Milchtüten, auf den Süßigkeiten, in zahlreichen Büchern und in den Souvenirgeschäften sowieso. Im Nationalmuseum in Reykjavík finden die ganze Zeit über **Sondervorstellungen für Kinder** statt, wobei der jeweilige Weihnachtsmann mit den Kindern singt und Geschichten erzählt.

Þorláksmessa – 23.12.

Der Weihnachtsrummel erreicht am 23.12. seinen absoluten Höhepunkt. An diesem Tag bleiben die Geschäfte noch länger auf, als sie es in der Vorweihnachtszeit sowieso schon tun, damit wirklich jeder noch die nötigen Einkäufe erledigen kann. Schließlich erledigen die meisten ja doch alles erst auf den letzten Drücker. In den Geschäften ist es dann sehr voll und man muss an den Kassen lange anstehen, was in Island unter dem Jahr eher die Ausnahme darstellt. Das macht aber alles nichts, weil man so viele Bekannte und Verwandte trifft, dass die Wartezeit sehr schnell vergeht. Das traditionelle **Þorláksmessa-Mahl** ist fermentierter Rochen. Und weil die meisten Familien am nächsten Tag nicht in einer von Ammoniak parfümierten Wohnung Weihnachten feiern wollen, laufen die

▷ Der Weihnachtsbaum auf dem Austurvöllur – ein Geschenk Norwegens – ist traditionell der größte im Land

026ki-sb

Geschäfte in den Restaurants am Abend des 23. Dezembers besonders gut. Kocht man ihn selbst, so bevorzugen viele, das vor dem Haus oder auf dem Balkon zu tun. Geht man durch die Straßen, versteht man den Grund nur allzu gut. Der fermentierte, oder mit einem anderen Wort ausgedrückt, schon seirt einigen Wochen verwesende Rochen, stinkt bestialisch. Schmecken soll er aber.

Aðfangadagskvöld – Heligabend

Weihnachten beginnt Punkt 18 Uhr am 24.12., wenn die Glocken der Domkirche zu Reykjavík läuten und der Radiosprecher die Übertragung der Messe ankündigt. Ein Konzert bildet für viele einen schönen Auftakt des Weihnachtsabends. Für zahlreiche Familien beginnt der Abend mit einem **gemeinsamen Essen,** danach werden die **Geschenke** ausgepackt. Die haben sich alle einiges kosten lassen. Man muss sich also nicht wundern, wenn im Dezember Kunden an der Kasse den Wunsch äußern, die Geschenke mögen erst im Februar auf die Kreditkarte gebucht werden. Aber trotz aller teuren Gadgets und Klamotten, ein **Buch** gehört für die allermeisten auf jeden Fall zu den Geschenken. Wer will, geht nach der Bescherung zur **Spätmesse** in die Kirche oder besucht die liebe Familie. Danach verkrümeln sich alle mit ihren Büchern in die Ecken. Auch den **ersten und zweiten Weihnachtsfeiertag** verbringt man nach Möglichkeit mit einem Schmöker, falls man nicht einen **Familienbesuch** geplant hat.

027ki-sb

Gamlárskvöld – Silvester

Silvester beginnt mit einem **Essen zu Hause, bei der Familie oder bei Freunden.** Danach gehören der **Jahresrückblick** und die **traditionelle Kabarettsendung** über das vergangene Jahr im Fernsehen zum absoluten Pflichtprogramm. Alle schauen sich die Sendungen an, auch damit man sich Anfang Januar mit allen darüber austauschen kann, wie die Sendung war. Danach zieht es die meisten nach draußen, wo große **Feuer,** mit denen symbolisch das alte Jahr verbrannt wird, angesteckt werden. Um Mitternacht geht die Knallerei dann richtig los, wenn das alte Jahr mit riesigen Mengen **Feuerwerk** verabschiedet und das neue Jahr begrüßt wird.

Kaum zu glauben aber wahr: Ausgerechnet die verschiedenen **Rettungswachtorganisationen,** die das ganze Jahr über mit Freiwilligen dafür sorgen, dass in Not Geratene Hilfe bekommen, **verkaufen in Island das Feuerwerk** – und zwar exklusiv. Auf diese Weise finanzieren sie einen Teil ihrer Arbeit und dabei will sie natürlich die gesamte Bevölkerung unterstützen.

Der meistbesuchte Ort, um das neue Jahr einzuläuten, ist der Platz vor der Hallgrímskirkja in Reykjavík

Denkweisen und Verhaltensformen

Mit der Natur leben

„Island ist der Übergang zum Nichts, der ultimative Außenposten – Ultima Thule"
Kristof Magnusson

Auf der Fahrt vom internationalen Flughafen Keflavík in Richtung Reykjavík hat man ein bisschen das Gefühl, auf dem Mond gelandet zu sein, denn man erblickt eine karge Landschaft. Man fühlt sich den Elementen ausgesetzt. Die **schroffen und teilweise bizarren Strukturen,** die die graubraune Lava schafft, sind von graugrünen Mooskissen überdeckt, die vertuschen, dass darunter scharfkantige Spalten, Löcher und Gräben verborgen sein können. An einem Regentag ist alles grau und düster, die weitere Umgebung wird von einer Nebelwand verhüllt. An sonnigen Tagen erstrahlen die umliegenden Berge und das Wasser des Meeres spiegelt ein unglaublich klares, helles Licht wider. Es sind keine lieblichen Landschaften, sondern **die kontrastreichen Gegensätze** wie Eis und Feuer, tosende Wasserfälle und die bizarre Schönheit karger Sandwüsten, die dieses Land so faszinierend machen.

Geologisch gesehen ist Island ein sehr junges Land, in dem sich im Vergleich zum Rest Europas noch nicht alle Naturgewalten und Naturkräfte beruhigt haben. Das Land hat sich über einem „Hotspot" zwischen der nordamerikanischen und eurasischen Kontinentalplatte aufgetürmt und wird noch immer **täglich von Dutzenden Erdbeben durchgeschüttelt** und durch **regelmäßige Vulkanausbrüche** umgestaltet. Nicht immer speien die Vulkane dabei Lava, Asche oder giftige Gase in die Höhe. Häufiger kommt es in Island zu unterirdischen Ausbrüchen, die Teile von Gletscherschichten schmelzen lassen, die infolgedessen eine Flutwelle verursachen, die Straßen, Brücken oder sogar ganze Häuser mitreißen und ganze Landstriche oder den Verlauf von Flüssen verändern kann.

In Heißwassergebieten erlöschen heiße Quellen und dampfende Löcher an der einen Stelle, um andernorts wieder auszubrechen. Das **Wetter** ist sehr wechselhaft und kann Besuchern und Bewohnern mitunter zusetzen. Natürlich gibt es wunderschöne, warme Tage fast ohne Wind. Doch normalerweise beweisen Stürme, Wind, Regen und Schnee in schnellem Wechsel, wer hier das Leben und seinen Rhythmus bestimmt. Diese **sich ständig verändernde Umwelt** hat das Leben der Inselbewohner geprägt.

Eine kleine Nation, die Großes leistet

Viele Besucher haben keine richtige Vorstellung von Island und vergleichen vieles mit den Maßstäben im übrigen Europa. Die Insel liegt im Nordatlantik nur einen Katzensprung (278 km) von Grönland und 798 km von Schottland entfernt. Das Land ist 103.000 km² groß, was ungefähr der Fläche von Bayern und Baden-Württemberg zusammen entspricht.

Die Gesamteinwohnerzahl beträgt seit 2018 über 350.000. Also wohnen etwa 3,5 Einwohner auf einem km². Das bedeutet, dass alles (Infrastruktur, Gesundheitswesen, Bildungssystem, Polizei etc.) von einer Stadt wie Wuppertal oder einer Stadt etwas größer als Graz beziehungsweise ein Achtel kleiner als Zürich geleistet werden muss. Falls man also die Neigung hat, sich an irgendwelchen unzureichenden Diensten im Land zu stören, kann man sich das vielleicht noch einmal ins Gedächtnis rufen. Die größte Stadt ist Reykjavík mit 122.550 Einwohnern, der Großraum Reykjavík umfasst 213.760 Einwohner und die nächstgrößeren Orte sind Akureyri (18.310), Selfoss (7606), Ísafjörður (3620) und Egilstaðir (2767). Das heißt im Vergleich zu dem, was man sonst von Europa gewohnt ist, ist alles hier klein und gemütlich und es gibt jede Menge Platz.

Dieses kleine, beschauliche Leben hat durchaus auch Vorteile: Stau bedeutet hier normalerweise, dass man zwei, höchstens drei Ampelschaltungen braucht, um über die Kreuzung zu fahren oder dass Schafe den Weg versperren. Wenn Busladungen von Touristen sich auf eine Hauptattraktion stürzen, sind sie meist in weniger als einer halben Stunde wieder verschwunden, dafür gibt es jede Menge Natur zu erleben: 6088 km Küstenlinie, 2757 km² Seen, 11.922 km² Gletscher, viel Wind und frische, saubere Luft.

Das Bewusstsein, dass man sich nicht darauf verlassen kann, dass das, was man geschaffen hat, auch morgen noch da ist, dass nichts ewig Bestand hat, ist allgegenwärtig. Isländer beweisen eine große **Flexibilität,** wenn es darum geht, sich auf Veränderungen einzustellen und mit neuen Gegebenheiten zurechtzukommen. Sie **schauen nach vorne** und bleiben **optimistisch,** dass es eine Lösung für Probleme gibt, auch wenn es knüppelhart kommt. Und sie **geben nicht auf.** Ein eindrucksvolles Beispiel dafür ist der Vulkanausbruch auf den Westmännerinseln. Am 23. Januar 1973 begann ohne große Vorwarnung der Vulkan Eldfell (Feuerberg) nur wenige hundert Meter von der Gemeinde Heimaey entfernt Lava in die Höhe zu speien. Seine Lavaströme und der Ascheregen drohten die gesamte Insel zu überdecken. Wegen eines Sturms war die Flotte der von der Fischerei lebenden Gemeinde am Vortag nicht ausgelaufen, weshalb ein Großteil der damals etwa 5000 Einwohner in kürzester Zeit evakuiert werden konnte. Die zurückgebliebenen Helfer versuchten in den kommenden Monaten, den Verlauf der Lavamassen zu bekämpften und den lebenswichtigen Hafen zu schützen, den der Lavastrom von der Verbindung zum Meer abzuschließen drohte. Die Lava konnte tatsächlich mit Wasserkanonen abgekühlt und zum Stillstand gebracht werden. Häuser wurden von bis zu 14 Meter hohen Lavastaubschichten befreit. Heute ist der Zugang zum Hafen zwar durch eine Lavamauer verengt, aber auch besser gegen Stürme geschützt. In ihrer Geschichte standen die Isländer verschiedene Male an einem Punkt (riesige Vulkanausbrüche, mehrjährige Kälteperioden), an denen es schien, als müssten sie diese beizeiten grausam unwirtliche Insel alle zusammen verlassen.

Expansionswikinger

028ki-bs

Genau wie die heutigen Besucher oft keine klare Vorstellung davon haben, was auf sie zukommt, wagten die ersten Siedler zwischen 870 und 930 n. Chr. die Reise zu einer Insel, über die man nur wenig wusste. Es waren Wikinger, die in Siedlungen auf den Britischen Inseln gelebt hatten,

Vulkanausbruch auf dem Eyjafjallajökull 2010

029ki-sb

Platz da für mein Auto!

Ohne Auto geht in Island gar nichts. Nie würden die Isländer auf ihren fahrbaren Untersatz verzichten. Immerhin fahren sie grundsätzlich entspannter als die Menschen in Westeuropa. Oft aber auch weniger konzentriert, weil sie nebenher telefonieren oder sogar Textnachrichten schreiben - obwohl dies selbstverständlich auch in Island während des Fahrens verboten ist. Überhaupt empfinden viele Isländer Verkehrsregeln gemeinhin eher als einen Vorschlag, denn als etwas Bindendes. Da kommt es schon mal vor, dass Autofahrer nachts keine Lust mehr haben, an der roten Ampel einer leeren Kreuzung zu warten. Fahrgäste lässt man am Zielort grundsätzlich direkt vor der Tür aussteigen. Wenn nötig halt auch mitten auf der Straße, egal wie hinderlich das für andere Verkehrsteilnehmer sein mag. Viel Zeit wird für das Parken nicht aufgewendet, rückwärts einparken ist eine ausgesprochene Seltenheit. Man parkt, wie es für einen gerade bequem ist und immer direkt vor der Tür, auch wenn dadurch ein Teil des Wagens hinderlich auf die Fahrbahn oder den Bürgersteig ragt.

Isländer lieben ihre geländegängigen Allradwagen, auch wenn man im Stadtverkehr selbst im Winter nicht auf einen Jeep angewiesen ist. Aber es ist einfach super zu wissen, dass man jederzeit zu einer Tour ins Hochland aufbrechen könnte. Dann hätte man auch auf Schotterpisten oder bei Flussüberquerungen keine Mühe weiterzukommen. Nur die Schafe, die sich im Sommer auf den Straßen tummeln, sorgen dafür, dass man mal ausgebremst wird.

Die Polizei weiß auch, dass sich isländische Fahrer, aber auch Touristen, eher schlecht als recht an die Verkehrsregeln halten (zum Beispiel bei der Einhaltung der mitunter als schleichend empfundenen Maximalgeschwindigkeit von 90 km/h auf Überlandstraßen) und bringt für Verkehrsübertretungen gleich mal einen Kreditkartenleser mit. Für Nichtortsansässige gilt: sofort bezahlen oder das Auto stehen lassen.

Im Hochland unabdinglich: Allradantrieb, übergroße Reifen und einzeln aufgehängte Achsen

Siedler aus allen Teilen Skandinaviens, Iren sowie norwegische Adlige, die vor Harald I. Schönhaar flüchten mussten, aber auch normale freie Männer, die ihre Heimat verließen, weil sie sich nicht den neuen Strukturen unterordnen wollten. Es gehörte schon eine gehörige Portion **Mut** dazu, in dieses unbekannte Land aufzubrechen, schließlich konnte niemand wissen, wie die Sache ausgehen würde. Und **Pioniergeist,** die **Aufgeschlossenheit gegenüber neuen Entwicklungen** und **Intoleranz gegenüber Vorschriften und Regeln** gehören noch immer zu den wesentlichen Charakterzügen der Bewohner.

Dass dieser Drang, **sich beweisen zu wollen,** noch immer vorhanden ist, haben die Entwicklungen vor der Finanzkrise deutlich gemacht. Die Finanzhaie der in den 1980er-Jahren privatisierten **Banken** sahen sich in der Tradition ihrer Wikingervorfahren. Sie wollten neue Welten erobern und mit ihrer **Risikofreude** zu den Gewinnern auf dem Weltmarkt gehören. Stolz waren sie darauf, dass ihre Umsätze das Bruttosozialprodukt Islands um ein Vielfaches überstiegen. Wie einst ihre plündernden Vorfahren eigneten sie sich Immobilien, Fußballvereine und Ladenketten im Ausland an. „Útrásarvíkingur" wurden sie genannt. *Útrás* bedeutet wörtlich Ventil, Ausbruch, wurde aber etwas harmloser als Internationalisierung oder Expansion übersetzt. Im Land selbst haben die Banken über die Jahre jede Menge Kultur- und Sportveranstaltungen gesponsert. Auch wurden sie wegen ihrer schieren Größe zu wichtigen Arbeitgebern. Egal ob man Wirtschaft, Biologie oder Philosophie studiert hatte, die Banken wollten einen für sich gewinnen und viele folgten ihrem Ruf und dem guten Gehalt, das sie zu zahlen im Stande waren.

Positiv besetzt war der Begriff, bis deutlich wurde, dass es möglicherweise gute Gründe dafür gab, warum Firmen mit einer weit längeren Tradition in Finanzgeschäften bestimmte Käufe nicht tätigten oder gewisse Risiken nicht eingehen wollten. Denn als die Blase platzte, mussten, mit dem Zeil den völligen finanziellen Kollaps zu verhindern, die **drei größten Banken innerhalb weniger Tage verstaatlicht** werden. Dadurch hatte das Land Schulden geerbt, die ein Vielfaches des Bruttosozialprodukts betrugen und von denen nicht klar war, wie diese jemals abbezahlt werden sollten.

Die Kehrseite der Medaille, eine **Selbstüberschätzung,** der eine gehörige Portion Dilettantismus innewohnt, entstammt dem Denken, dass man es letztendlich alleine schaffen will und muss. Man wohnt schließlich auf dieser dünn besiedelten Insel weitab vom Schuss. Da kommt es tatsächlich vor, dass man auf sich alleine gestellt ist und als Erstes an sich selbst denken muss. Bei den Expansionswikingern kam aber noch hinzu, dass ein **Finanzklüngel** sich gegenseitig Kredite zuschob und es lange Zeit schaffte, sich gegenseitig bei den faulen Geschäften den Rücken zu decken.

Sicherheitsnetz Familie

Zwar lieben alle Isländer ihre Unabhängigkeit und Freiheit, doch eines hat die Finanzkrise deutlich gemacht. In Zeiten der Not besannen sich die Isländer auf das, was ihnen immer schon geholfen hatte: die Unterstützung durch die eigene Familie. Waren in den Boom-Jahren alle dem Konsumwahn verfallen gewesen, als man massig Geld hatte verdienen und es ebenso verschwenderisch wieder ausgeben können, wurden mit dem Finanzcrash plötzlich wieder Werte wie **Familie, Gemeinschaft, gegenseitige Unterstützung und gute Nachbarschaft** wichtig.

Eigentlich war das schon immer so gewesen, denn auf entlegenen Höfen oder in kleinen Gemeinden wohnend, war man schlicht und ergreifend auf die Hilfe der Verwandten oder Nachbarn angewiesen. Zudem ist die Gesellschaft Islands insgesamt so klein, dass im Prinzip jeder jeden kennt. Und da man ja auf einer Insel wohnt, wo sich sowieso niemand verdrücken kann, baut das gesellschaftliche Leben eigentlich auf **Vertrauen** auf. Vielleicht wollte auch deshalb niemand glauben, dass die ganze Blase platzen würde, denn dann hätte man ja davon ausgehen müssen, dass ein paar wenige die ganze Gemeinschaft hinters Licht führten. Und wem hätte man dann eigentlich noch trauen können?

Es zeigt sich immer wieder, dass man in guten und schlechten Zeiten zusammenrückt und auch die **Nation versteht sich als eine große Familie.** Etwa wenn sich Hunderte Freiwillige melden, um ein vermisstes Mädchen zu suchen, wenn plötzlich mit kurzfristig organisierten Charterflügen 8 % der Gesamtbevölkerung während der ersten Teilnahme Islands an einer Fußballeuropameisterschaft überhaupt als blaue Wand ihrer Mannschaft Gänsehaut und Rückenstärkung verschafft und zu Hause während der Spiele die Straßen wie leergefegt sind, weil die Daheimgebliebenen 92 % gespannt wie ein Flitzebogen vor ihren Fernsehgeräten sitzen.

Daher ist eine der wichtigsten Fragen, die man selbst gestellt bekommt, oder die gestellt wird, wenn man in Gesprächen auf irgendwen zu sprechen kommt: „Wer sind deine Leute?", also die Frage, wie die Eltern, Geschwister, Kinder oder Partner heißen. Und man kann darauf wetten, dass in einer Runde immer Personen sind, die mit dem Schwager zusammenarbeiten, die Schwester aus der Schule kennen, in der Nachbarschaft der Eltern aufgewachsen sind oder so ähnlich. Daher erfährt in Island auch jeder alles über jeden. Aus diesem Grund sind die meisten Isländer auch recht **zurückhaltend mit Kritik,** denn man weiß nie, wie das über einen Kreis zu einer anderen Person hinausgetragen wird. Und da man auch im Berufsleben nach diversen Stellenwechseln oft wieder auf Bekannte trifft, sorgt man besser dafür, dass man es sich nicht zu sehr mit anderen verscherzt.

030ki-sb

Nationale Identität, Patriotismus und Nationalismus

Kein Zweifel, als kleines Land hat man mit einem Minderwertigkeitskomplex zu kämpfen, weil man einfach mit etwas über 350.000 Einwohnern nicht so viel Gewicht in die Schale werfen kann wie andere Staaten. Als Heilmittel dagegen haben die Isländer das **Hochrechnen** erfunden. Umgelegt auf die Bevölkerungszahl werden zahllose **Rekorde** vorgerechnet: zum Beispiel, dass es in Island mehr Sonnenstunden als in Kalifornien gibt (gut, zugegeben, die sind etwas ungünstig verteilt) oder dass sie mehr Schwimmbäder, Literaturnobelpreisträger (einen, nämlich Halldór Laxness, s. S. 240), Schönheitsköniginnen, Schachgroßmeister oder stärkste Männer der Welt als viele andere Länder der Welt vorzuweisen haben. Umgekehrt ist es dann natürlich auch ganz schön gravierend, wenn drei Banken pleitegehen.

Sonst eher hartgesotten und unsentimental, machen Isländer sofort ein Foto und teilen es auf Facebook, sobald sie im Ausland ihre Nationalflagge hängen sehen und es treibt den Isländern Tränen in die Augen, wenn bei internationalen Sportereignissen die Nationalhymne gesungen wird. Die Menschen hier sind **sehr stolz auf ihre Nation** und darauf, dass sie seit 1944 endlich ein souveräner Staat mit einer wunderschönen eigenen Sprache sind. Deshalb müsste auch schon viel passieren, damit es

Ein Lobgesang auf 1000 Jahre Island

Auch wenn sie sich im wirklichen Leben durch fast nichts erschüttern lassen, sind viele Isländer doch tief gerührt, wenn sie bei offiziellen Anlässen die Nationalhymne hören und eventuell auch mitsingen können. Seit Island im Fußball so erfolgreich ist, kommt das ja tatsächlich öfter mal vor und erweicht die stärksten Wikingerherzen. Tatsächlich ist es erstaunlich, dass in einem Land, in dem sich viele mit der Kirche und Gott nicht mehr sehr verbunden fühlen, solch tiefe Rührung empfunden wird bei einem Text, der eigentlich die Bearbeitung eines Psalms ist und mit den Worten „Oh Gott unseres Landes! Oh unseres Landes Gott! Wir preisen deinen heiligen, heiligen Namen!" beginnt.

In einem Land, das nach so vielen Jahrhunderten erst seit Kurzem endlich wieder seine Unabhängigkeit erlangt hat, sprechen solche Zeilen vielen Isländern aus dem Herzen. Geschrieben wurde der Text im Winter 1873/1874 von Matthías Jochumsson (1835-1920), nachdem im September 1873 festgelegt worden war, dass am 2. August 1874 ein Festgottesdienst in Anwesenheit des Königs von Dänemark und Island, Christian IX., abgehalten werden sollte, mit dem die tausendjährige Besiedlung Islands feierlich begangen werden würde. Als Basis für die Predigt wurde Psalm 90 gewählt und dieser bildet die Grundlage für den Text der Hymne. Die Melodie dazu schrieb Sveinbjörn Sveinbjörnsson (1847-1927). Sie ist sehr bewegend und gleichzeitig beim Singen recht anspruchsvoll, denn sie erfordert einen großen Stimmumfang.

Nach der Uraufführung erfreute sich das Lied bald größter Beliebtheit und löste das Lied „Eldgamla Ísafold" als Nationalhymne ab, das auf die Melodie von „God Save the Queen" gedichtet worden war, da es vielen unmöglich schien, dieselbe Melodie wie die Briten zu verwenden. 1918, als Island seine Souveränität erlangt hatte, wurde die Hymne als Nationalhymne gesungen, doch wurde sie erst 1983 per Gesetz zur Nationalhymne erklärt. Von den drei Strophen wird nur die erste gesungen.

Seither gab es verschiedene Anläufe, das Lied zu ersetzen, doch bisher verliefen all diese Bemühungen im Sande. Das könnte auch daran liegen, dass das Lied etwas zum Ausdruck bringt, das Isländer oft empfinden: Während in vielen anderen Nationalhymnen mit pompöser Musik die Stärke und Macht des Landes zum Ausdruck gebracht wird, schreibt Jochumsson am Schluß der ersten Strophe: „Islands tausend Jahre, ein Blümchen der Ewigkeit mit zitternden Tränen, das seinen Gott anbetet und stirbt." Das kleine Island gegen die Übermacht von außen - diese Wahrnehmung lässt die Isländer den Rücken straffen und beschwört ein Gefühl der Standhaftigkeit und des möglichen Sieges herauf.

Extrainfo 11 (s. S. 9): Die isländische Nationalhymne

die Mehrheit der Isländer ernsthaft in Erwägung zöge, der EU beizutreten oder die eigene Währung, die Krone, abzuschaffen – auch wider besseres Wissen.

Ein Nationalgefühl auf dieser so abgelegen Insel hat sich vor allem in der **Reibung mit den Kolonialmächten** entwickelt. Die frühen Siedler mussten ihre Probleme selbst untereinander regeln und taten dies für das ganze Land im Alþingi (s. S. 31). Für sie war es immer selbstverständlich, dass sie zusammengehörten. Von einer Trennung der Insel in verschiedene Staaten war nie die Rede. Und eigentlich war es ganz klar: Nach den ersten Siedlern war Isländerin und Isländer, wer auf der Insel von einheimischen Frauen geboren wurde. Eine Abgrenzung gegenüber anderen war, außer für den Handel, erst mit dem Verlust ihrer politischen und wirtschaftlichen Selbstständigkeit durch die Kolonialherren nötig und machte deutlich, dass sie als Volk näher zusammenrücken mussten, um als eigenständige Nation tatsächlich ernst genommen und respektiert zu werden.

Sprache als Heimat – Willkommen zu Hause!

Wenn ein Flugzeug von Icelandair in Keflavík gelandet ist, ertönt eine Durchsage, welche die ausländischen Gäste, wie in Flugzeugen üblich, in Island willkommen heißt und über die lokale Zeit und die derzeitigen Wetterverhältnisse aufklärt. Auf Isländisch lautet der erste Satz jedoch: Willkommen zu Hause! Die isländische **Sprache ist eines der wichtigsten Elemente der nationalen Identität.**

Die Isländer sind stolz auf ihre besondere Sprache und darauf, dass diese sich durch ihre abgeschiedene Lage weniger von der altnorwegischen Sprache der ersten Siedler im 9. Jahrhundert n. Chr. entfernt hat als die anderen skandinavischen Sprachen. Deshalb können die Menschen auch heute noch mit entsprechender Hilfestellung, z. B. einer Übertragung der Schrift ins lateinische Alphabet, ohne allzu große Schwierigkeiten die **Texte der alten Sagas** lesen und verstehen, während man im Deutschen tatsächlich eine Übersetzung benötigt, möchte man Texte aus dem 12., ja selbst noch aus dem 17. Jahrhundert begreifen. Viele Isländer kennen sich erstaunlich gut in den alten Sagas aus und können Teile davon rezitieren. Und nicht zuletzt dank J. R. R. Tolkien hat die Mythenwelt der Germanen, wie sie in der Lieder-Edda beschrieben ist, Eingang in die Literatur des 20. Jahrhunderts gefunden, denn dort fand der britische Schriftsteller Namen wie Durin, Dwalin, Thrain, Thror, Thorin, Fili, Kili, Eichenschild, Gloin oder Gandalf als Namen für die Zwerge und Helden, die die Hobbit-Bücher und die Trilogie „Herr der Ringe“ bevölkern.

Vatersöhne und Vatertöchter

In Island werden Namen patronymisch gebildet, das heißt, dass der Nachname aus dem Vornamen des Vaters mit dem Anhang „-dóttir" für eine Tochter oder „-son" für einen Sohn zusammengesetzt wird. Björk Guðmundsdóttir ist also Björk, die Tochter von Guðmundur (der Name des Vaters wird in der Zusammensetzung dekliniert, weshalb sich einige Buchstaben ändern können). Bei einer vierköpfigen Familie mit einem Sohn und einer Tochter trägt also jeder einen anderen Nachnamen. Theoretisch ist es auch möglich, als Nachnamen eine Zusammensetzung mit den Namen der Mutter zu erhalten, doch kommt diese Variante im Vergleich eher selten vor, etwa wenn das Kind nicht mit dem Vater in Verbindung gebracht werden soll oder wenn eine Frau ein politisches Statement zur Gleichberechtigung abgeben möchte. Da Kinder oft von älteren Verwandten (Großmutter, Großvater, Tante etc.) benannt werden, wodurch sich Namen sehr häufig wiederholen, dienen die Nachnamen im Wesentlichen dazu, Guðrún Guðmundsdóttir von Guðrún Sigurðardóttir zu unterscheiden.

Familiennamen kommen dann vor, wenn sie von den Eltern ererbt sind. Eine Ausnahme bilden alte dänische Familiennamen. Sie erfreuten sich lange Zeit großer Beliebtheit, da man sich damit als Mitglied einer gehobenen Schicht ausweisen konnte.

Während andere Nationen auf ihre Errungenschaften in den Bereichen Kunst, Architektur und Wissenschaft stolz sind, würdigen die Isländer ihre **alten Schriften** und ihre **Tradition des Geschichtenerzählens.**

Es war üblich, dass auf den Höfen der Hausvorstand abends für die versammelte Hausgemeinschaft Geschichten und Sagen erzählte oder vorlas, während die Zuhörer vielleicht noch etwas strickten, schnitzten oder reparierten. Während der großen Auswanderungswelle im 19. Jahrhundert, als etwa ein Fünftel der Bevölkerung nach Nordamerika oder Kanada zog, hatten die Isländer nicht viel Wertvolles mitzunehmen. Sie schleppten allerdings kistenweise Bücher mit in die neue Heimat und die isländischen Siedlungen zeichneten sich dadurch aus, dass dort schneller als anderswo Zeitungen herausgegeben wurden und Bibliotheken sowie Schulen gegründet wurden.

Auch heute noch verlieren Isländer schnell das Interesse an einem Gespräch, wenn keine spannenden Geschichten erzählt werden. Und ausführliche Nachrufe auf (teils lang) verstorbene Verwandte und Freunde, die in der Tageszeitung veröffentlicht werden, rühren nicht nur die Famili-

Extrainfo 12 (s. S. 9): Beitrag über das isländische Alphabet

enmitglieder zu Tränen. Unter sehr vertrauten Freunden und Verwandten können Gespräche allerdings auch sehr wortkarg verlaufen. Da wird im Abstand von einigen Minuten nur ein *já, já* ausgewechselt, während man ansonsten zufrieden miteinander schweigt. Deshalb scherzen die Isländer auch gerne, ihre Sprache sei noch so nah am Altnorwegischen, weil sie kaum abgenutzt sei.

Aktiver Schutz der Sprache

Man tut in Island alles dafür, die Sprache auch weiterhin zu schützen. Deshalb werden von einem Sprachkomitee neue Wörter für moderne Entwicklungen gesucht. *Tölva,* das isländische Wort für Computer setzt sich beispielsweise aus *tölur* (Zahlen) und *völva* (Wahrsagerin) zusammen. Für das Telefon fand man in den Sagas ein altes Wort für Faden *(sími),* das Mobiltelefon *farsími* setzt sich folglich zusammen aus *að fara* (gehen, reisen, fahren) und *sími. Hvalreki,* eigentlich ein gestrandeter Wal, ist bis heute ein Ausdruck für einen unglaublichen Glücksfall, also wenn man in anderen Ländern „den Jackpot knackt".

Im Gegensatz zu anderen Sprachen, in denen man oft Worte wiedererkennt, die auch in anderen Sprachen vorkommen, hat man diesbezüglich im Isländischen eher Pech: Denn da ist zum Beispiel eine Idee ein Gedankenbild *(hugmynd),* die Phantasie ein Gedankenflug *(hugarflug),* ein Journalist ein Zeitungs- beziehungsweise Blättermann *(blaðamaður),* ein Vulkan ein Feuerberg *(eldfjall)* oder Musik Tonkunst *(tónlist).* Dafür gibt es dann im Gegenzug wunderschöne Ausdrücke wie *bergmál,* also Steinsprache, für das Echo, *ljósmóðir* (Lichtmutter) für Hebamme und *ástfanginn* (liebesgefangen) ist natürlich, wer verliebt ist. Wie im Deutschen kann man auch im Isländischen Worte zusammensetzen. Also nimmt man seine Freundin mit zur *ísbíltúr* (wörtlich Eisautotour),

031ki-sb

Das Isländische verfügt über einige Buchstaben mehr als unser Alphabet

was so viel bedeutet wie sie auf eine Autofahrt zur nächsten Eisdiele mitzunehmen.

Auch die Namen, die man seinen Kindern gibt, müssen bestimmten Kriterien entsprechen. Will man einen neuen Namen geben, der bisher nicht im offiziellen Namenskatalog auftaucht, so prüft ein Komitee zunächst, ob sich das Wort in die isländische Sprache integrieren lässt und unter anderem der isländischen Grammatik entsprechend gebeugt werden kann. In regelmäßigen Abständen wird dann veröffentlicht, welche Namen neu zugelassen beziehungsweise abgelehnt wurden.

Papierwikinger

Als Ausländer hat man so seine Schwierigkeiten mit der isländischen Grammatik und der Aussprache der 36 Buchstaben. Die Isländer sind ja der Meinung, alles werde so ausgesprochen, wie man es schreibt. Dennoch beißen sich Lernende die Zähne an den vielen Ausnahmen und grammatischen Besonderheiten aus. Doch obwohl bereits im 19. Jahrhundert dänische Literaturgelehrte prophezeiten, das Isländische würde keine weiteren hundert Jahre überdauern, und die ältere Generation heutzutage befürchtet, die Sprache der Jugendlichen werde zu sehr vom Englischen beherrscht, **boomt der isländische Buchmarkt.** Die Isländer lesen mehr als alle anderen Europäer und jedes Jahr überrollt die sogenannte Bücherflut kurz vor Weihnachten die Geschäfte. Dichter und Schriftsteller genießen ein sehr hohes Ansehen und gefühlt jeder zweite hat schon einmal Gedichte, einen Roman oder sonst etwas mehr oder weniger erfolgreich veröffentlicht. Nicht umsonst gibt es das isländische Sprichwort: „Blindur er bóklaus maður" („Blind ist ein Mensch ohne Buch"), wer nicht liest, ist blind für so viele Dinge. Bücher gehören noch immer zu den beliebtesten Weihnachtsgeschenken, denn die Weihnachtstage ohne Buch zu verbingen, können sich nur wenige vorstellen, auch wenn die neusten elektronischen Gadgets natürlich auch nicht fehlen dürfen.

Isländische Wörter im internationalen Wortschatz

Zwei Wörter haben es trotz der Abgeschiedenheit der Insel in den Wortschatz vieler Länder auch weit abseits des Nordatlantiks geschafft.

Þing (Ding)

Das älteste Lehnwort ist wohl das Wort *Þing* oder *Allþingi* für **Parlamentsstätte.** Schließlich war das *Alþingi* in Þingvellir die älteste demokratische Parlamentsstätte der Welt. In vielen germanischen Sprachen ist dieses Wort wohl auch deshalb noch immer im täglichen Sprachgebrauch zu finden. Der Buchstabe *þ* wird wie ein stimmloses englisches *th* ausgesprochen und von dort ist es etymologisch zu einem *d* oder *t* nicht mehr weit. *Alþingi* (wörtlich: „Alles-Parlament") heißt das isländische **Nationalparlament** auch nach mehr als tausend Jahren noch, auch wenn es heute nicht mehr auf den Feldern in Þingvellir, sondern im Parlamentsgebäude im Herzen von Reykjavík tagt. In Oslo wird das *Storting* (wörtlich: Großes Parlament) einberufen, in Stockholm kommt das *Volketing* (wörtlich: Volksparlament) zusammen und in Tórshavn auf den Färöern werden im *Løgting* (wörtlich: Gesetzesparlament) die Sitzungen abgehalten. Im Niederländischen gibt es ein *kort geding,* eine einstweilige Verfügung. Und auch das Grimmsche Wörterbuch nennt, wenn auch erst als elfte Bedeutung, ein Ding als Gerichtstätte und verweist auf den Sachsenspiegel, das einst wichtigste Rechtsbuch in deutschen Landen, das zwischen 1220 und 1235 geschrieben wurde. Unser heute als Allerweltswort verwendeter Begriff „Ding" hat seinen Ursprung demnach tatsächlich in der Rechtssprache (siehe hierzu auch S. 31).

Geysir

Das Phänomen eines geothermalen Wasserspeiers gibt es an mehreren Orten der Welt. Aber der Name des isländischen Wasserspeiers mit dem Namen Geysir wird für alle anderen ebenfalls verwendet. Auch der Kaltwasserspeier in Andernach in der Vulkaneifel wird Geysir genannt.

Auch wenn der Geysir selbst fast nicht mehr speit, sein kleinerer Bruder **Strokkur,** der sich ein paar Meter weiter auf demselben geothermalen Feld befindet, tut dies noch recht regelmäßig ca. zweimal pro Viertelstunde, der Name für das Phänomen bleibt bestehen. Und wie man auf Island weiß: Ein kleines Erdbeben kann alles verändern und den einzig echten Geysir zu neuen Taten erwecken.

Umwelt und Natur

☐ Die schiere Masse der Gletscher mit ihren reichhaltigen Formen und ihrem weiß-blau-grünen Farbenspiel ist atemberaubend (032ki-sb)

Die isländische Tierwelt

Durch die abgelegene und abgeschirmte Lage der Insel besitzt Island eine **besondere Tierwelt.** Die ersten Siedler brachten **Schafe, Hühner, Pferde und Rinder** auf die Insel. Seither werden hier diese **alten Rassen** gezüchtet. Ohne die Schafe, Pferde und das Milchvieh hätten die Isländer nicht so lange auf der Insel überleben können. Aber es gibt noch einige andere Tiere, die im Leben sowie in den Geschichten der Isländer eine wichtige Rolle spielen.

Goldregenpfeifer

Im Frühjahr wird ein bestimmter Vogel von allen mit Sehnsucht erwartet, denn wenn der Goldregenpfeifer *(Lóa)* angekommen ist, dann ist der **Frühling** da. Im Herbst zieht der Vogel etwas weiter den Süden, um dann im Frühjahr zum Brüten wieder nach Island, Großbritannien, Skandinavien und Sibirien zurückzukehren. Meist kommen die Zugvögel zwischen dem 20. und 31. März nach Island und im ganzen Land halten die Menschen Ausschau nach ihnen. Wenn sie dann endlich in Island gesichtet worden sind, bekommen sie eine Titelseite in den Zeitungen und den besten Sendeplatz in den Nachrichten. Da wird dann ausführlich erörtert, wo man den Goldregenpfeifer zuerst gesichtet hat, ob der Vogel im Vergleich zu anderen Jahren früh oder spät angekommen ist und welche Bedeutung dies haben könnte in Bezug auf den zu erwartenden Sommer. Da *Lóa* ein weibliches Wort ist, ist es auch ein bekannter Mädchenname.

Ein bekanntes Lied aus dem 19. Jahrhundert von Páll Ólafsson (1827–1905) wird noch immer gerne gesungen.

„Lóan er komin
Lóan er komin að kveða burt snjóinn,
að kveða burt leiðindin, það getur hún.
Hún hefur sagt mér, að senn komi spóinn,
sólskin í dali og blómstur í tún.
Hún hefir sagt mér til syndanna minna,
ég sofi of mikið og vinni ekki hót.
Hún hefir sagt mér að vakna og vinna
og vonglaður taka nú sumrinu mót."

„Der Goldregenpfeifer ist angekommen
Der Goldregenpfeifer ist angekommen, um den Schnee wegzusingen,
um die Trübsal zu vertreiben, das kann er.

Er hat mir erzählt, dass bald der Regenbrachvogel kommt,
Sonnenschein in Tälern und blühende Wiesen.
Er hat mir die Leviten gelesen,
dass ich zu viel schlafe und überhaupt nichts arbeite.
Er hat mich aufgefordert, aufzustehen und an die Arbeit zu gehen
und voller Hoffnung jetzt den Sommer zu begrüßen."

Raben

Während der Goldregenpfeifer die Hoffnung auf den Frühling und den Sommer verkörpert, verbindet man in Island mit dem Raben den **Winter.** Im Gegensatz zu folkloristischen Texten anderer Länder ist der Rabe in Island nicht unbedingt ein Überbringer schlechter Nachrichten oder Todesbote. In den isländischen Sagen haben diese Tiere die Rolle des **weisen, allwissenden Botschafters** und verkünden Prophezeiungen, sind Schützer und Helfer. Der Gott Odin besaß beispielsweise zwei Raben, die ihn über die Geschehnisse in der Welt auf dem Laufenden hielten und ihm alles berichteten, was geschah.

In **Kunsthandwerk und Kunst** sieht man in Island oft Raben dargestellt. Auch als **Tattoos** sind sie beliebt. Die isländische Bezeichnung für Rabe lautet *hrafn,* aber es gibt auch einen Kosenamen, *krummi,* was deutlich macht, dass der Rabe einen **besonderen Platz im Herzen vieler Isländer** hat. Raben werden oft auch von Menschen gefüttert. Denn es heißt, dass es Glück bringt, einen Raben in der Nähe zu haben. Allerdings denken nicht alle so und infolgedessen werden sie auch stark bejagt. Raben machen sich oft über den Abfall her und verstreuen, was vorher in Müllbeuteln verpackt war. Bauern sind außerdem oft nicht so begeistert davon, dass sie die Eier der Eiderenten stehlen oder Lämmer verletzen, weshalb die Population inzwischen so stark gesunken ist, dass Raben eigentlich unter Schutz gestellt werden müssten.

Auch gibt es eine Reihe von **Rabenliedern,** die noch immer gerne gesungen werden, zum Beispiel in Kindergärten und Schulen.

Polarfüchse

Der Polarfuchs war wohl das **einzige Säugetier, das die Insel bewohnte, bevor die Siedler** mit ihren Haus- und Nutztieren (Schafen, Pferden, Rindern, Hunden) **das Land eroberten.** Die Füchse kamen während der Eiszeit über das große Eis und überlebten nach der Schmelze auf der Insel, indem sie sich von Eiern, Vögeln und wirbellosen Tieren ernährten. Als die Siedler kamen, brachten diese eine Menge neuer Nahrung mit, z. B. Essensabfälle

033ki-sb

oder Mäuse und Ratten, die es davor nicht auf der Insel gegeben hatte. Aber nun wurde der Fuchs auch als Pelztier gejagt und weil er für die Lämmer und andere Tiere eine Gefahr darstellte. Es war über Jahrhunderte ein zäher Kampf auf beiden Seiten. Heutzutage gibt es Regionen, in denen die Tiere geschützt sind, damit sie überleben. Der Polarfuchs kommt in zwei Farbvarianten vor, der **Weißfuchs** bekommt im Sommer ein braunes Fell, das am Bauch und innen an den Beinen etwas heller ist. Im Winter wird sein Fell dann ganz weiß. Der **Blaufuchs** hat im Sommer ein schwarzbraunes Fell, das im Winter ein helles Grau mit milchig blaugrauem Unterhaar einnimmt. Auf dem Rücken kann eine dunklere Linie bleiben.

Papageitaucher

Papageitaucher sind sowohl unter den Touristen als auch unter den Einheimischen die absoluten Lieblinge. Millionen Exemplare brüten jedes Jahr an den Klippen der isländischen Küste und jeder weiß, dass der Sommer ansteht, wenn die Papageitaucher kommen. Die Zeichnung ihrer Federn am Kopf bewirkt, dass sie etwas traurig, aber gleichzeitig doch auch einigermaßen ulkig aussehen. Der hellrot, weiß und grau gezeichnete Schnabel ist im Profil dreieckig und sehr auffällig und groß.

An Land bewegen sie sich mit einem etwas unbeholfenen Watschelgang fort und wenn sie ihren Flug beginnen oder landen, sieht es erst einmal aus, als würden sie abstürzen. Doch sollte man sich davon nicht täuschen lassen, denn die Vögel können enorme Strecken mit hoher Geschwindigkeit zurücklegen. Wenn sie mit ihrer erjagten Beute zum Nest zurückkehren, hängen die Fische quer in ihrem Schnabel und oft sind es sogar mehrere, denn der Schnabel hat kleine Widerhaken, mit denen bereits gefangene Fische festgehalten werden, während gleich nochmal ein weiterer Fisch geschnappt werden kann. So können sie mehrere Fische gleichzeitig transportieren, was natürlich Energie spart.

Dass die Vögel so putzig aussehen, macht sie **bei den Touristen sehr beliebt,** ebenso die Tatsache, dass sie Menschen sehr nahe an sich heranlassen, ohne Angst zu bekommen. Allerdings sollte man sehr vorsichtig sein, da die steilen Klippen gefährlich sein können.

In den letzten Jahren hat die Anzahl der Vögel jedoch sehr abgenommen. Klimaveränderungen werden dafür verantwortlich gemacht. Auch wenn sie noch so putzig daherkommen - auch die Papageitaucher und ihre Eier dienen den Isländerinnen und Isländern als **Nahrung, ja gar als beliebte Spezialität.** Dafür nahmen sie auch seit Jahrhunderten einiges in Kauf, wenn sie steile Felswände hinunterkletterten, um Eier von Seevögeln zu sammeln.

Seit 2015 werden die Tiere als **gefährdet** eingestuft, weshalb man ihre Eier seltener auf der Speisekarte findet, was jedoch nicht das Problem des Klimawandels löst. Kuschlige **Papageitaucherstofftiere** gehören zu den populärsten Souvenirs.

Küstenseeschwalben

Eine weitere Vogelart, mit der man als Tourist Bekanntschaft macht, sind die berühmten Küstenseeschwalben, *kría* genannt. Diese Vögel reisen am weitesten, denn sie überwintern in der Antarktis und kommen zum Brüten in die nördlichen Polargebiete. Im Gegensatz zu anderen Vögeln bauen sie ihre Nester nicht an Klippen oder Felswänden, sondern sie legen ihre Eier auf Wiesen und in Wattgebieten. Dafür **verteidigen sie ihre Nester** umso vehementer. Jeder, der auch nur in die Nähe einer Küstenseeschwalbenkolonie kommt, weiß, dass mit diesen Vögeln nicht zu spaßen ist. Sie sind elegante und gute Segler, die erst nach ihrer Beute Ausschau halten, und wenn sie dann einen Fisch im Visier haben, stürzen sie sich wie ein Pfeil ins Wasser. Mit derselben Vehemenz und Aggressivität stürzen sie sich auch auf vermeintliche Gefahren für ihre Eier: Polarfüchse, Raubmöwen, Menschen. Man hört es schon an ihrem scharfen Warnschrei.

Wenn man einem Brutgebiet der Küstenseeschwalben zu nahe kommt, sollte man besser **schnell das Weite suchen.** Um den **Kopf zu schützen,** denn darauf haben es diese Vögel besonders abgesehen, nimmt man am besten eine Jacke oder einen Stock und schwingt sie mit den Armen im Kreis über dem Kopf. Die Vögel greifen meist den höchsten Punkt an, daher kann man sich mit dieser Methode helfen. Noch besser ist es aber, es erst gar nicht so weit kommen zu lassen.

◁ Ein Papageitaucher („Lundin") hält Ausschau auf dem Látrabjerg

Wale

Während der kommerzielle Walfang bis ins 19. Jahrhundert lohnend war, da man das Öl beispielsweise als **Brennstoff** für Lampen brauchte, wurde er durch die Entdeckung der Elektrizität zunehmend überflüssig. Mitte des 20. Jahrhunderts kam man auf die Idee, das **Walfleisch als Futtermittel für Tiere** zu verwenden. Doch schließlich einigten sich die Mitglieder der Internationalen Walfangkommission (IWC) darauf, den kommerziellen Walfang ab 1986 zu beenden. Island protestierte nicht gegen diese Entscheidung, ging aber weiter auf Walfang zu „wissenschaftlichen" Zwecken. In den 1990er-Jahren trat Island aus der IWC aus, um dann 2002 wieder beizutreten, allerdings unter einem Vorbehalt gegenüber dem Moratorium. 2003 nahm Island den wissenschaftlichen Walfang wieder auf, um dann 2006 den **kommerziellen Walfang für Finn- und Zwergwale wieder zu erlauben.** Das Meeresforschungsinstitut unterbreitet diesbezüglich genau wie für Fische Vorschläge und das Ministerium für Fischerei und Landbau legt aufgrund der Empfehlungen des Instituts jedes Jahr aufs Neue die letztendlich gültigen **Fangquoten** fest.

Jagd auf Finnwale

Dass in Island überhaupt noch Finnwale gejagt werden, hängt mit einer Person zusammen. Der Millionär **Kristján Loftsson** (eine der reichsten Personen Islands) sieht es als seine Mission an, die Finnwaljagd zu verteidigen. Ökonomisch hat dies überhaupt keinen Sinn, denn in Island selbst gibt es praktisch **keine Nachfrage nach Finnwalfleisch.** Nur auf dem japanischen Markt kann man dieses Fleisch absetzen – allerdings nur unter großen Schwierigkeiten. So konnte die Firma **Hvalur hf** ihre Bestände aus dem Jahr 2015 zunächst nicht loswerden, da Japan alle möglichen Beschränkungen für die Einfuhr auferlegt hatte, weswegen 2016 und 2017 keine Finnwale gefangen wurden, schließlich waren die Lagerhallen immer noch voll. 2018 fruchteten die Verhandlungen jedoch, das tiefgefrorene Fleisch von 2015 konnte endlich exportiert werden und so kündigte das Unternehmen für 2018 an, die diesjährige Quote, die sich auf 161 Tiere beläuft, um weitere 30 Wale zu erhöhen, um die nicht ausgeschöpfte Quote von 2017 auszugleichen.

Überleben kann das Unternehmen nur, weil es Anteile an profitablen Unternehmen in der Fischindustrie besitzt. Die Firma Hvalur hf selbst macht Verluste. Doch Kristján Loftsson zufolge ist Walfleisch eine Ressource wie viele andere und unter anderem ein wichtiger Proteinlieferant. Sein Unternehmen ist nun dabei zu versuchen, neue Märkte im medizinischen Bereich und auf dem Gebiet der Nahrungsergänzungsmittel zu erschließen.

Jagd auf Zwergwale

Für Zwergwale gibt es in Island tatsächlich einen **heimischen Absatzmarkt.** Zwergwalfleisch steht auf der Karte sehr vieler Restaurants und gilt auch bei Isländern als **Delikatesse.** Der Walfang wird von zwei Unternehmen betrieben, die die Meeressäugetiere gleich an Bord verarbeiten. Auch hier stellt sich die Frage, wie rentabel dies ist. Jedenfalls werden die Quoten vom Fischereiministerium sehr hoch angesetzt (für 2018 und die kommenden Jahre sind es jeweils 217 Tiere), während tatsächlich beispielsweise 2017 nur 17 von 267 Walen gefangen wurden.

Befürworter und Gegner

Man muss in Betracht ziehen, dass bei der Debatte weniger Fakten und Tatsachen im Vordergrund stehen, als vielmehr Grundsätzlicher geht. Island und die **Befürworter** des Walfangs stehen auf dem Standpunkt, dass der **Walfang auch nach internationalem Recht legal** ist. Ein Verbot von internationaler Seite käme einer Einmischung anderer Staaten in die Souveränität des Landes gleich. Und das Argument, dass die Bestände gefährdet seien, wischt man mit der Begründung weg, dass Island seine Fischbestände durch die **Fangquoten** besser manage als die EU und die USA. Tatsächlich gehören die Fischgründe um Island zu den gesündesten. Auch das Argument, dass die meisten Länder den Walfang verboten hätten, lassen die Verfechter des Walfangs nicht gelten. Ihrer Meinung nach töten auch andere Nationen viele Wale, ohne dafür Sanktionen in Kauf nehmen zu müssen, da unzählige Delfine, die ja auch zu den Walen gehören, als Kollateralschaden in den Schleppnetzen von Trawlern verenden würden.

Die **Walfanggegner** beharren auf dem Standpunkt, dass die **Bestände gefährdet** seien. Des Weiteren kritisieren sie vor allem die **grausame Tötungspraxis,** bei der der Todeskampf der Wale bis zu 40 Minuten dauern kann. Eine Praxis, die für Landtiere niemals akzeptiert würde. Außerdem gefährde die im Ausland eher kritisch gesehene Praxis den **Tourismus,** der inzwischen ja eine weitaus wichtigere Einnahmequelle darstelle als der Walfang. Wobei auch gesagt werden muss, dass zwar viele Touristen die Petition gegen den Walfang unterschreiben, dass das aber viele nicht davon abhält, abends im Restaurant Zwergwalfleisch zu bestellen. Denn wenn nur die Isländer Zwergwal essen würden, wäre das Gericht schon lange von der Karte der meisten Restaurants verschwunden. Immerhin wurde die **Schutzzone für Wale** in der Faxaflói-Bucht bei Reykjavík wieder auf die Größe von 2013 ausgeweitet, nachdem der vorherige Minister das Gebiet verkleinert hatte. Was bedeutet, dass die Besucher auf Walbeobachtungsschiffen wieder größere Chancen haben, die Tiere zu sehen.

Dass der **Walfang mit vielen Emotionen verbunden** ist, zeigt sich auch in einem Wort wie *hvalreki*. Es bedeutet wörtlich übersetzt „gestrandeter Wal", meint jedoch im allgemeinen Sprachgebrauch einen Glückstreffer. Vielleicht erreicht die gesamte Debatte irgendwann einmal ein Niveau, auf dem wir Menschen darüber nachdenken können, ob wir tatsächlich Wale jagen müssen, nur weil wir sie jagen können.

Islandpferde

Ohne Pferde hätten die Isländer in früheren Jahrhunderten auf der Insel mit ihrem rauen Klima schlichtweg nicht überleben können. Das Pferd machte es möglich, dass man reisen konnte, was für den Austausch von Waren (Nahrungsmittel, Werkzeuge, Kleidung usw.) eine Notwendigkeit darstellte. Im Sommer war das Reisen oft nur eingeschränkt möglich: Man kam einfach nicht durch die reißenden Flüsse. Sobald diese zugefroren waren, konnte man diese im Sommer natürlichen Grenzen wieder überwinden. Historiker sind sich heute einig, dass die Insel ohne das Islandpferd bereits im späten Mittelalter wieder verlassen worden wäre.

Kein Wunder, dass das Pferd in Island noch immer als eine **Ikone** gilt, es mehrere Wörter für diese Tiergattung gibt und nicht wenige den Reitsport ausüben. Noch immer ist der Abtrieb der Schafe aus dem gebirgigen Hochland im Herbst ohne Pferde einfach undenkbar.

Das recht kleine Pferd erfreut sich auch international großer Beliebtheit, was die Anzahl der **Pferdezüchterhöfe in Island** erklärt. Es gibt inzwischen mehr Islandpferde im Ausland als auf der Insel selbst. Etwas traurig kann man bei dem Gedanken werden, dass ein Pferd, sobald es die Insel einmal verlassen hat, nie mehr zurückkommen darf. Dies hat vorbeugende hygienische Gründe. Man hat die wohl nicht unbegründete Sorge, dass eine Krankheit ins Land eingeschleppt werden könnte, gegen die die in Island lebende Pferdepopulation keine Abwehrkräfte entwickeln kann, was dann im schlimmsten Fall den gesamten Bestand dahinraffen würde.

Wer schon mal ein Islandpferd gesehen hat, mag sie aufgrund der Größe vielleicht eher mit einem Pony vergleichen. Tatsächlich sind die Islandpferde aber von kräftigerer Statur. Wenn man es sich nicht gleich mit einem Isländer oder einer Isländerin verscherzen möchten, nennt man die Tiere nie Pony, sondern spricht ausschließlich von Pferden.

Das Islandpferd besitzt durchaus besondere **Eigenschaften.** Es ist gutmütig, ausdauernd, scheut das Wetter nicht und ist aufgrund seines Fells winterhart. Seine Haare wachsen in verschiedenen Lagen in mehrere Richtungen, was es gut vor dem Wind schützt. Sobald der Wind etwas kräftiger weht, kann man an der Art, wie die Tiere stehen, die Windrich-

Extrainfo 13 (s. S. 9): Doku über Islands Pferde, das Hufgold vom 66. Breitengrad

034ki-sb

tung ablesen. Sie stehen dann mit dem Hinterteil in Windrichtung (die Richtung, aus der der Wind kommt). Dies kann mitunter beim Autofahren sehr nützlich sein, weil es am Wegesrand ja keine Bäume, höheren Sträucher oder wenigstens Gras gibt, an denen man die Windrichtung leicht erkennen könnte.

Und dann gibt es da noch den **Tölt,** die fünfte Gangart, die praktisch nur Islandpferde beherrschen. Nicht jedes übrigens, es scheint in den Genen angelegt zu sein. Das Faszinierende an dieser Gangart ist der Komfort des Reisens. Man sitzt im Sattel und hat den Eindruck, dass man beinahe über den Weg schwebt – zwar nicht in der Geschwindigkeit des Galopps, aber beileibe auch nicht langsam. Man sitzt dermaßen ruhig im Sattel, dass man mit einer Hand die Zügel halten und mit einem vollen Glas in der anderen seines Weges ziehen kann, ohne auch nur einen Tropfen zu verschütten.

In früheren Zeiten konnten die Isländerinnen und Isländer aber auch recht schonungslos mit ihren Pferden umgehen, wie Winkler (s. S. 216) berichtet: „Außer dem Schafe ist für den Menschen das wichtigste Hausthier in Island das Pferd. Wir heißen mit einem alten Ausdruck das Kamel das Schiff der Wüste und könnten dessen Zweck und Bedeutung für den Menschen in den schauerlichen Wüsten Afrika's und Asiens nicht schöner bezeichnen. Das isländische Pferd ist ein Seitenstück zum Kamel. Auf dem Pferde durcheilt der Eingeborene die weiten öden Räume seines Eilandes. Es trägt ihn mit derselben Sicherheit durch den reißenden Fluss wie über steile Berggehänge und das grundlose Moor. Dem Pferde ladet er alle seine Lasten auf; und was genißt es für die kostbaren Dienste, welche es ihm leistet? Vielleicht dass es im Winter Hungers sterben mag! Die kleinen

⌃ Isländische Pferde gelten als gutmütig und zäh und trotzen klaglos dem Wetter

isländischen Pferde sind ungemein genügsame, ausdauernde, flüchtige Thiere. Hafer lernen dieselben in ihrem Leben nicht kennen. Wenn man auf der Reise an der Station ankommt, werden sie geknebelt und auf die Weide fortgejagt. In langen Wintern wird ihr Schicksal gar traurig, besonders im Südlande, wo sie während des ganzen Jahres in keinen Stall kommen. Sie müssen sich die Gräslein unter dem Schnee hervorscharren und, wenn sie da nichts mehr finden, mit Seetang fürlieb nehmen. Viele gehen zu Grunde. Nie kommt eine Decke auf den Rücken dieser Pferde und alle andern Vorsichtsmaßregeln, die wir bei Pferden ihrer Gesundheit wegen beobachten, kennt man in Island nicht." [Winkler, S. 122f]

Insekten

Insekten gibt es in Island zwar, doch konnte man sich bisher in weiten Teilen des Landes aufhalten, ohne von Mücken belästigt zu werden. Die einzige Ausnahme bildeten die großen Wassergebiete wie die Seen Mývatn und Þingvallavatn oder mächtige Wasserfälle wie Dynjandi, denn dort wimmelt es nur so von Mücken und Fliegen. An diesen Stellen sind ein **Hut und Fliegennetze wahrlich kein überflüssiger Luxus.**

Im Jahr 2018 gab es aber zum ersten Mal auch Berichte über **Stechmücken.** Diese kamen zwar zunächst nur auf dem Land vor, doch inzwischen wurden die ersten auch in Städten gesichtet, und so muss man sich jetzt wohl an die neuen Siedler gewöhnen.

Die **Bartmücken,** auch Gnitzen genannt, stechen nicht nur Tiere, sondern auch Menschen. Bisher war Island fast das einzige subarktische Gebiet ohne Stechmücken (Die Menschen in Alaska und Sibirien können ein Lied davon singen.) Wissenschaftler nehmen an, dass die Mücken sich in Island fröhlich niederlassen werden, da in den letzten Jahren hier vor allem die Winter wärmer wurden.

035ki-sb

Schafe

Das isländische Schaf ist eine eigene Rasse. Es kam schon im 9. Jahrhundert mit den ersten Siedlern hierher. Schafe dürfen heute nicht mehr ins Land importiert werden, weil man sich vor Krankheiten fürchtet, die von außerhalb eingeschleppt werden könnten und die gesamte Population bedrohen würden.

Ohne Schafe, genauso wie ohne Pferde, hätten die Isländerinnen und Isländer vor allem in den schwierigen Perioden der Besiedelungszeit wohl nicht auf der Insel überleben können.

Das Schaf ist ein lebensnotwendiger Lieferant vieler für das Leben auf Island wichtiger Dinge, vor allem der **Wolle.** Sie unterscheidet sich von anderen Schafswollen durch ihre angenehmen Eigenschaften, ist atmungsaktiv und hält - bis zu einem gewissen Grad - Regen und Wind ab. Die Haut diente in Form von gegerbtem Leder vor allem den Fischern als **Schutzkleidung auf hoher See.** Und schließlich wird alles, aber auch wirklich alles, was das Schaf hergibt, **gegessen** oder zu **Werkzeug oder Spielzeug** verarbeitet.

Noch heute nimmt das Schaf einen **großen Stellenwert in der isländischen Gesellschaft ein.** Das halbe Jahr über bleiben die Tiere auf den Weiden. Erst am dritten Septemberwochenende werden sie vom Hochland zurück in die Ställe getrieben. Sobald es das Wetter zulässt, werden sie im nächsten Jahr wieder auf die Weiden gelassen.

Schafe haben die Besonderheit, dass sie, genauso wie die Pferde, wenn auch in geringerem Ausmaß, in Island für **Staus** sorgen können. Es gibt immer wieder erstaunlich viele Schafe, die sich von Zäunen und Absperrungen nicht zurückhalten lassen. Dann stehen sie gerne auch mal auf der Straße herum oder gehen auf dem Asphalt. Vor allem abends, wenn der Asphalt noch angenehm warm, die Luft aber schon etwas kühler ist, legen sie sich gerne auch mitten auf die Straße. Die Schafe sind einer der Gründe, warum die Höchstgeschwindigkeit in Island 90 km/h beträgt. Es kann durchaus vorkommen, dass das Mutterschaf auf der einen Seite der Straße läuft, und das Lamm auf der anderen Seite. Sehen sie das Auto als Gefahr ankommen, neigen sie dazu, einander aufzusuchen. Es besteht also eine große Chance, dass wenigstens eines der beiden Tiere versucht, auf die andere Straßenseite zu gelangen. Vor allem **vorausschauendes und waches Fahren** sowie gute Bremsen sind in solchen Situationen wichtig.

☒ Auch Schafe waren für die Menschen überlebenswichtig: Wolle gegen die Kälte, Fleisch gegen den Hunger und Knochen als Werkzeugmaterial

Umweltschutz? Fehlanzeige!

Isländer haben ein einigermaßen **gespaltenes Verhältnis zur Natur.** Einerseits lieben sie ihr Land und die überwältigend schöne Natur. Sie sind stolz auf deren Einzigartigkeit und freuen sich, dass viele Besucher gerade deswegen ins Land kommen. Andererseits ist es auch bei Städtern noch immer in den Genen verankert, dass man entweder selbst die Natur bezwingt oder als Opfer von Naturkatastrophen endet. Es kam in der Geschichte des Landes immer wieder vor, dass Vulkanausbrüche, Überflutungen, Wetterkatastrophen und Lawinenunglücke zu zahlreichen Toten führten und bei Katastrophen wie den Laki-Feuern (1783–1784), als das Land unter Lavaströmen, Ascheregen und giftigen Dämpfen beerdigt zu werden schien, war es wirklich nicht sicher, ob man nicht die gesamte Bevölkerung würde evakuieren müssen.

Wenn man also in der Natur überleben oder von der Natur leben will, dann muss man sich gegen sie zur Wehr setzen und kann dabei nicht zimperlich sein. Dementsprechend steckt man in der Klemme. Denn es ist deutlich: Die Touristen, die inzwischen den wichtigsten Wirtschaftsfaktor darstellen, kommen, um die besondere Natur zu erleben. Und heute wollen alle von diesem Boom profitieren. Da wird dann oft nicht so viel darüber nachgedacht, welche Folgeschäden aus dem Handeln Einzelner entstehen. Außerdem wurde man **vom Massentourismus einigermaßen überrollt** und tut sich schwer damit, zügig die notwendigen Schritte einzuleiten und die Infrastruktur so auszubauen, dass die Besucherströme besonders an hochfrequentierten Sehenswürdigkeiten in sinnvolle Bahnen gelenkt werden, um die Natur etwas zu entlasten. Denn hier ist man mit sich selbst im Zwiespalt. **Isländer lassen sich nur ungerne etwas vorschreiben.** Wie hält man die Touristen also dazu an, auf den angelegten Wegen zu bleiben, wenn man selbst gerne durchs Lavafeld wandert. Es wird wohl noch einige Überzeugungsarbeit zu leisten sein, bevor auch die Isländer einsehen, dass einige Dinge, die man immer gemacht hat, deshalb in Ordnung waren, weil es nur sehr wenige waren, die sie gemacht haben, dass in der Natur aber großer Schaden angerichtet wird, wenn mehrere tausend Menschen dasselbe tun.

Die Natur kurz unterhalb des Polarkreises ist nun einmal sehr empfindlich und braucht oft Jahrzehnte, um sich von **Schäden** zu erholen. Auch ist vielen anscheinend noch nicht genügend bewusst, dass man manche Dinge, wenn sie erst einmal verloren sind, nicht wiederherstellen kann. Da wird dann ein See, der umkippt, weil man ihn von seiner natürlichen Wasserzufuhr abgeschnitten hat, um einen gigantischen künstlichen Stausee für die Stromversorgung eines Aluminiumwerks zu bauen, einfach als Kol-

036ki-sb

lateralschaden in den Büchern abgeschrieben. Und Kritikern wird mit dem Argument der Mund gestopft, das habe man in die Kosten eingerechnet. Doch wie rechnet man eigentlich den Verlust von einzigartigen Perlen der Natur für künftige Generationen auf?

Während man in Gebieten, in denen der Tourismus inzwischen Fuß gefasst hat, immerhin ansatzweise darüber nachdenkt, wie die Natur geschützt werden könnte, wenn man noch lange an den Touristen verdienen will, wird es mit dem **Umweltschutz in strukturschwachen Gebieten noch schwieriger.** Immer wieder gibt es Pläne, im Norden oder Osten umweltschädliche und energieintensive Aluminiumwerke oder andere Schwerindustrie für ausländische Firmen anzulegen. Denn hier könnte man Flüsse aufstauen oder Geothermalfelder nutzen, ohne dass sich jemand daran stören müsste, denn es käme ja sowieso keiner in diese Gegenden. Die Entscheidungen werden häufig unter flüchtigen Gesichtspunkten gefällt, die eher von übermäßiger persönlicher Gier als von nachhaltigem Denken geprägt sind. Das Hemd der eigenen Familie ist in einem solchen Moment jedenfalls näher als der Rock anderer und nachfolgender Generationen. Während die sozialdemokratisch-grüne Regierung nach der Finanzkrise große Teile des Hochlands zum Naturschutzgebiet erklärte, sind die darauffolgenden konservativen Regierungen damit beschäftigt, all das wieder rückgängig zu machen und würden am liebsten, wo nur möglich, überirdische Hochspannungsleitungen verlegen, den Bau von Fabriken genehmigen und Straßen anlegen. Damit wäre diese einzigartige Wildnis ein für alle Mal zerstört.

⌃ Nicht alle Isländer verhalten sich umweltbewusst: illegal entsorgte Waschmaschine in einem Lavafeld im Südwesten Islands

Umweltschutz und Recycling – zwei Neuankömmlinge im Sprachgebrauch

Eigentlich haben die meisten Leute bisher nur Flaschen und Getränkedosen gesammelt, denn dafür bekommt man ein wenig Pfandgeld zurück. Dazu muss man sie allerdings zu einer Recyclingstation bringen. Einfacher ist es, wenn irgendein Verein sie sammelt und abholt. Alles andere wurde einfach mit einem Schwung im Müll entsorgt. Zwar konnte man schon immer bei den besagten Recyclingstationen Papier, Plastik, Karton, Metall und Glas entsorgen, aber, dass Abfall ein Problem darstellt, ist den meisten so richtig bewusst wohl erst, seit der Touristenboom das Problem sichtbar gemacht hat und langsam klar wird, dass die Natur vielleicht noch die Umweltsünden der 350.000 Einwohner verzeiht, nicht aber auch noch die der zusätzlichen über zwei Millionen Besucher pro Jahr.

Jetzt werden große Kampagnen geschaltet, um die Menschen dazu zu bringen, ihren Müll zu trennen und überhaupt darauf zu achten, überflüssigen Verpackungsmüll von vornherein zu vermeiden. Allerdings gibt es da noch Luft nach oben. Isländer gehören zu den Weltmeistern, was den Verbrauch von Plastiktüten beim Einkauf betrifft, Stoffbeutel oder Taschen setzen sich nur schwer durch. Denn hier heißt es immer noch: „Plastiktüten brauche ich, denn die benutze ich später als Abfalltüte."

Auch auf das Auto verzichten die Isländer nur ungern. Bus zu fahren war vor der Krise geradezu anrüchig und auch der Fahrradboom verdankt sein Entstehen der Finanzkrise. Immerhin, es geht in kleinen Schritten vorwärts und viele bekannte Persönlichkeiten informieren die Öffentlichkeit auf ihren Facebook-Seiten darüber, wie man ganz einfach etwas zum Umweltschutz beitragen kann.

Geld und politische Klüngelwirtschaft geben oft den Ausschlag, sich gegen den Naturschutz zu entscheiden. Die Gremien, die diese Dinge entscheiden, sind oft sehr klein. Ein Unternehmer braucht oft nur zwei oder drei Personen lukrative Beraterverträge anzubieten, um die Mehrheitsverhältnisse in einem Verwaltungsbezirk zu seinen Gunsten umzubiegen und die Genehmigungen für den Bau von Aluminiumwerken zu erhalten. Die Verwandten eines Gremiumsmitglieds können aber auch großes Geld mit einem Grundstücksverkauf machen, dann wird eben mit dem Argument, man spare dadurch drei, vier oder sogar fünf Minuten Reisezeit, eine Straße durch eines der berühmtesten Lavafelder gebaut, auch wenn dies auf vehementen Protest in der Bevölkerung stößt.

Energieversorgung

Der sorglose Umgang mit Ressourcen

Island wird in den Medien oft als grüne Insel dargestellt, die ihren Strom- und Energiebedarf mit sauberen und erneuerbaren Energiequellen deckt. Als Besucher des Landes entdeckt man tatsächlich die erstaunlichsten Dinge: **Straßen und Gehwege** werden durch eine **Fußbodenheizung** eisfrei gehalten und isländische **Wohnungen** sind mollig warm **beheizt,** während die Fenster offenstehen. Auch im Winter kann man hier ins **Freibad** gehen und im Heißwasserbecken den Sternenhimmel oder mit etwas Glück das Nordlicht betrachten. Etwas mehr Nerven kostet es die meisten Touristen, dass man hier ewig lange das Wasser laufen lassen muss, um ein Glas kühlen Wassers aus der Leitung zu bekommen. Die Schwefelreste in der Leitung des warmen Wassers müssen immer erst herausgespült sein, bevor das Wasser wirklich kalt ist und keine Geschmacksrückstände mehr beinhaltet.

Die Menschen hier sind sehr stolz auf ihr gutes/exzellentes **Wasser,** das als eines der besten auf der Welt gilt, aber man hat nicht den Eindruck, als würde es wirklich zu den Köpfen durchdringen, welch ein Luxus es ist, in einem Land mit einem der weltweit größten Trinkwasservorräte zu leben und praktisch überall Zugang zu reinstem Quell- oder Gletscherwasser zu haben.

Größter Stromerzeuger pro Kopf

Island nutzt die vielfältige Natur des Landes auch zur Energiegewinnung. Tatsächlich werden etwa **85 % der Primärenergie aus landeseigenen Quellen** wie Wasserkraft und Erdwärme gewonnen. Windkraft macht nur einen winzigen Teil aus, zusätzlich werden Kraftstoffe importiert, denn es gibt noch Fabriken, die mit Dieselgeneratoren arbeiten, und auch die Autos im Land verbrauchen eine Menge Benzin oder Diesel.

Ungefähr 90 % der Haushalte werden über **Fernheizungen mit Erdwärme** beheizt. Etwa 46 % der Erdwärme wird dafür verwendet, weitere 41 % werden für die Stromerzeugung, für Schwimmbäder und Straßenheizungen genutzt. Die Fischindustrie (7 %), Landwirtschaft (2,4 %) und Industrie (3,6 %) verbrauchen den Rest.

Pro Kopf gerechnet ist Island der weltweit größte Stromerzeuger. Dreiundfünfzig Wasserkraftwerke und sieben Erdwärmekraftwerke generieren fast 100 % des Stroms, wobei Wasserkraft einen Anteil von 75,5 % und Erdwärme einen von 24,5 % hat. Doch nur knapp ein Viertel davon wird für Haushalte, öffentliche Dienste und kleinere Betriebe benötigt.

Der Großteil wird an Energiefresser wie Aluminiumfabriken, Siliziummetallproduktionsanlagen und Datenverarbeitungszentren geliefert.

In den 1960er-Jahren begann die Regierung, darüber nachzudenken, das enorme Energiepotenzial des Landes zu nutzen, um weitere Industrien anzulocken. Damit wollte man erreichen, dass das Land nicht nur von der Fischindustrie abhängig ist. Man versprach den Betrieben alle möglichen Sonderkonditionen und niedrige Strompreise und das in einem politisch stabilen Land, das über gute Häfen verfügt, um die **Industrien** anzubinden. Konnten bis dahin relativ kleine Kraftwerke den im Wesen bescheidenen Energiebedarf des Landes decken, mussten jetzt **riesige Kraftwerke** gebaut werden. Seitdem sind mit jeder neuen Produktionsanlage immer weitere Kraftwerke nötig, die eine riesige Umweltzerstörung verursachen.

Das Problem mit der „regenerativen" Energie

Das Ganze mag zunächst positiv klingen: saubere Energie, die auch in großen Mengen hergestellt werden kann. Aber ganz so einfach gestaltet sich die saubere Energiegewinnung dann doch nicht. In Wirklichkeit **regeneriert sich die erneuerbare Energie nämlich gar nicht so leicht,** wie das so oft vorgespiegelt wird. Anfang 2017 musste sogar Bjarni Bjarnason, der Direktor von Reykjavík Energy, einräumen, dass das Geothermalkraftwerk Hellisheiði mit einem seit Jahren zunehmenden Produktionsabfall zu kämpfen hat, der das Dreifache des vorher prognostizierten Umfangs beträgt. Tatsächlich hat sich nämlich herausgestellt, dass man die Produktion nicht endlos steigern kann, dass man dem Land nicht in jedem Jahr mehr und mehr Energie entziehen kann, ohne dass dies Auswirkungen auf die Leistung eines Geothermalfeldes haben würde.

Zwar kann sich ein Thermalfeld oder eine Thermalquelle, die eine kleine dezentrale Anlage versorgt, während des laufenden Betriebs regenerieren. Doch was die Großkraftwerke betrifft, geht man davon aus, dass die Bohrlöcher etwa 30 Jahre lang genügend Energie liefern, es danach aber 100 bis 150 Jahre dauert, bis sich ein solches Feld wieder regeneriert hat. Es ist also eine, nun ja, großzügige Auslegung des Begriffs, wenn man hier von erneuerbarer Energie spricht, insbesondere da es keine Garantie dafür gibt, dass sich ein solches Feld tatsächlich erholt. Um den **Energieverlust** wettzumachen, müssen also viel mehr neue Bohrlöcher erschlossen werden, was hohe Kosten mit sich bringt, mit denen zuvor keiner gerechnet hat. Um die Dampfproduktion zu erhöhen, ist man außerdem inzwischen dazu übergegangen, Wasser in die Bohrlöcher zu pumpen. Das kann jedoch wiederum **Erdbeben-**

Extrainfo 14 (s. S. 9): Video über Geothermiekraftwerke in Island

schwärme verursachen. Die Erdbeben sind zwar nicht sehr stark, dafür sind es aber sehr viele, und es beweist, dass sehr viel mehr Faktoren auf des natürliche Gleichgewicht einwirken, als anscheinend bisher angenommen.

Was bei der Gewinnung dieser sogenannten grünen Energie auch nicht mitberechnet wird, sind die **Treibhausgase,** die entstehen, wenn aus Dampf Strom gewonnen wird. Bei diesem Prozess bilden sich wie auch bei einem Gas- oder Kohlekraftwerk Treibhausgase. Zudem entsteht bei der Nutzung geothermaler Energie **Schwefelwasserstoff,** der in die Luft geblasen wird. Das Hellisheiði-Kraftwerk darf die Höchstwerte für den Schwefelwasserstoffausstoß dreimal im Jahr für 24 Stunden überschreiten, was vor allem an windstillen Tagen passieren kann, wenn die Schwefelteilchen nicht durch den Wind verteilt werden. Dabei gäbe es das Problem überhaupt gar nicht erst, wenn der Energieproduzent die nötigen Filteranlagen einbauen würde, aber das wäre ja mit weiteren Kosten verbunden. In Statistiken zur Umweltverschmutzung taucht der Schwefelwasserstoff jedenfalls nicht auf, da der isländische Staat dort nur vom Menschen verursachte Verschmutzungen aufführt. Und da es Schwefelwasserstoff immer dort gibt, wo heiße Quellen sind, wird dieser Ausstoß dort nicht erfasst, auch wenn ein direkter Zusammenhang zwischen der Erhöhung der Produktion und der Erhöhung der gemessenen Schwefelwasserstoffteilchen in der Luft nachgewiesen werden kann.

Das **Gesundheitsproblem** für die Menschen des am dichtesten bevölkerten Gebietes des Landes löst dies allerdings nicht. Es gibt zwar noch keine Beweise für Krankheiten, die durch den erhöhten Ausstoß verursacht werden und sicher darauf zurückzuführen sind, doch gehen Mediziner davon aus, dass dadurch das Immunsystem beeinträchtigt werden kann.

Welche Auswirkungen für und Schäden an der Natur die großen **Wasserkraftwerke** verursachen, kann man deutlich am Beispiel des Kárahnjúkavirkjun verfolgen. Das Wasserkraftwerk im Osten Islands, das 2007 ans Netz ging, gehört zu den größten Europas und dient nur dazu, die Aluminiumfabrik Fjarðarál von Alcoa mit Energie zu versorgen. Dazu wurde eine Fläche von 57 km² im zweitgrößten bis dahin unberührten Naturgebiet des Landes unter einem Stausee begraben. Der Schaden für die Gebiete unterhalb der aufgestauten Gletscherflüsse, die dadurch austrockneten, weil nur noch sehr geringe Mengen Wasser weitergeführt werden, wurde als Kollateralschaden im Austausch für Arbeitsplätze hingenommen. Es gab großen Widerstand gegen den Bau des Staudamms, doch wie einfach es letztendlich ist, genügend Schlüsselfiguren in einem Land mit damals knapp 300.000 Einwohnern von seiner Sache zu überzeugen, zeigte Andri Snær Magnason mit seinem Buch und der Filmdokumentation „Traumland: Was bleibt, wenn alles verkauft ist?" eindringlich auf. Umweltschützer haben es wirklich schwer in einem Land, in dem viele den Schutz der Natur nicht als vorrangiges Problem ansehen.

Doch es gibt noch weitere Probleme mit den energiefressenden Unternehmen. Etwas, was viele in Island enorm verärgert, ist die Tatsache, dass die großen Unternehmen ihren **Strom** zu **Preisen** erhalten, von denen kleinere Unternehmen nur träumen können. Wäre es da nicht sinnvoller, die einheimische Landwirtschaft zu unterstützen, sodass mehr Produkte in Gewächshäusern angebaut werden können, fragen sich viele. Zudem ist es eine Schande, dass es immer noch Gegenden im Land gibt, die mit einer **unsicheren Stromversorgung** zu kämpfen haben, weil niemand sich bemüßigt fühlt, in den Ausbau des Stromnetzes beispielsweise in den Westfjorden zu investieren. Dort stehen infolgedessen mitunter große Dieselaggregate, die für den dort nötigen Strom sorgen müssen. Die Aluminiumriesen sorgen zudem immer mal wieder dadurch für Schlagzeilen, dass die Gewerkschaften für die **Sicherheit der Angestellten** auf die Barrikaden gehen. Und das will etwas heißen in einem Land, in dem die Gewerkschaften sich normalerweise eher selten mit den Arbeitgebern streiten. Man legt eher Wert darauf, zusammenzuarbeiten und gemeinsame Lösungen zu finden. Oder es kommt ans Licht, dass die **Umweltverschmutzung durch eine Fabrik** enorm ist, wie im Fall der Siliziummetallproduktionsanlage von United Silicon in der Nähe von Keflavík, die 2017 einen Arsenausstoß verursachte, der die zulässigen Grenzwerte um das Zwanzigfache überschritt. Als es hieß, die Anlagen müssten umgebaut und aufgerüstet werden, bevor ein weiterer Betrieb möglich sei, meldete die Fabrik Konkurs an – auch eine Möglichkeit, sich teure Investitionen zu sparen.

Zu guter Letzt bleibt noch die Frage, wie sehr der Staat denn nun wirklich davon profitiert, dass diese großen Unternehmen ins Land gelockt wurden. 2014 und 2015 veröffentlichten das Fernsehmagazin Kastljós, der Fernsehsender RÚV und das Wochenblatt Stundinn mehrere Berichte, aus denen hervorging, dass Alcoas Fjarðarál, einer der größten Aluminiumbetriebe im Land, keine Steuern bezahlt, weil man sich aller legalen **Steuerschlupflöcher** bedient, die zu finden sind. So bezahlte der isländische Konzern aus dem Osten des Landes 2014 knapp 25 Mio. € an Zinsen an den Mutterkonzern in Luxemburg für die Investitionen für den Bau des Kraftwerks. Durch die noch ausstehenden Schulden für den Bau wird der Betrieb in Island über Jahre hinweg keine Gewinne erzielen, weshalb natürlich auch keine Unternehmens- oder sonstigen Steuern bezahlt werden können.

Eine **Wende** könnte die **Touristenbranche** bringen. Schließlich kommen die Touristen, um die schöne, wilde und unberührte Natur Islands zu erleben und nicht unbedingt, um von Kraftwerken verschandelte Gebiete zu besuchen. Doch verursacht der Ansturm großer Massen auch neue Probleme für das Land und die Natur. Es fällt den Isländern immer noch schwer, Wege für sanften Tourismus zu finden und das schnelle Geld und den kurzfristigen Gewinn mit Maßnahmen in Einklang zu bringen, die die Natur auch morgen noch schützen und den Tourismus in sinnvolle Bahnen lenken können.

Im Rhythmus der Natur

Was man an einem Tag unternimmt, hängt in Island noch immer stark mit dem Wetter zusammen. Klar, wenn man auf dem Land lebt und einen Bauernhof bewirtschaftet, dann ist man abhängig von den Wetterverhältnissen. Wenn man mit dem Schiff aufs Meer hinaus will zum Fischfang, dann will man nicht in einen Sturm geraten. Doch selbst die Städter werden vom Wetter und den Jahreszeiten beeinflusst.

Da sind zunächst einmal die **Lichtverhältnisse,** die im Winter und Sommer extrem unterschiedlich sind. Die langen Tage im **Sommer,** an denen die Sonne nur für kurze Zeit verschwindet, um dann recht bald schon wieder aufzugehen, animieren einfach dazu, aktiv zu sein und sich draußen aufzuhalten. Alle fühlen sich energiegeladen und unternehmungslustig, man treibt Sport im Freien, trifft sich zum Mitternachtsgolf (s. S. 230), führt nachts um zwei den Hund aus, grillt mit Familie und Freunden vor dem Sommerhaus. Auch die Natur grünt und blüht und mit etwas Glück erlebt man warme Temperaturen und kann die Sonne genießen. Drinnen hält es dann auf jeden Fall niemanden mehr.

Das genaue Gegenteil geschieht im **Winter,** wenn die Tage sehr kurz sind, weil die Sonne erst sehr spät auf- und früh wieder untergeht, sodass nur 3 bis 4 Stunden lang das Tageslicht zu sehen ist. Besonders hart sind dann trübe Tage, dann hat man das Gefühl, jemand hätte vergessen, das Licht einzuschalten. Bei bewölktem Himmel schaffen die Sonnenstrahlen nur ein Zwielicht. Zu dieser Jahreszeit möchte man sich am liebsten zum Winterschlaf in seine Höhle verkriechen und erst wieder herauskommen, wenn die Tage wieder wesentlich länger sind. Da das ja nicht immer möglich ist, hilft man sich mit Lichterketten, Unmengen von Kerzen, Weihnachtsfeiern und häuslicher Gemütlichkeit. Alle freuen sich auf die Weihnachtsfeiertage und Silvester. Um die Dunkelheit nach dieser Zeit etwas erträglicher zu machen, wird zwar die Weihnachtsdekoration weg-

Extrainfo 15 (s. S. 9): Dokumentation über die Geologie der jüngsten Insel Europas

037ki-sb

gepackt, doch die Lichterketten und Kerzen helfen auch noch bis in den Februar hinein, die langen Nächte erträglich und gemütlich zu machen.

Auch das **Wetter** kann großen Einfluss haben. Bei stürmischem Wetter versucht man natürlich, alle Wege möglichst schnell und auf jeden Fall nicht zu Fuß zurückzulegen. Wer nicht muss, geht erst gar nicht vor die Tür. Dann gibt es aber auch Tage, an denen das Wetter, wenn man aus dem Fenster schaut, wunderschön aussieht. Doch sobald man einen Fuß vor die Tür setzt, erkennt man, dass das eindeutig ein Fehler war. Denn die Kälte zieht sofort in die Knochen und ein scharfer Wind sorgt dafür, dass die Haut prickelt. Dann macht man kehrt, setzt sich mit einer heißen Tasse Tee oder Kaffee ans Fenster und betrachtet das Wetter von drinnen. *Gluggaveður* (Fensterwetter) nennt man das Phänomen, weil das Wetter von innen sehr viel besser aussieht, als es sich draußen anfühlt.

Doch fast jedes Wetter eignet sich dazu, ins **Schwimmbad** zu gehen, denn im heißen Thermalbecken kann man sich wunderbar wieder aufwär-

⌃ Der Volkssport Nr. 1 der Isländer heißt Entspannung – und zwar draußen an der frischen Luft im Heißen Topf – sommers wie winters

Extrainfo 16 (s. S. 9): Doku darüber, wie sich die Isländer die Natur zunutze machen

„Lokað vegna veðurs" – Aufgrund des Wetters geschlossen

Nanu, man möchte einen Laden aufsuchen und dann hängt an der Tür ein Zettel mit der Mitteilung: „Lokað vegna veðurs!" Im Sommer ist das sehr wahrscheinlich ein Grund zur Freude, denn in der schönen Jahreszeit bedeutet dies meistens, dass das Wetter so schön ist, dass jetzt alle schnell nach draußen müssen und die Sonne genießen wollen. Also wird das Geschäft kurzfristig geschlossen, weil sowieso keine Kunden kämen. Bei besonders schönem Wetter machen fast nur Eissalons, Cafés, Kneipen und Restaurants, in denen man draußen sitzen kann, gute Geschäfte. Bei den übrigen Händlern herrscht dann eher Flaute. Also machen alle das Beste daraus und man selbst sollte sich auch das Vergnügen gönnen und das Wetter draußen genießen.

Im Winter verheißt dieselbe Mitteilung jedoch wenig Gutes. Dann bedeutet es meist, dass Straßen gesperrt sind und man erst mal nicht weiterkommt. Ignorieren sollte man diesen Hinweis auf keinen Fall, denn wenn Straßen gesperrt werden, dann ist es auch wirklich gefährlich. Man muss in diesem Fall eben da ausharren, wo man gerade ist.

men. Und an sonnigen Tagen sind dann alle (Liege-)Stühle im Schwimmbad besetzt, denn jede und jeder dort will die Sonne genießen und ein wenig Farbe auf die Haut bekommen. Dazu muss es nicht einmal sehr warm sein, solange es windstill ist, kann man sogar schon bei knapp zehn Grad an seiner Sonnenbräune arbeiten.

Das Wetter wird aber auch gerne als Argument benutzt, um **keine langfristigen Termine** planen zu müssen. Natürlich ist es im Geschäftsleben manchmal wichtig, Termine zu planen und Absprachen zu treffen. Aber eigentlich vermeiden die Isländer langfristige Planungen, besonders im privaten Bereich. Man weiß schließlich nie, ob nicht doch noch irgendwo anders etwas viel Spannenderes geboten wird, während man sich bereits auf eine Sache festgelegt hat. Und das wäre dann natürlich besonders dumm. Deshalb hält man sich bis ganz zum Schluss alle Möglichkeiten offen. Zur Not kann man dafür immer das Argument einsetzen, dass man ja nicht wisse, wie das Wetter später würde. Umgekehrt sind die Inselbewohner aber auch sehr flexibel und kreativ, wenn es darum geht, schnelle Lösungen für etwas zu finden. Dass viele Probleme auftauchen, weil keiner die Dinge vorher plant, macht da keinem etwas aus. Wenn es Spitz auf Knopf steht, dann packen alle mit an und im Handumdrehen ist diese

Extrainfo 17 (s. S. 9): Alle Wetter, was für ein Wetter! Textbeitrag zum isländischen Klima.

038ki-sb

Aufgabe auch wieder erledigt. Die Isländer sind Weltmeister darin, **alles gerade noch so kurz vor knapp hinzukriegen.** „Þetta reddast!“ („Das klappt schon!“) heißt es da im Isländischen ganz optimistisch.

Der Samstag, *laugardagur,* ist traditionell der **Waschtag.** Auch heute noch wird in vielen Familien der Großteil der Wäsche am Wochenende erledigt. *Laugar* sind heiße Quellen, die traditionell genutzt wurden, um die Wäsche zu waschen. Das war keine ungefährliche Sache, denn die Quellen können sehr heiß sein, was es zwar einfacher machte, Kleidung und Wäsche sauber zu waschen, aber auch immer die Gefahr mit sich brachte, dass es zu Verletzungen wie Verbrennungen kam. Die Stellen, an denen gewaschen wurde, waren oft sehr glitschig, sodass es auch zu schwereren Unfällen oder sogar Todesfällen kommen konnte, wenn jemand ausrutschte und ins heiße Wasser fiel. Zum Glück gibt es heutzutage Waschmaschinen, die das Waschen sehr viel einfacher erledigen.

⌃ Isländer sind sehr hilfsbereit. Alle wissen, dass einem das Gleiche passieren kann. Dass man einander in einer misslichen Lage hilft, gilt auf der Nordatlantikinsel als Ehrensache.

Für Kinder ist der Samstag wichtig, denn noch immer gibt es in Familien die Tradition des **Süßigkeitentags,** *nammidagur*. Dies stellt eine clevere Erziehungsmaßnahme dar, denn die Kinder bekommen nur an einem Tag der Woche Süßigkeiten. Alle Bettelei und Quengelei an anderen Tagen kann mit dem Argument unterbunden werden, dass heute nicht der Tag sei, an dem es Süßigkeiten gebe und dass man eben auf den *nammidagur* warten müsse. In vielen Geschäften werden an Samstagen bestimmte Süßwaren mit Preisnachlass verkauft. Häufig sind dies die Bonbons und Schleckereien, die offen verkauft werden und die man selbst zusammenmischen und dann nach Gewicht bezahlen kann. Am Ende des Tages sehen die Süßwarenregale in den Geschäften dann aus, als hätte eine Bombe eingeschlagen, weil der gesamte Fußboden mit Tüten und heruntergefallenen Leckereien übersät ist. Es sind also nicht nur die Kinder, die sich über diesen Tag freuen.

Die Gesellschaft heute – Staat, Politik und Wirtschaft

⊲ 1893 hat der Parlamentarier Tryggvi Gunnarsson hinter dem Parlament einen Park angelegt - es war die erste öffentliche Anlage dieser Art in Island (039ki-sb)

Politische Landschaft und Kultur

Island ist eine parlamentarische Republik. Staatsoberhaupt ist der Präsident, der vom Volk direkt gewählt wird. Die Mitglieder des isländischen Parlaments Alþingi werden alle vier Jahre gewählt. Die **Regierung** aus Premier- und Fachministern werden vom Präsidenten ernannt. Normalerweise wird nach Wahlen die Führung der größten Partei mit den **Koalitionsverhandlungen** beauftragt.

Seit Ende der 1960er-Jahre besteht die politische Landschaft im Wesentlichen aus vier großen **Parteien.** Unter ihnen nimmt die rechts-konservative Unabhängigkeitspartei (Sjálfstæðisflokkur) eine dominante Position ein, da sie eine konstante Anhängerschaft von etwa 40 % der Wählerstimmen erreicht. Weitere Parteien die liberale Bauernpartei (Framsóknarflokkur), die Sozialdemokraten (Alþýðuflokkurinn) und die sozialistische Volksallianz (Alþýðubandalagið). Daneben gibt es wechselnde kleine Parteien, sodass immer Koalitionen aus zwei bis drei Parteien gebildet werden. 2000 fusionierten die linken Parteien Alþýðuflokkurinn, Alþýðubandalagið und Samtök um kvennalista (Frauenliste) zur Bündnispartei Sozialdemokratische Allianz (Samfylkingin) und es bildete sich die „Links-Grüne Bewegung" (Vinstri hreyfing – Grænt framboð).

Klüngelei

Bis zum finanziellen Zusammenbruch 2008 konnten Politiker und besonders die Unabhängigkeitspartei auf großes Vertrauen in der Bevölkerung bauen. Es waren bekannte Spieler, die nach dem System „eine Hand wäscht die andere" damit rechnen konnten, für ihre Arbeit nicht allzu sehr kritisiert zu werden. Man wusste zwar Bescheid über **enge Verbindungen von Politikern zu Schlüsselfiguren der Wirtschaft,** doch solange die Blase Geld für alle ins Land spülte, störte sich keiner zu sehr daran.

Durch die **Krise** wurde dieses Vertrauen in die Politik gründlich erschüttert. Die Unabhängigkeitspartei war nach den Wahlen 2009 nicht mehr die größte Partei und die **Sozialdemokratische Allianz und die Links-Grüne Bewegung** erhielten den **Regierungsauftrag.** Tatsächlich gelang es dieser Regierung, wenn auch mit teilweise schmerzhaften Maßnahmen, das Land aus der Krise zu führen. Daher war es für Beobachter von außen auch sehr überraschend, dass bereits bei den darauffolgenden Wahlen die Unabhängigkeitspartei wieder gute Ergebnisse erzielen und mitregieren konnte.

Durch die Krise wurde jedoch sehr deutlich, dass Island zwar seit Jahren laut UNO-Liste als eines der am wenigsten korrupten Länder der Welt gilt,

Farben, die das Land repräsentieren

Während der Unabhängigkeitsbewegung wurde gelegentlich darüber nachgedacht, wie eine mögliche Nationalflagge Islands aussehen sollte, wenn die Souveränität des Landes erst einmal errungen sei. Es wurden einige Entwürfe gestaltet und wieder verworfen. Island war ja Teil des Dänischen Königreiches und doch wollten die Menschen eine eigene Flagge haben. Im Jahr 1915 dann handelte das Parlament mit Dänemark aus, dass man in Island und in isländischen Gewässern eine „Sonderflagge" nutzen durfte, die bereits der heutigen Flagge glich, jedoch einen etwas anderen Blauton aufweist.

Als Island am 17.6.1944 seine vollständige Unabhängigkeit erlangte, wurde auch ein Gesetz erlassen, in dem das Aussehen der Flagge sowie die korrekte Handhabung und Anwendung genau beschrieben sind. Später wurden in einem weiteren Gesetz die Tage festgelegt, an denen die Flagge offiziell landesweit gehisst werden darf.

Die offizielle Flagge zeigt auf himmelblauem Grund ein schneeweißes Kreuz, in dem sich ein dünneres, feuerrotes Kreuz befindet. Matthías Þórðarson, von dem dieser Entwurf stammt, beschrieb die Farben als das Blau der Berge, das Weiß des Eises, das Island bedeckt, und das Rot des Feuers der Vulkane. Andere sahen in dem Blau das Blau des Meeres oder des Himmels. Das Kreuz symbolisiert die Verbundenheit mit den anderen skandinavischen Ländern. Der Präsident führt in der Mitte des Kreuzes das Staatswappen und die isländische Zollbehörde hat ein T in der blauen Ecke links oben stehen.

Ein Punkt, in dem man in Island keinen Spaß versteht, ist der Respekt vor der Flagge. Diesbezügliche Vergehen können mit einem Bußgeld oder sogar Gefängnisstrafen geahndet werden. Außerdem ist man beispielsweise verpflichtet, eine Flagge nicht vor 7 Uhr morgens zu hissen und sie bei Sonnenuntergang, jedoch spätestens um Mitternacht, wieder einzuholen. Bei offiziellen oder besonderen Anlässen kann dies jedoch etwas lockerer gehandhabt werden. Beim Einholen ist darauf zu achten, dass die Flagge nicht die Erde, eine Wasseroberfläche oder den Boden berührt. Auch muss die Fahne in einem guten Zustand sein, was ihr Aussehen und ihre Farbe betrifft.

Die Isländer jedenfalls lieben ihre Nationalflagge und deren Farben. Bei der Dekoration von Festen oder besonderen Anlässen dürfen kleine Flaggen oder Bänder in den drei Farben nicht fehlen und wenn sich die Gelegenheit bietet, dann werden fleißig Fähnchen mitgetragen und mit Freude geschwenkt.

040ki-sb

man sich davon aber nicht täuschen lassen sollte. Denn die Verstrickungen zwischen Politikern und führenden Vertretern der Wirtschaft wurden durch die Enthüllungen während und nach der Krise für jeden sichtbar. Bis dahin war man im Allgemeinen davon ausgegangen, dass sich ein System wie die Politik, in dem jeder jeden kennt, von selbst reguliert, weil niemand damit durchkommen würde, anderen wirklichen Schaden zuzufügen. Das Land ist sehr klein und die Chancen sind wirklich groß, dass man wichtige Persönlichkeiten aus der Schule kennt, mit ihnen in einer Straße gewohnt hat, beim gleichen Fußballverein war oder über zwei Ecken mit ihnen verwandt ist. Dadurch ist es zuweilen **schwierig, den nötigen Abstand, die nötige Unabhängigkeit zu wahren.** Das Vertrauen in die Politiker wurde jäh zerstört, nachdem allen klar geworden war, dass sich hier einige wenige auf Kosten der gesamten Nation bereichert hatten. Und wie schwer es sein kann, Posten mit unabhängigen und unbelasteten Personen zu besetzen, wurde deutlich, als im Februar 2009 ein neuer **Notenbankpräsident** gesucht wurde. In dem kleinen Land gab es nicht wirklich viele Personen, die man zu diesem Zeitpunkt für geeignet hielt, und keine dieser Personen hatte den nötigen Abstand zu Politik und Wirtschaft. Deshalb entschied man sich, einen norwegischen Wirtschaftswissenschaftler ins Land zu holen, um die notwendige Unabhängigkeit der Zentralbank zu garantieren.

Jón Sigurðsson (s. S. 44) schaut von seinem Sockel auf das Parlament

Wie Spaßparteien die Politik umkrempeln

Seither ist mehr Bewegung in das politische System gekommen und es entstehen neue Parteien. Das erste und eines der im Ausland bekanntesten Beispiele für solch eine überraschende Entwicklung war wohl die **„Beste Partei" (Besti Flokkurinn),** die bei den Gemeinderatswahlen in Reykjavík 2010 34,7 % der Stimmen erhielt. Plötzlich war ein Komiker Oberbürgermeister. Doch was zunächst als Spaß gedacht war, wurde als Herausforderung angenommen, und der Komiker Jón Gnarr hat sich mit einem frischen Wind als Bürgermeister Ansehen erarbeitet. Mit seiner Wahl wurde deutlich, dass die Wähler das Vertrauen in die etablierten Parteien erst einmal verloren hatten. Es entstand eine politische Bewegung im Land, die das gesamte Parteiensystem auch im Parlament durcheinanderwirbelte. Die neuen Parteien überleben zwar nicht immer mehr als eine Legislaturperiode, doch inzwischen braucht man mehr als einen Koalitionspartner, um eine Mehrheit für eine Regierung zu bilden. So kam es 2016 zu vorgezogenen Neuwahlen, nachdem ein kleinerer Koalitionspartner aufgrund der Panama-Papers-Affäre die Zusammenarbeit aufkündigte. 2017 trat ein Koalitionspartner aus, weil der Unabhängigkeitspartei vorgeworfen wurde, die Wiederherstellung der Ehre eines Sexualstraftäters vertuscht zu haben. Aus diesem Grund musste 2017 schon wiedergewählt werden. Mit acht Parteien sind nach den Wahlen 2017 mehr Parteien als jemals zuvor im Parlament vertreten.

Der Traum der großen Freiheit

Als die 2009 gewählte sozialdemokratisch-grüne Regierung mit **Beitrittsverhandlungen zur EU** begann, war klar, dass die Meinungen in der Gesellschaft, was eine EU-Mitgliedschaft betrifft, sehr gespalten sind. Die eine Hälfte der Bürger ist dafür, die andere dagegen. Die damalige Regierung war der Ansicht, dass es womöglich hilfreich sein könnte, auf gute Partnerschaften bauen zu können, sollte noch einmal so etwas wie eine Finanzkrise das Land erschüttern. Da sich aber herausgestellt hat, dass man den Aufschwung auch alleine schaffen kann und die Fischereirechte bei den Verhandlungen ein sehr heikles Thema sein würden, hat man die **Verhandlungen über einen Beitritt inzwischen wieder eingestellt.** Zwar stellt sich das Land gerne als unabhängig dar, doch ist man trotzdem Teil der Europäischen Freihandelsassoziation **EFTA** und des **Europäischen Wirtschaftsraums** sowie Mitglied des **Schengener Abkommens** und der **NATO.** Island ist allerdings erst seit 1944 ein souveräner Staat und so ganz möchte hier niemand diese Freiheit aufgeben.

Der gläserne Bürger

In Island ist alles sehr einfach geregelt, sofern man eine **Sozialversicherungsnummer,** eine *kennitala* hat. An diese Nummer sind **praktisch alle persönlichen Daten gekoppelt.** Der gläserne Bürger ist hier Realität und niemand scheint sich daran zu stören. Man braucht die *kennitala,* um sich als Einwohner zu melden, beim Arzt einen Termin zu vereinbaren, um sein Konto zu verwalten oder auch wenn man nur die Garantie für ein Handrührgerät in Anspruch nehmen möchte. Der Vorteil ist, dass man fast alles per Internet regeln kann und die meisten bürokratischen Handlungen sehr schnell erledigt werden können. Der Nachteil besteht darin, dass alles über diese Nummer einsehbar ist. Wer sich Zugang zu den Daten verschafft, weiß fast alles über eine Person. Doch irgendwie passt dies zu einer Gesellschaft, in der sowieso jeder jeden kennt, und in der es deshalb sehr schwer ist, Geheimnisse zu bewahren.

Die isländische Wirtschaft: vom Tauschgeschäft zum Crash – und einer neuen Finanzblase

Tauschgeschäfte

Island ist kein Land mit einer jahrhundertealten Tradition von Bank- oder Geldgeschäften. Was die Isländer am Leben gehalten hat, waren die **Schafe** mit ihrem Fleisch und ihrer Wolle, der **Fischfang** und die **Viehzucht** (Milchprodukte) sowie die **Pferde** (Reise und Transport). Bis Ende des 17. Jahrhunderts war **„vaðmál“,** ein schwerer Walkstoff aus Schafswolle, das Mittel, mit dem man den Wert von Gütern bemessen hat. Man handelte einfach aus, wie viele Ellen *vaðmál* etwas wert war. Eine Elle waren circa 50 cm. Der Wert einer Kuh *(kúgildi)* entsprach 120 Ellen, der eines *fiskur* (Fisch) entsprach einer halben Elle. Dass Geld keine wichtige Rolle spielte, lag auch daran, dass dänische Händler bis 1787 das Handelsmonopol für die Geschäftstätigkeiten mit Island hatten. Isländer hatten also gar keine Möglichkeit, Geld mit dem Export von Waren ins Ausland zu verdienen. Selbst nach der Aufhebung des Handelsmonopols blieb der Handel bis 1855 in den Händen der Dänen.

Wenn man zu Zeiten der dänischen Herrschaft tatsächlich **Bargeld** benötigte, musste man die Banknoten eine ganze Weile im Voraus bei einem Händler bestellen. Die Landsbanki Íslands, die erste Bank, wurde 1885 gegründet und wurde vom Staat finanziert. Als Island 1918 ein souveräner Staat wurde, der den König und die Außenpolitik mit Dänemark teilte, wurde die **Isländische Krone als eigene Währung** eingeführt und nur die staatseigene Bank hatte das Recht, Banknoten auszugeben. Erst 1961 wurde die **Isländische Zentralbank** (Seðlabanki Íslands) gegründet.

Blieb in den ersten Jahrzehnten des 20. Jahrunderts die **Inflationsrate** der Isländischen Krone auf einem Niveau von durchschnittlich 10 %, erhöhte sich diese Rate jedoch in den 1970er- und auch in den 1980er-Jahren auf einen Jahresdurchschnitt von 35 %. 1981 wurde eine **neue Krone** eingeführt, wobei man im Vergleich zur alten zwei Nullen gestrichen hatte, hundert alte Kronen also nun einer neuen Krone entsprachen. Das jahr 1983 war ein besonders hartes, die Inflationsrate betrug damals 86 %.

Kreppa

2008 war plötzlich ein Wort in aller Munde, das für viele für den blanken Horror stand: *kreppa*. Das isländische Wort für Krise war wohl für einige Jahre der mit am häufigsten verwendete Begriff auf der Insel. Die Konsequenzen sind bis heute spürbar.

In den 1980er-Jahren sah sich die Regierung gezwungen, das **wirtschaftliche Systems einschneidend zu verändern.**

Bis dahin hatte es vielerorts noch immer ein geldloses kooperatives Wirtschaftssystem gegeben: Großmutter strickte Strümpfe, brachte sie zum Kooperationshaus und erhielt dafür einen bestimmten Gegenwert als Münze, zum Beispiel für anderthalb Laib Brot beim Bäcker. Der Fischer brachte Fisch zur Kooperative und bekam dafür eine Münze für eine bestimmte Menge Gemüse bei der Bäuerin. Dieses System funktionierte gut. Dadurch wurde niemand arm – aber auch niemand reich. Und so beschlossen ein paar Menschen, die sehr wohl reich werden wollten, dass sie dieses System zunichte machen und eines aufbauen wollten, an dem sie selbst viel verdienen würden. Die Konsequenzen für den Rest ihrer Landsleute waren ihnen relativ egal. Dass man in Island im Vergleich zu großen Bankhäusern in anderen Ländern über keinerlei Erfahrungen in diesem Bereich verfügte, schien dabei niemanden zu stören. Auf der Habenseite kann allerdings verbucht werden, dass in Island dadurch ein internationales Bezahlungssystem eingeführt wurde, das es ausländischen Investoren möglich machte, auch in Island tätig zu werden. Der Kapitalismus hielt nun auch in Island seinen Einzug. 1990 stimmten die Gewerkschaften schmerzhaften **Lohnkürzungen** zu, um den Teufelskreis aus höheren Löhnen und steigenden Preisen zu durchbrechen.

Ein Leben auf Pump

Bis 1995 wurden zwei der größten **Banken** Islands **und Investmentfonds** zur Finanzierung privater Unternehmen vom Staat verwaltet. Dann entschloss sich die Regierung unter der Unabhängigkeitspartei, diese zu **privatisieren.** Dabei wurden die Banken an sagen wir mal der damaligen Regierung Nahestehende zu Preisen veräußert, die wohl eher als **Schnäppchen** denn als tatsächlicher Marktwert bezeichnet werden dürften. So „vergaß" man im Falle der Landsbankinn schlicht und ergreifend, die Kunstwerke, die im Gebäude der Bank hingen, mit zu berechnen. Dabei könnte die Zentrale in der Austurstræti in Downtown Reykjavík auch locker als Museum durchgehen. Es nimmt also nicht Wunder, dass die Bank eigens eine Kuratorin beschäftigt, die sich um die Kunstsammlung kümmert. Schade nur, dass Letztere nur die Angestellten der Bank zu Gesicht bekommen.

Völlig dereguliert wurden die Banken erst im Jahr **2001.** Die **vollständige Privatisierung** führte zu einer enormen Expansionstätigkeit der isländischen Wirtschaft. Mit Geld, das sich die Banken untereinander liehen, und ausländischem Kapital wurde in Island ein **enormer Bauboom** ausgelöst, der bei Weitem die Nachfrage überstieg.

Wenn man seine Kredite nicht mehr zurückzahlen konnte, dann nahm man einen neuen Kredit auf, um den alten abzuzahlen. Die **Kaufkraft der Krone** stieg im Vergleich zu anderen Währungen, weshalb man jetzt **Kredite und Hypotheken in Fremdwährungen** aufnehmen konnte. Dass viele Hypotheken auf regelrechten Knebelverträgen basierten und es eigentlich nicht möglich war, diese abzubezahlen, schien niemanden zu stören.

Kam man in dieser Zeit vor 2008 als Besucher auf die Insel, musste man feststellen, dass alles unglaublich teuer war. Ein einfacher Hamburger für 20 DM (fast 10€) war durchaus üblich. Island hat keine großen Industrieanlagen, keine großen Firmen, und nur vom Fischexport allein konnte das ganze Geld doch nicht herrühren? Aber niemand machte sich darüber wirklich Gedanken. Geld war da, das war gut, warum sollten wir das hinterfragen, es klappt doch?!

Es entstand ein regelrechter **Konsumwahn.** Es ging nur darum, den Nachbarn zu übertrumpfen. Es war auch durchaus gängige Praxis, dass man einen Anruf von seiner Bank bekam, in dem der freundliche Kundenberater darauf hinwies, dass der Nachbar doch ein neues Auto habe, ob man das schon gesehen habe, und ob man nicht auch daran denken wolle, sich ein nagelneues und mindestens genauso großes und schönes neues Gefährt vor die Tür zu stellen. Der Kredit dafür wäre kein Problem.

An diesem Punkt erweist sich die **Gutgläubigkeit der Isländer,** ein ansonsten sehr charmanter und positiver Wesenszug, als nicht hilfreich. Die

041ki-sb

Banker hatten leichtes Spiel, ihre Landsleute en einem ihrer schwächsten Punkte überhaupt zu packen: ihrer Gier.

Die **Gier** der Isländer rührt aber wohl nicht von einem Ich-muss-alles-haben-und-vor-allem-mehr-als-der-andere-Gefühl her. Vielmehr lässt sich dies anhand der Geschichte erklären: Bis zum Zweiten Weltkrieg waren die Isländer schlicht und ergreifend bettelarm und lebten mehr oder weniger von der Hand in den Mund. Erst mit dem Geld, das die Besatzer ihnen als „Miete" für ihre Stationierung bezahlten, der Arbeit, die sie mitbrachten, entstand so etwas wie Wohlstand. Jetzt stand nicht mehr der Existenzkampf, das Überleben im Mittelpunkt, sondern das Sich-etwas-gönnen, das Wollen, das Sich-komfortabler-einrichten-im-Leben.

Für diesen Lebensstil wurden nicht nur massenhaft Kredite abgeschlossen, die weit über ein verantwortungsvolles Maß hinausgingen. Es wurden auch viel zu hohe und vor allem riskante **Hypotheken** aufgenommen.

Für Kredite und Hypotheken hatten sich die Banken in Island nämlich etwas ganz Besonderes ausgedacht. Zum einen musste man einen Zins für das geliehene Geld zahlen. So weit, so gut, das ist bei uns ja nicht anders – wenn der Zinssatz auch immer schon höher lag als in den deutschsprachigen Ländern. Darüber hinaus mussten die Hausbesitzer aber auch

Ihr ganzer Stolz: Die Isländer haben eine eigene Währung

eine Inflationsrate zahlen. Dies bedeutet, dass die Hypotheken jedes Jahr um den Prozentsatz der Inflation angepasst, sprich erhöht wurden. Man zahlte also Zins plus Inflationsrate plus Abzahlung, also jedes Jahr mehr. Das bedeutet aber auch, dass man sein Eigenheim letztendlich eigentlich wahrscheinlich nie so würde nennen können. Dies kann man sich leicht selbst ausrechnen. Wenn man nur davon ausgeht, dass die Inflationsrate jedes Jahr 2 % beträgt und diese jedes Mal mit Inflationszins auf die Hypothek draufgerechnet wird, erkennt man, dass sich die Abzahlung der gesamten Hypothek lange hinauszögern kann. Man könnte durchaus in Versuchung kommen, die Berechnung von Zins plus Inflationsrate (wofür dient der Zins dann noch?) als Diebstahl zu bezeichnen.

Dies hat auch Auswirkungen auf die **Mietpreise.** Auch diese erhöhen sich jedes Jahr entsprechend der Inflationsrate. Die Hausbesitzer geben diese Anpassungen jeweils an ihre Mieter weiter. Dem wird auch ganz selbstverständlich im Standardmietvertrag, den der Staat online bereitstellt, Rechnung getragen, schließlich wollen die Hausbesitzer ja nicht auf ihren Kosten sitzen bleiben.

Außer der Gier haben **Isländer** aber auch noch eine andere Eigenschaft, die sie im Laufe der Jahrhunderte zum Überleben entwickeln mussten. Sie sind **erfinderisch und können improvisieren.** Da machen die Banker keine Ausnahme. Und so schnürten sie ein Hypothekenpaket für ihre Kunden, das sich gewaschen hatte. Die, aufgrund des relativ hohen Zinses und der jedes Jahr wiederkehrenden Inflationsangleichung, relativ hohen Hypotheken wurden ganz einfach an einen **Valutakorb** gekoppelt. Dieser wurde meist mit einem Mix aus Euro, Schweizer Franken, japanischem Yen und US-amerikanischen Dollar gefüllt. Und siehe da: Da die Isländische Krone immer weiter stieg, wurde der Betrag, den der Hausbesitzer zahlen musste, sogar fast jeden Monat weniger und weniger. „Das ist ja klasse, dann können wir ja noch mehr Geld leihen", dachten sich viele. Hinterfragt hat das System aber wohl kaum einer. Niemand wollte im Schlaraffenland der Miesepeter sein. Auch die Unternehmen finanzierten sich viel zu oft auf Pump. Und irgendwann musste diese Blase platzen.

Zunächst aber lachten sich die **Banken** ins Fäustchen. Sie **verdienten immer mehr Geld,** stellten immer mehr Mitarbeiter ein. Egal ob man Literatur oder Medizin studiert hatte, Jobs gab es vor allem im Banken- und Finanzsektor.

Die Finanzjongleure expandierten. Island wurde ihnen schnell zu klein. Die „neuen Wikinger", es waren derer gerade mal fünf an der Zahl, zogen vor allem nach England und kauften sich dort in großen Firmen ein, vor allem im Detailhandel, aber auch bei einer Fluggesellschaft – und einem gehörte mit West Ham United sogar ein Fußballverein in der englischen Premier League. Mit ihrem Instinkt für das schnelle Geschäft hatten sie ihren Reichtum in rasanter Fahrt stetig vermehrt.

Da gab es aber auch noch eine andere Finanzquelle: Nicht nur, dass deren **Kontakt zur isländischen Bankenwelt recht eng war.** Er war eben manchmal auch, wie sollte es in Island anders sein, familiärer Natur. Verkürzt gesagt: Die Banken profitierten von diesen Entwicklungen in hohem Maße, waren aber auch von ihren größten Kunden abhängig. Vor allem waren sie zu klein für das richtig große internationale Geschäft, auch wenn sie mit Zinsen die höher waren als die anderer europäischer Banken Investoren anlockten. Dadurch entstand eine **Blase, die nicht von einer realen Wirtschaftsleistung gedeckt war.** Wenn die isländische Bank A also Geld benötigte, bekam sie einen Kredit von der isländischen Bank B. Wenn Bank B wiederum Geld benötigte, ging sie zur isländischen Bank C, die ihr den Kredit gewährte. Und wenn Bank C mal ein bisschen klamm war, ging sie zu Bank A. Durchläuft man diesen Kreislauf oft genug, deckt **immer weniger Eigenkapital** eine immer größer werdende Kreditsumme. Das ging so lange gut, bis eine der Banken so überdreht hatte, dass sie ihre Kredite einfach nicht mehr bedienen bzw. refinanzieren konnte.

Dies konnten sie dank des **Geldes europäischer Sparer,** die sich von den höheren Zinsversprechungen der eigens dafür gegründeten Banktöchter locken ließen, allerdings noch eine Weile hinauszögern. So waren in den Niederlanden und in Großbritannien vor allem die **Landsbankinn** mit ihrer Tochter **Icesave** und in Deutschland vor allem Kaupþing mit ihrem Ableger Kaupthing Edge tätig. Aber auch dieser letzte Strohhalm erwies sich als zu kurz.

Der komplette Zusammenbruch

Als die Finanzkrise 2008 über die Welt hereinbrach, stürzte das isländische Kartenhaus ein und innerhalb von zwei Wochen wurden die **drei größten Banken des Landes verstaatlicht.** Die ausländischen Teile der Banken wurden zur Liquidation freigegeben. Der Teil der Banken, die sich um die inländischen Geschäfte und Privatkonten kümmerte, wurde verstaatlicht und weitergeführt. Die **Isländische Krone befand sich** auf den internationalen Finanzmärkten **im freien Fall** und es war praktisch unmöglich, Devisen zu tauschen. Viele isländische Firmen gingen bankrott, die meisten privaten Haushalte hatten einen solchen Schuldenberg angehäuft, dass dieser unmöglich wieder abzutragen war, denn durch den rapiden Fall der Isländischen Krone, die plötzlich nur noch die Hälfte wert

Extrainfo 18 (s. S. 9): Mit dem Lied mit dem bezeichnenden Titel „Is it true? Is it over? Did I throw it away?" erreichte island beim Eurovision Song Contest im Krisenjahr 2009 den zweiten Platz.

war, waren die Kredite in Fremdwährungen jetzt plötzlich doppelt so teuer und nicht wenige hatten auf einmal **Schulden** deren Wert die ursprüngliche Höhe der abgeschlossenen Hypothek überstieg, obwohl sie schon jahrelang Raten für ihr Eigenheim abbezahlt hatten. Für viele rächte sich jetzt der Konsumwahn.

Aber der Reihe nach: Ein Zusammenbruch des Systems war unvermeidlich. Die Fassade begann mit dem Zusammenbruch der amerikanischen Investmentbank **Lehmann Brothers** am 15. September 2008 zu bröckeln. Schon rund zwei Wochen später wurde die erste der drei isländischen Banken, Glitnir, verstaatlicht. Landsbankinn und Kaupþing folgten nur Tage später. Isländer bangten um ihr täglich Brot (werden die Banken morgen noch geöffnet sein, komme ich noch an mein Geld ...) und Sparer sowie Investoren, die ihr Geld bei isländischen Banken im Ausland deponiert hatten, fürchteten um ihre Einlagen.

Fieberhaft wurde nach Möglichkeiten gesucht, das Land nicht vollkommen pleitegehen zu lassen und es vom Rest der Welt abzunabeln.

Am 6. Oktober 2008 hielt der isländische Premier Geir Haarde eine Fernsehansprache, in dem er das Volk über die Geschehnisse informierte und angab was er zu tun gedenke. Seine Rede endete mit den Worten „Guð blessi Ísland" – Gott segne Island. Und spätestens in diesem Moment war auch den Letzten klar, dass sich das Land in einer prekären Lage befand.

Die **Krone** purzelte im Vergleich zum Euro und anderen Währungen auf ungefähr die **Hälfte ihres Wertes.** Dies bedeutete, dass alle Importe (Nahrungsmittel!) mit einem Schlag unglaublich teuer waren. Und viele hatten sogar die Befürchtung, dass die Frachtschiffe leer nach Hause fahren würden, weil die Ladungen nicht mehr bezahlt werden konnten. So schlimm kam es nicht. Aber ganz unbegründet waren solche Vorstellungen nicht, mussten doch beispielsweise die isländischen Fluggesellschaften ihre Zahlungen an ausländischen Flughäfen direkt begleichen, bevor sie wieder zurückfliegen durften. Die Krone konnte **nicht mehr frei gehandelt werden** und es durften keine Kronen mehr ohne Genehmigung der Zentralbank aus dem Land geschafft werden. Für jede noch so kleine Auslandsüberweisung musste man eine Rechnung des ausländischen Gläubigers vorweisen, ein Formular ausfüllen und dieses gemeinsam mit dem Überweisungsgesuch bei der Bank abgeben. Wollte man ins Ausland reisen und fremde Valuta tauschen, musste man zur Bank gehen und sein Flugticket vorzeigen. Dann durfte man pro Reise einen Maximalbetrag wechseln. Die Kreditkarte dahingegen konnte man im Ausland frei benutzen.

Diese Regelungen blieben Jahre in Kraft und noch heute kann man ausländische Währungen zum Beispiel von einem isländischen Eurokonto nur zu bestimmten Tageszeiten auf ein isländisches Kronenkonto überweisen.

Und noch immer ist es **nicht möglich, im Ausland Isländische Kronen zu kaufen.** Das geht nur im Land selbst, was, sofern man über eine Kreditkarte verfügt, nicht weiter schlimm ist, da man in Island auch nur einen einzelnen Kaugummi mit Kreditkarte bezahlen kann.

Und dann waren da noch die Kredite und Hypotheken mit Zins plus Inflationsrate im Währungskorb. Die Situation glich der auf einem Schlachtfeld: Die Krone war halbiert, es war also alles doppelt so teuer. Die ohnehin nicht gerade niedrige Inflation stieg 2008 auf 14 % an. Haus und Auto waren also mit einem Schlag fast unbezahlbar geworden.

Kann man seine Hypothek nicht mehr bedienen, wird die Bank normalerweise ungemütlich und wird letztlich zu der Maßnahme greifen, das Haus zwangsversteigern zu lassen. Nun waren die Banken in der Zwischenzeit aber verstaatlicht, und Versteigerungen wären bei den Bürgern nicht so gut angekommen. Außerdem hätte man ja nicht fast die gesamte Nation auf die Straße setzen können. Aufgrund der finanziellen Situation war der Immobilienmarkt sowieso gänzlich zusammengebrochen.

Auch dem **Automobilmarkt** erging es nicht besser. Zwar gab es 2009 ein riesiges Angebot an noch jungen, wenig gefahrenen, aufgemotzten und mit Extras versehenen Vierradboliden. Man konnte sie sogar ohne Eigenkapital kaufen – aber nur, wenn man sich bereit erklärte, auch den laufenden Kreditvertrag zu übernehmen.

Also entschied die Regierung: Alle sollten, bis eine Lösung gefunden sein würde, einfach soviel in Isländischen Kronen überweisen, wie sie bisher auch gezahlt hatten. Dann wird man später schon weitersehen. Der Valutakorb wurde also nicht mehr zu dem jetzt lausigen Kurs für die Krone umgerechnet, sondern es sollte nominal in Kronen einfach das bezahlt werden, was vor der Krise auch gezahlt worden war. Erst Jahre später kam dann das letztinstanzliche Urteil zustande: Die von den Banken angebotenen **Kredite und Hypotheken waren moralisch verwerflich** und es wurde eine Regelung getroffen, die die Kosten für die Kunden deckelte. So mancher atmete auf: Dann konnten sie ihr Auto jetzt doch behalten bzw. waren weiter im Stand, es zu bezahlen.

Doch noch einmal kurz zurück in den Oktober 2008: Mit der Verstaatlichung der Banken und der Rede des Ministerpräsidenten wechselten die Isländer, spontan wie sie sein können, sofort in den **„Überlebensmodus“,** der sie über Jahrhunderte auf der Insel hatte siedeln und überleben lassen. Ihnen wurde blitzartig klar, dass ihr Luxusleben kein Netz oder doppelten Boden kannte, dass sie den finanziellen Weltmächten schutzlos ausgeliefert waren, dass sie vollkommen alleine dastanden und es nur selbst richten konnten. Nicht nur die Stadt, auch private Bauträger kündigten ihre Bauprojekte oder brachen diese mit sofortiger Wirkung ab. Architekten und Bauarbeiter verloren ihre Jobs. Viele Bauarbeiter kamen aus dem Ausland und arbeiteten schon lange in Island. Auf einmal hatten sie keine Lebensgrundlage mehr. Viele gingen deshalb zurück in ihre Heimatländer.

Auch Sascha aus Essen war zum Arbeiten im Land. „Ich habe 2008 als Meister im Betonbau auf einer großen Baustelle in Kopavógur, einer Nachbarstadt Reykjavíks, gearbeitet. Wir haben an der Erweiterung des Einkaufszentrums Smáralind, der größten überdachten Shoppingmall in Island, gearbeitet. Was auf der Baustelle passierte, war für uns schon unglaublich. Zum Einschalen des Betons wurde viel zu teures Material bestellt. Das war so gutes Material, damit hätte man Möbel bauen können. Es herrschte eine unglaubliche Verschwendung. Auf uns machte das den Eindruck, dass Geld kein Thema war. Es war einfach im Überfluss vorhanden. Bis eines Tages ein Ingenieur zu uns auf die Baustelle kommt und sagt: ‚Jungs, lasst den Hammer fallen, sofort.' Wir wunderten uns und sagten ihm, dass wir in einer halben Stunde die neue Decke für den nächsten Stock fertig hätten. ‚Sofort', kam da nur noch. Wir wussten nicht, wie uns geschah, was eigentlich los war. Auf jeden Fall war es das Aus für uns auf der Baustelle."

Im Gegensatz zu vielen seiner Kollegen blieb Sascha in Island und lebt inzwischen gemeinsam mit seiner isländischen Lebenspartnerin als erfolgreicher Unternehmer in Reykjavík.

Es war klar, dass von außen keine Hilfe zu erwarten war. Dieser Eindruck verstärkte sich nur noch, als die britische Regierung einen Anti-Terrorismus-Paragrafen dazu umbog, Gelder isländischer Banken im Vereinigten Königreich einzufrieren. Dies war eine Reaktion auf den Beschluss der isländischen Regierung, alle Gelder, die auf isländischen Giro- und Sparkonten im Land selbst lagen, zu garantieren, aber für die Einlagen im Ausland, also der Tochterunternehmen der isländischen Banken wie Icesave oder Kaupthing Edge, nicht aufzukommen. De facto bedeutete dies, dass die Regierung den Isländern ihre Giro- und Sparkonten garantierte, der Rest der Welt aber sein Geld vergessen konnte.

Man war auf sich allein gestellt. Und man empfand Mitleid mit denjenigen, die ihr Geld bei isländischen Banken untergebracht hatten und dieses jetzt wohl verlieren würden. Auf Videokanälen erschienen Filme, in denen Isländer sich dafür entschuldigten, dass sie Island vertraut und ihr Geld jetzt verloren hatten. Sie machten auch deutlich, dass sie ganz normale Bürgerinnen und Bürger seien, und dass die ganze, schier unglaubliche Situation ein paar Verbrechern zu verdanken sei, die auch sie an der Nase herumgeführt hätten. Sie machten auch klar, und baten dabei um Verständnis, dass es für sie in Island jetzt um das pure Überleben ginge und nicht nur um Spargeld. Der Verlust des Letzteren sei weniger existenziell bedrohlich als ihre momentane Situation auf der Insel, auf der die Nahrungsmittelpreise ins Unendliche zu steigen schienen, man nicht mehr wisse, ob man noch weiter in seinem Haus wohnen könne und alle um ihren Arbeitsplatz bangen müssten, wenn sie denn noch einen hätten.

Da der Import von Gütern so viel teuer geworden war, das Geld mehr als knapp wurde und es immer weniger Arbeit gab, wurde schnell der Ruf laut, nur noch **isländische Ware zu kaufen.** Plötzlich wurde es wieder hipp, zu stricken, isländisches Design zu kaufen, Dinge wiederzuverwerten. In den neuen Cafés, die sich trauten, ihre Pforten zu öffnen, saß man nun nicht mehr an den neuesten, coolen und teuren skandinavischen Designmöbeln, sondern auf Oma-Sofas vom Sperrmüll oder auf aus Europaletten und Matratzen zusammengeschusterten Sitzgelegenheiten – Not macht erfinderisch. Konnte man in Island in den Jahren davor noch sehen, was in ein bis zwei Jahren auf dem Kontinent so alles angesagt sein würde, zeigten die Einwohner jetzt, wie sie mit der Krise umgehen konnten, dass sie schnell schalten und mit einem gewissen Galgenhumor und jeder Menge Energie das Beste aus der Situation machen konnten.

Auch die **Geschenke zu Weihnachten,** einem Höhepunkt des isländischen Familienjahres (s. S. 94), fielen wesentlich spärlicher aus und waren vor allem aus isländischer Produktion. Ausländische Ware war jetzt einfach zu teuer. Wie zufrieden die Leute inzwischen wieder sind und wie viel besser es ihnen geht, lässt sich recht einfach an den Samstagen vor Weihnachten in der Innenstadt ablesen. Die Kartons voller Geschenke, mit denen die Menschen sich durch die Straßen schleppen, sind in den letzten Jahren wieder größer geworden.

Nichtsdestotrotz war die Situation gravierend. **Liegengebliebene Autos** am Straßenrand sprachen Bände. Die Isländer fuhren die Autos so lange, bis das Benzin alle war. Dann ließen sie sie einfach stehen. Irgendwann würden sie schon wieder ein paar Kronen haben, um sich Benzin kaufen und das Auto wieder abholen zu können.

Auf einmal wurde in den Läden auch wieder mit **Bargeld** bezahlt. Man musste wieder haushalten. Und wer noch immer mit Kreditkarte bezahlte, fragte mitunter an der Kasse, ob es vielleicht möglich sei, dass der Betrag erst im folgenden Abrechnungszeitraum verbucht würde. Die Kreditkartenfirmen ließen Schilder drucken, auf denen sie den jeweiligen Stichtag ihrer Karte kundtaten. So wussten die Kunden, dass sie am Tag darauf wieder in den Supermarkt gehen konnten, weil dann die Rechnung erst einen Monat später vom Konto abgebucht werden würde.

Die Kochtopfrevolution

Als die größten Banken verstaatlicht wurden und täglich neue Enthüllungen das volle Ausmaß der Finanzkrise ans Licht brachten, wurde den Menschen immer klarer, dass sie wohl noch lange Jahre mit den Folgen würden zu leben haben, die skrupellose Banker mit ihren windigen Finanzgeschäften verursacht hatten. Besonders wütend wurden die Isländer als immer deutlicher wurde, dass die Schlüsselfiguren still und leise in den Wochen und Tagen vor dem Zusammenbruch noch jede Menge Geld auf die Seite geschafft hatten.

Die Menschen waren nun aufgebracht und fühlten sich von ein paar Egomanen an der Nase herumgeführt. Sie waren überhaupt nicht damit einverstanden, dass sie jetzt in die Armut rutschten, weil ein paar Menschen den Hals nicht vollbekommen und ihren Reichtum ohne Rücksicht auf Verluste in die Höhe getrieben hatten.

Doch noch immer waren die Regierung und der Notenbankpräsident im Amt. Bereits im Oktober 2008 begannen die ersten **Samstagsdemonstrationen,** auf denen der Rücktritt der Regierung und des Notenbankpräsidenten gefordert wurden. Erst waren es nur einige Hundert Demonstranten, doch schon bald waren mehrere Tausend unterwegs. Jetzt ging man samstagmorgens einkaufen und mittags demonstrieren. Die Demonstrationen verliefen zu Beginn sehr friedlich, die Leute kamen mit ihren **Kochtöpfen,** um Krach zu machen. Ausgewählte Sprecher und Sänger verdeutlichten noch einmal die Forderungen der Demonstranten.

Doch mit jeder weiteren Enthüllung und jeder Woche, in der sich die Regierung weigerte abzutreten, wurden die **Demonstrationen aggressiver und lauter.**

Vielleicht hoffte die Regierung noch, dass die Demonstranten nicht lange durchhalten würden, es war schließlich Winter und stundenlang draußen in der Kälte zu stehen, ist in dieser Jahreszeit kein Zuckerschlecken. Aber die Wut war größer.

Zwar sah sich die Polizei zum ersten Mal seit den Demonstrationen gegen den NATO-Beitritt im Jahr 1949 genötigt, Tränengas gegen die Demonstranten einzusetzen. Doch das half der Regierung nicht mehr. Sie trat am 26. Januar 2009 zurück, der Weg zu Neuwahlen war frei.

Die Wahlen wurden von den Sozialdemokraten gewonnen, dem Juniorpartner der vorigen Regierung. Sie formten gemeinsam mit der Grün-Linken Bewegung eine **linke Koalition,** die erste seit Jahrzehnten. Premierministerin wurde die erste offen in einer lesbischen Beziehung lebende Regierungschefin der Welt, **Jóhanna Sigurðardóttir.** Eine ihrer ersten Amtshandlungen bestand darin, eine weitere Forderung der Demonstran-

082ki-sb

ten zu erfüllen. Der Chef der Seðlabanki Íslands, der isländischen Zentralbank, sollte zurücktreten, forderte sie ihn am Tag nach ihrer Ernennung zur Premierministerin auf. Dieser weigerte sich aber standhaft. Dabei steht er wohl wie fast kein anderer für das marode und korrupte System der tiefverzweigten Verbindungen zwischen Staat und Kapital. **Davið Oddson** war zunächst Bürgermeister von Reykjavík (1982 bis 1991), dann Premierminister (1991 bis 2004), um schließlich 2005 die Seiten zu wechseln und Präsident der Zentralbank zu werden. Es musste eine Gesetzesänderung her, um diesen ausgewiesenen Machtmenschen aus dem Amt zu drängen. Diese besagte unter anderem, dass die Spitze der Zentralbank durch jemanden besetzt sein müsse, der einen universitären Abschluss in Wirtschaftswissenschaften vorweisen könne. Mit dieser Maßregel, die am 26. Februar 2009 rechtskräftig wurde, konnte Oddson noch am gleichen Tag seines Amtes enthoben werden. Einen Tag später wurde der Norweger Svein Harald Øygard neuer **Zentralbankchef.**

Auch der damalige isländische Premier und der Finanzminister standen auf der Liste der Panama-Papers. So kam es 2016, nur wenige Jahre nach 2008/2009, erneut zu Massendemonstrationen vor dem Parlament.

Dass ein Ausländer die Zentralbank eines Staates leitet, mag wohl als außerordentlich ungewöhnlich angesehen werden, war aber tatsächlich ein intelligenter und wichtiger Schachzug: Im eigenen Land war der Filz einfach viel zu groß und klebrig geworden. In Island kennt nun einmal jeder jeden, die Mauscheleien fanden in dem kleinen Land kein Ende mehr. Jemand von außen konnte mit frischem Blick und ohne Ressentiments an die Aufarbeitung gehen und die Zielstellungen mit klarem Blick im Auge behalten. Wenn schon ein Ausländer, dann lag die Wahl eines Norwegers wohl nahe, schließlich stammen die meisten Isländer von Norwegern ab.

Eine weitere Ausländerin sollte an vorderster Front gegen Korruption und Missstände im Land mitkämpfen. Im April 2009 holte der isländische Generalstaatsanwalt die norwegisch-französische **Anti-Korruptionsermittlerin Eva Joly** als spezielle Beraterin in sein Team, das gegen Wirtschaftskriminalität kämpfte, um etwaige kriminelle Handlungen in der Zeit vor dem Zusammenbruch der isländischen Banken unter die Lupe zu nehmen.

Eva Joly wurde als absolut unbeugsame Aufklärerin in Europas größten Betrugsuntersuchungen um die kriminellen Machenschaften des Ölkonzerns Elf Aquitaine bekannt, bei der es unter anderem um Korruption und Bestechung im allergrößten Stil ging. Sie gilt als absolut integer und es darf als Glücksfall angesehen werden, dass sie dem Ruf, nach Island zu kommen, gefolgt ist.

Tatsächlich wurden letztendlich einige Banker verurteilt und wenigstens für kurze Zeit hinter Gitter gebracht. Nach Meinung vieler waren es noch zu wenige, die zudem für zu kurze Zeit ins Gefängnis mussten. Aber immerhin war dies mehr als in den meisten anderen Ländern, in denen niemand im Gefängnis landete und man manchmal nicht einmal verhindern konnte, dass sie auch noch einen Bonus ausbezahlt bekamen.

Das Ausmaß der Katastrophe

Die eigentliche Katastrophe bestand in anderen Ländern bekanntermaßen darin, dass auch Banken in Bedrängnis gerieten oder die Steuerzahler tief in die Taschen greifen mussten, um einige Banken vor dem Untergang zu retten. In Island aber waren alle drei Großbanken betroffen und ihre Bilanzsumme betrug ein Vielfaches des Bruttoinlandsprodukts des Inselstaats. Es war für die Zentralbank also schlicht unmöglich, als letztes Auffangnetz zu dienen. Der Regierung blieb nur die Möglichkeit, die Inlandsgeschäfte aller Banken zu verstaatlichen und die Auslandsgeschäfte pleitegehen zu lassen.

Für isländische Sparer, die Geld bei Sparbanken eingezahlt hatten, kam noch hinzu, dass mehrere dieser Sparbanken pleite gingen, weil der Staat diese nicht auch noch retten konnte. Dies verschäfte die Situation im Land noch mehr.

Der Zusammenbruch der Banken in Island war bezogen auf das Verhältnis von nicht mehr bedienten Verbindlichkeiten der isländischen Banken zur Wirtschaftsgröße des Landes der weltweit heftigste. So heftig war es noch nie und nirgends.

Und tatsächlich war diese Krise **vor allem eine Bankenkrise.** Die Auslandsverschuldung Islands lag im zweiten Quartal 2008 bei circa 50 Milliarden Euro. Sie war zu mehr als 80 Prozent den Banken zu verdanken, und das bei einem Bruttoinlandsprodukt (2007) von circa 8,5 Milliarden Euro. Das Vermögen der Banken betrug aber vor dem Crash sogar rund 95 Milliarden Euro, also ein Vielfaches dessen, was innerhalb Islands in einem Jahr an Dienstleistungen und Waren erbracht und hergestellt wurde. Es war dem Staat dementsprechend einfach unmöglich, den Fall der aufgeblasenen Banken auffangen zu können, und von vorneherein glasklar, dass Hilfe von außen kommen musste, sollte Island nicht im Staatsbankrott versinken und ein Exodus von der Insel stattfinden.

Internationale Hilfe erhielten die Isländer zunächst vor allem von den skandinavischen Ländern, später auch von der **EU.** Außerdem hing Island am Tropf des **IWF.**

Ein großes Problem, das mit der Krise auftrat, war der **„brain drain“**, der Wegzug der Intelligenzija. Gemeint ist damit, dass sich hochausgebildete Leute verständlicherweise aus dem Staub machten. Entweder konnten sie im Land selbst keinen Job mehr finden oder aber er war so viel schlechter bezahlt als im Ausland, dass es sich für sie kaum lohnte, im Land zu bleiben. Das bedeutete, dass dem Land viel Know-how entzogen wurde. Wissen, das umso wichtiger gewesen wäre, um dem Land wieder auf die Beine zu helfen.

Bis heute ist der *brain drain* beispielsweise im Gesundheitswesen sehr deutlich zu spüren. Ärzte zogen massenhaft ins Ausland, um dort ihrem Beruf nachzugehen. Seitdem herrscht in Island **Ärztemangel.** Meist sind es dann auch die am besten ausgebildeten Ärzte, die gehen. Dasselbe gilt für Krankenschwestern. Mitten in der Krise zog es viele Pflegekräfte ins Ausland, vor allem nach Norwegen. Dort wurden aufgrund der Landflucht Kräfte für ländliche Gegenden gesucht. Manche gingen auch nicht gänzlich, sondern nur während ihrer Sommerferien. Sie verdienten als Krankenschwester in Norwegen in etwas mehr als einem Monat genauso viel Geld wie in Island im ganzen Jahr.

Wie die Natur das Land rettet

Um die Krise zu bewältigen, waren schmerzhafte Einschnitte nötig. Viele verloren ihre Stelle oder mussten Gehaltskürzungen hinnehmen. Ein Moratorium, das die Abzahlungen auf Hypotheken aussetzte, sorgte dafür, dass nicht die halbe Nation plötzlich obdachlos auf der Straße stand. Im Gesundheitswesen wurden **rigorose Streichungen** vorgenommen. Es wurden strenge Kapitalverkehrskontrollen eingeführt, die erst 2017 wieder gelockert wurden, was bedeutete, dass ausländische Investoren ihr Kapital lange Jahre nicht aus Island ausführen konnten. Der IWF und die nordischen Länder gewährten **Kredite zur Finanzierung der inländischen Banken und Deckung des Haushaltsdefizits** und es wurde ein Vertrag zur Rückzahlung der Mindesteinlagensicherung im IceSave-Konflikt (s. S. 145) ausgehandelt. Hinzu kamen enorme Preissteigerungen.

Geholfen hat dem Land außerdem die eigene **Währung,** die abgewertet werden konnte. Die Regierung legte Programme für **Umschuldungen für Unternehmen** auf, es gab einen **Schuldenschnitt bei Immobilienkrediten.**

In jeder Krise gibt es aber auch **Gewinner.** Und zu dieser zählte die **Exportindustrie.** Da die Isländische Krone auf einmal viel weniger wert war, waren isländische Produkte plötzlich im Ausland deutlich günstiger. Bizarrerweise profitierte ausgerechnet die alte Elite von dieser Bankenkrise: die Fischbarone. Schließlich ist der **Fisch** das wichtigste Exportprodukt Islands. Der zweite Wirtschatfszweig, der von der Wirtschaftskrise profitierte war ein bis dahin nur milde belächelter: die **Tourismusbranche.** Bis 2008 wurde man vom Großteil der Isländer als Besucher einfach nur spöttisch belächelt. Was gäbe es denn hier auf ihrer unglaublich kalten Insel so Interessantes zu bewundern? Es sei hier doch vor allem kalt, die Hälfte des Jahres Winter und außerdem sei doch alles so unglaublich teuer. Diese Einstellung änderte sich schlagartig, als begriffen wurde, dass man ohne viel können zu müssen in dieser Branche gutes Geld verdienen kann. Hatten vorher sehr viele Leute im Bankengewerbe gearbeitet, arbeitete jetzt plötzlich Hinz und Kunz im Tourismusgeschäft. Blühende Landschaften taten sich über kargem Lavagrund auf.

Bei vielen schien es den Wunsch schon länger gegeben zu haben, einmal das sagenumwobene Island zu bereisen. Die Hinderungsgründe waren schlichtweg die aufgrund der starken Krone extrem hohen Kosten im Lande gewesen. Dieses Argument fiel nun weg und es wurde auf einmal erschwinglich, Island zu erkunden. (Dafür war es jetzt für die Isländer fast unerschwinglich, ins Ausland zu reisen.)

Bis zur Bankenkrise und dem Zusammenbruch der Isländischen Krone kamen nur relativ wenig Touristen auf die Insel. Eine Statistik des Isländischen Statistikamtes aus dem Jahr 1996 etwa ermittelte nur die touristischen Aktivitäten der isländischen Bevölkerung im In- und Ausland, erwähnte aber mit keinem Wort die Touristen, die nach Island kamen.

Vor dem Jahr 2008 arbeiteten noch deutlich weniger als 8000 Menschen in der Tourismusbranche. 2011 waren es in der Hochsaison bereits über 15.000 Personen und während der Hochsaison 2017, einem vorläufigen Höhepunkt, arbeiteten sogar 31.700 Mitarbeiterinnen und Mitarbeiter in der Tourismusbranche. Zur Erinnerung und Einordnung: Auf eine Bevölkerungszahl von 350.000 bezogen sind das 9 %, nicht etwa der arbeitenden, sondern der Gesamtbevölkerung.

Wie schön es für den Moment auch aussehen mag und wie groß der Anteil des Tourismus an der wieder erreichten Vollbeschäftigung wie sie auch schon vor 2008 herrschte auch sein mag, die **Gefahr eines erneuten finanziellen Zusammenbruchs** besteht. Durch die vielen Touristen stieg die Krone in den letzten Jahren wieder in Höhen auf, die den Aufenthalt auf der Insel für die ausländischen Gäste eher wieder zu teuer werden lassen. Weniger Gäste bedeuten weniger benötigte Arbeitsplätze, weniger Einkommen und weniger Geld von außen, das ins Land strömt. So viele Touristen für so viel Geld wie möglich ins Land zu locken ohne die Nachhaltigkeit sicherzustellen, sowohl was den Tourismus betrifft als auch, und vor allem, die isländische Natur, könnte sich als Bumerang erweisen. Wieder geht es um das **schnelle Geldverdienen,** oder anders gesagt, um die **Raffgier** des Einzelnen, statt gemeinsam zu versuchen, das Beste aus der Situation zu machen und vor allem langfristig zu denken. Nach der Krise war sich mit der Überlebensangst und Wut im Bauch doch wieder jeder selbst der Nächste und was man hatte, hatte man. Das wird, typisch isländisch, bis zu dem Moment nicht hinterfragt, an dem es nicht mehr gutgeht. Dann schauen sich alle verdutzt an, suchen einen Schuldigen, haben wieder Angst und werden wütend, bis irgendjemand wieder eine brillante Idee hat und jede Menge Leute sie einfach kopieren, so lange bis sich der Erfolg wieder in den Schwanz beißt und das Ganze von vorne beginnt. Balance ist nicht unbedingt die Sache der Isländer, der hohe Ausschlag in die eine und anschließend andere Richtung schon eher.

Die Abwendung des Staatsbankrotts, das nach einigen harten Jahren wieder bessere Leben und ein gewisser zurückgekehrter Wohlstand sind also zu einem nicht unerheblichen Teil dem Tourismus zu verdanken. Dies bedeutet aber auch, dass eine große Geldmenge von außerhalb ins Land strömt. Es handelt sich also **nicht um ein hausgemachtes Wachstum, sondern ein auf externen Faktoren beruhendes.** Und genau das macht den

Vergleich mit einem Vulkan, der irgendwann wieder ausbrechen wird, auch wenn keiner genau sagen kann wann, so naheliegend.

Seit 2015 steigt der Wert der Krone wieder und hat Mitte 2018 einen sehr hohen Wert erreicht. Doch die Tourismusbranche verbucht trotz der hohen Preise alljährlich zweistellige Zuwachsraten, was sie inzwischen zum wichtigsten Wirtschaftssektor neben der Fischerei und der Aluminiumherstellung macht.

Bei vielen Isländern sitzt zudem das Geld wieder locker, man kauft wieder viel im Ausland ein oder geht auf Reisen und mancher fühlt sich **an die Zeit vor der Krise erinnert.** Allerdings bleibt es auch eine Tatsache, dass hier viele neben der eigentlichen Arbeit noch auf einen Zusatzverdienst angewiesen sind, um diese Extraausgaben zu finanzieren oder eventuell sogar, um überhaupt über die Runden zu kommen.

Stadt und Land

Reykjavík, die Gemütliche

Was zunächst wie eine Aneinanderreihung von Katastrophen und Krisensituationen aussah, als auf den finanziellen Zusammenbruch die Vulkanausbrüche des Eyjafjallajökull und Grimsvötn folgten, erwies sich langfristig gesehen als etwas Positives. Denn es stellte sich heraus, dass auch schlechte Nachrichten ein Land ins Bewusstsein der Menschen rücken können. Die ständige Präsenz in den Medien, noch dazu zur besten Sendezeit, hat für einen nie dagewesenen Tourismusboom gesorgt. Die Besucher kommen nicht nur für eine längere Reise oder Reittour auf dem Land, es strömen auch mehr und mehr Touristen für eine **Städtereise nach Reykjavík,** der kleinen, gemütlichen Hauptstadt im hohen Norden, ins Land.

Die historische Innenstadt bietet Museen und Kirchen, Parks, interessante Geschäfte für Liebhaber isländischen Designs und gemütliche, ungezwungene Cafés, Restaurants sowie ein vielfältiges Kulturangebot. Zudem befindet sich, wo man auch untergekommen ist, immer ein Schwimmbad mit diversen Heißwasserbecken in der Nähe, in denen man sich herrlich entspannen kann. Und das alles kann man leicht zu Fuß bewältigen. Es geht gemütlich zu in der Stadt. Die Gäste wissen dies zu schätzen. Außerdem kann man von Reykjavík aus verschiedene Tagestouren unternehmen, die einige der bekanntesten touristischen Attraktionen des Landes abdecken. Reykjavík ist also ein **wirklich guter Ausgangspunkt für eine Reise ins Land von Feuer und Eis.**

042ki-sb

Doch die Touristen sind nicht die einzigen, die die Stadt selbst, beziehungsweise den Großraum Reykjavík, attraktiv finden. Etwa **zwei Drittel der gesamten Bevölkerung Islands wohnen in Reykjavík** oder einer der angrenzenden Gemeinden. Die verschiedenen Gemeinden sind praktisch zusammengewachsen und wenn man nicht sonderlich darauf achtet, sieht man eigentlich nur an den Schildern, dass man jetzt vom einen Ort in den anderen wechselt. Viele zieht es dorthin, weil man in vielen anderen Teilen des Landes keine weiterführende Ausbildung machen kann. Hierfür kommen nur Reykjavík beziehungsweise einige wenige andere Standorte infrage. Und viele bleiben dann natürlich hier, nachdem sie erst einmal mehrere Jahre hier studiert oder eine Ausbildung absolviert haben. In Reykjavík herrscht selbstredend das **größte Arbeitsplatzangebot.** Zudem gibt es im Einzugsgebiet der Hauptstadt auch die meisten und oftmals **besten medizinischen Einrichtungen.** Letztendlich schätzen viele auch das abwechslungsreiche **Kulturangebot.** Den meisten reicht es, ein paar Mal im Jahr in ein Sommerhaus zu fahren, um die Stille und Ruhe auf dem Land zu genießen.

Ein Symbol der Wirtschaftskrise: Gerade noch fertiggestellt, bevor 2008 der Hammer fiel, stand dieser etwas größenwahnsinnige Glaskasten gleich neben dem Bankenviertel in Reykjavík zunächst jahrelang leer.

Weite, Leere, Stille – auf dem Land

Island ist mit circa 103.000 km² etwa so groß wie die ehemalige DDR oder Bayern und Baden-Württemberg zusammengenommen. Im Durchschnitt wohnen dort 3,5 Einwohner pro km², doch sagt das eigentlich gar nichts über die eigentliche Besiedlung aus, denn die Bewohner sind sehr ungleich auf der Insel verteilt. Die Mitte des Landes ist unbewohnt, abgesehen von der Hauptstadt wohnen die übrigen Bewohner verteilt über das ganze Land in Ortschaften, von denen es nur wenige auf ansehnliche Einwohnerzahlen bringen. Dazu gehören das durch Eingemeindungen entstandene **Reykjanesbær,** zu dem auch der Flughafenort Keflavík gehört, mit knapp 18.000 Bewohnern, **Akureyri** mit knapp 19.000 Einwohnern oder **Selfoss** mit circa 7600 Seelen. Ansonsten leben die Menschen in Orten die höchstens 3000, viel häufiger jedoch noch sehr viel weniger Einwohner haben.

Reist man auf dem Land, begegnet man **blauen Verkehrsschildern,** die Namen an den Windungen von Seitenstraßen angeben. Als unbedarfter Europäer geht man erst einmal davon aus, dass hier verschiedene Ortschaften ausgewiesen sind, doch folgt man diesen Straßen, stellt man überrascht fest, dass es sich hier nicht um zahlreiche Orte und Gemeinden handelt, sondern um **einzelne Bauernhöfe.** Diese Gebiete sind also so abgelegen, dass es sich lohnt, einzelne Höfe auf einer Karte zu verzeichnen.

Es kann schon etwas einsam sein, wenn man abseits der gängigen Touristenrouten reist. Es ist durchaus möglich, dass man längere Zeit außer Schafen niemandem sonst begegnet. Was wiederum nicht verwunderlich ist, denn in Island leben **1,3-mal mehr Schafe als Menschen.** Diese weiten, leeren und stillen Landschaften üben einen besonderen Reiz aus. Sie sind der Grund, warum zahlreiche Touristen das Land besuchen. Auch wenn manche dann doch feststellen, dass es vielleicht etwas zu einsam ist. Die Einheimischen wissen die Ruhe jedenfalls zu schätzen.

Allerdings machen diese Unterschiede zwischen Stadt und Land, die für Besucher so attraktiv sind, das Leben auf dem Land nicht immer einfach. So sind in der Fischerei viele Arbeitsplätze verlorengegangen, was manchen Gemeinden die **Existenzgrundlage** geraubt hat. Orte, in denen vor einigen Jahrzehnten noch ein Großteil der Bewohner vom Fischfang lebte oder in der Fischfabrik Arbeit fand, bieten seitdem **keine Perspektiven mehr und werden verlassen.** Vom Tourismus, der sich zu einer der wichtigsten Branchen des Landes entwickelt hat, profitieren auch nicht alle Gebiete gleichermaßen. Während der Südwesten und der Süden des Landes massenhaft von Touristen besucht werden, sodass hier die Not-

Treffpunkt Tankstelle

In kleinen Orten ist die Tankstelle oft einer der wichtigsten Treffpunkte. Natürlich brauchen die meisten Benzin, aber oft gehört auch ein kleiner Laden dazu. Es ist zudem meist der Ort, wo die Überlandbusse halten und Fahrgäste, Warenpakete und Gepäck aus- oder eingeladen werden. Wenn man unterwegs ist und nicht so viel Gepäck schleppen will, dann kann man einen Teil seiner Sachen auch mit dem Bus transportieren lassen. Sie werden dann an der gewünschten Haltestelle ausgeladen und man kann sie später dort abholen. Viele lassen sich auf diese Weise auch Waren aus Reykjavík schicken. Im kleinen Laden der Tankstelle bekommt man den Becher Sahne, den man vergessen hat einzukaufen, oder das dringend benötigte Toilettenpapier. Natürlich gibt es auch Chips oder Süßigkeiten, ein bisschen Lesestoff in Form von Zeitschriften und Büchern oder anderes, was man gerade so braucht, aber leider beim letzten Großeinkauf vergessen hat.

Man kommt aber auch hierher, um „eina með öllu“ (Hotdogs mit allem drum und dran), Hamburger oder eine Suppe zu essen. Hat man Glück, dann ist das Restaurant einigermaßen attraktiv und gemütlich eingerichtet und es gibt sogar eine richtige Speisekarte, aber meist sind nur ein paar Plastikstühle und Tische und ein paar einfache, schnelle Gerichte im Angebot. Trotzdem ist dies der Ort, an dem man eine Weile hängen bleibt, bis man seinen Hotdog oder sein Softeis mit Schokoladenüberzug verspeist hat. Bei dieser Gelegenheit kann man dann auch mit den Nachbarn plaudern und den letzten Klatsch austauschen oder einfach dasitzen und zuschauen, wie sich die Wolken vorbeischieben.

043ki-sb

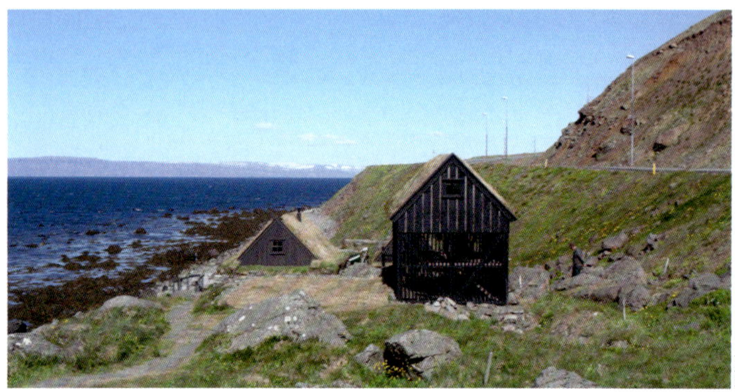

wendigkeit entsteht, die Natur vor dem Ansturm zu schützen, verzeichnen Gemeinden in anderen Teilen des Landes nur einen **geringen Zuwachs an Touristenzahlen.**

Ein anderes Beispiel ist die **medizinische Versorgung,** die mitunter schwierig sein kann. Erstens wurden nach der Finanzkrise viele Gesundheitsposten geschlossen, was bedeutet, dass man jetzt längere Wege auf sich nehmen muss, um überhaupt zu einem Arzt oder in ein Krankenhaus zu kommen, und dass bestimmte Eingriffe nur an wenigen Orten vorgenommen werden können. Teilweise werden die bestehenden Gesundheitsposten von Reykjavík aus mitversorgt, was dann wiederum bedeutet, dass Ärzte dort im Rotationsverfahren eingesetzt werden und man daher jede Woche von einem anderen Arzt betreut wird. Zweitens verschlingen die Touristen wichtige Ressourcen. **Das Gesundheitswesen wurde im Zuge der Finanzkrise systematisch ausgehöhlt.** Anfangs konnten die Kürzungen noch aufgefangen werden, weil sich das Gesundheitswesen bis dahin eines durchaus hohen Niveaus erfreut hatte. Doch wenn man jahrelang keine Reparaturen oder Sanierungen durchführt und keine neuen Geräte anschafft, entsprechen sie bald nicht mehr den aktuellen Standards oder sind durch Verschleiß oder Defekte schlicht nicht mehr einsetzbar. Im medizinischen Bereich wären die Kapazitäten auch ohne die Touristen, die medizinische Hilfe in Anspruch nehmen müssen, bereits ausgereizt. Tatsächlich werden aber Abteilungen geschlossen und an die Einstellung neuer Fachkräfte ist nicht zu denken, was die Lage noch

⌃ So haben die Fischer jahrhundertelang gelebt. Das große Haus rechts war das Bootshaus. Die Besatzung wohnte in dem kleinen Torfhaus links.

angespannter werden lässt. Jedem, der schon einmal eine ganze Nacht wartend auf der Erste-Hilfe-Station verbracht hat, wird diese deutlich. Ein weiteres Beispiel sind die **Rettungshubschrauber.** Es gibt nur eine sehr begrenzte Anzahl und die ist praktisch im Dauereinsatz für Touristen. Da kann es schon vorkommen, dass man als Patient auf dem Land Stunden warten muss, bis der Rettungshubschrauber einen anderen Flug erledigt hat, weil auch an dieser Stelle kein Geld zur Verfügung steht, um die Kapazitäten, die durch die erhöhte Nachfrage nötig sind, zu erreichen. Bei medizinischen Notfällen wie Herzinfarkten auf dem Land ist der Einsatz der Helikopter oft lebensrettend. Jede Sekunde bis zur Erstversorgung zählt.

Dennoch gibt es immer wieder Initiativen, um die Lebensqualität in ländlichen Gebieten zu verbessern, um es auch jungen Familien zu erleichtern, ansässig zu werden oder besser erst gar nicht wegzuziehen. Dies nützt natürlich nur etwas, wenn man den Familien auch eine längerfristige Perspektive bieten kann. Das ist genau der Punkt, an dem es zu Situationen kommen kann, in denen sich der **Umwelt- und Naturschutz und die Interessen einer Gemeinde konträr gegenüberstehen.** Da mag es für eine Gemeinde möglicherweise durchaus sinnvoll erscheinen, einen Staudamm zu errichten und ein großes Stück Land unter Wasser zu setzen, um eine Aluminiumfabrik anzusiedeln, doch in größeren Zusammenhängen betrachtet, kann dies ein Drama für den Schutz seltener Naturgebiete sein.

Neue Mitbürger – Wie geht Multikulti?

Durch seine abgeschiedene Lage ist Island **kein traditionelles Einwandererland.** Die Fremden, die kamen, machten immer nur einen sehr geringen Anteil an der Bevölkerung aus und es war einigermaßen einfach, einzelne Personen zu integrieren. Doch das ändert sich gerade. **Islands Kultur wird bunter und vielfältiger.** Im Januar 2017 kletterte die Prozentmarke, die den Anteil der Immigranten an der Bevölkerung misst, erstmals auf über 10 %. Rechnet man die Immigranten der zweiten Generation sowie Kinder hinzu, die einen Elternteil haben, der nicht isländisch ist, dann steigt die Quote auf 18,8 %. Damit hat sich ihr Anteil in 20 Jahren verfünffacht. Fast 40 % dieser Immigranten kommen aus **Polen,** etwas über 5 % aus **Litauen** und etwas unter 5 % von den **Philippinen.** Die isländische Wirtschaft braucht die ausländischen Arbeiter, vor allem in der Baubranche könnte man die Nachfrage nach Arbeitskräften ohne die zugezogenen Arbeiter nicht decken. Der Bauboom vor 2008 brachte viele Arbeiter ins Land, die auf dem Bau in Island sehr hohe Löhne beziehen konnten. Die Finanzkrise sorgte dafür, dass Ausländer wie Isländer erst einmal auswanderten, doch seit es wieder bergauf geht, kommen auch in jedem Jahr mehr Ausländer ins Land.

Mit dem Steigen der Zahl der in Island lebenden Ausländer hat man inzwischen begriffen, dass man aktive **Integrationspolitik** betreiben muss, um die Immigranten in die Gesellschaft einzubinden. Deutlich ist auch, dass vor allem der **Spracherwerb** eine hohe Priorität haben muss. Allerdings kommt es hierbei vor allem auf den persönlichen Einsatz der Ausländer an, die bestehenden Angebote wahrzunehmen und sich selbst weiterzubilden. Es gibt keine einheitliche landesweite Strategie, doch werden ausländische Kinder in den meisten Schulen gefördert, damit sie die isländische Sprache möglichst schnell lernen können.

Mit „Multikulti" tun sich viele allerdings noch schwer. Man sieht wenig Menschen mit dunkler Hautfarbe und man trifft nicht oft auf Menschen einer anderen Religion. Eines der Grundprinzipien, auf denen das Zusammenleben in Island basiert, ist das Vertrauen, weil jeder jeden kennt. Irgendwie kennt man immer jemanden aus dem Umfeld einer Person, wodurch man ein Gefühl von Vertrautheit entwickelt. Mit Zugereisten ist das natürlich eine andere Sache. Da kennt man nicht die ganze dazugehörige Familie und hat folglich auch kein Hintergrundwissen über diese Person. Isländer stehen Zugezogenen nicht prinzipiell ablehnend gegenüber, Probleme entstehen eher, weil man noch nicht so lange Erfahrungen im Umgang mit ihnen hat. Migranten klagen oft darüber, **diskriminiert** zu werden, beispielsweise Schwierigkeiten zu haben, eine **Wohnung** zu finden. Denn letztendlich kommt es doch oft vor, dass die Vermieter die Wohnung lieber einer isländischen Familie geben, weil sie damit ein besseres Gefühl haben und vielleicht jemanden aus der Familie kennen. Auch auf dem **Arbeitsmarkt** fühlen sich viele Zugezogene **schlechter behandelt.** Die Gewerkschaften setzen alles daran, um diese Diskriminierung zu beseitigen und ausländische Arbeitnehmer über ihre Rechte aufzuklären. Eine wichtige Rolle bei den Schwierigkeiten im Zusammenleben spielen **Verständigungsschwierigkeiten,** denn Ausländern fällt es oft schwer, die isländische Sprache zu lernen. Also lebt man eher nebeneinander her, als dass man viel Kontakt miteinander hätte.

Als Zugezogener merkt man, dass man in Island noch **nicht sehr lange Erfahrung im Umgang mit Ausländern** hat, jedenfalls nicht in großer Zahl. Eigentlich wundern sich Isländer eher darüber, wie man auf die Idee kommen kann, nach Island zu ziehen, wo doch von Island aus gesehen die Möglichkeiten in anderen Ländern viel größer sind. Viele Einheimische zieht es selbst irgendwann in ihrem Leben erst einmal weg: Sie studieren im Ausland, sehen im Ausland bessere Chancen auf dem Arbeitsmarkt. Besonders die skandinavischen Länder sind sehr beliebt, da man ja ohnehin Dänisch in der Schule lernen musste, manche möchten auch einfach in einem wärmeren Land leben. Oftmals jedoch kommen die Isländer nach ein paar Jahren wieder zurück, weil sie die Weite der Landschaft und die Unterstützung durch die Familie vermissen. Immerhin helfen solche Erfahrungen im Umgang mit Ausländern im eigenen Land.

Was die **Politik gegenüber Asylbewerbern** betrifft, erweist sich die Regierung als sehr zurückhaltend. 2016 stellten knapp 1100 Personen einen Asylantrag, doch die Chancen auf einen Aufenthaltstitel sind nicht sehr hoch. Bis 2007 waren es weniger als 10 Personen pro Jahr, deren Antrag bewilligt wurde, zwischen 2008 und 2013 waren es weniger als 20 Menschen pro Jahr. Seither ist die Zahl der Flüchtlinge, die ein Aufenthaltsrecht erwirken konnten, gestiegen. Von den knapp 1100 Anträgen im Jahr 2016 wurden 173 bewilligt. Oft ziehen sich die Verfahren in die Länge und ist ein Antrag erst einmal abgelehnt, haben die Antragsteller bis zu ihrer Abschiebung nur Wohnrecht, alle anderen Mittel zu ihrer Grundversorgung sind dann gestrichen. Während in der Bevölkerung der Zuspruch einigermaßen groß zu sein scheint und man findet, dass das Land sehr viel mehr Asylbewerber aufnehmen könnte, ist die **Ausländerbehörde sehr streng.** Es entspricht der isländischen Politik, sich im Grunde aus allem herauszuhalten. Eine Politik, die dem Inselstaat seit vielen Jahrzehnten gute Dienste leistet.

Geschlechter und Familie

< Vater und Sohn genießen ihren Sommerurlaub im eigenen Land (045ki-sb)

Das beste Land der Welt für Frauen

Glaubt man den Studien des Weltwirtschaftsforums, dann ist Island seit Jahren für Frauen das beste Land der Welt. Und tatsächlich, betrachtet man die angewandten Kriterien wie **Zugang zu Bildung und zum Gesundheitswesen** sowie die **Chancen, an politischen und wirtschaftlichen Prozessen teilzunehmen,** dann wurde hier bereits viel erreicht. Doch es war und bleibt ein zäher Kampf, bestehend aus vielen kleinen Schritten, denn wie in anderen Ländern auch, gibt es zwar die Geschlechtergleichheit auf dem Papier, aber gelingt es nicht immer, diese auch umzusetzen, und es bleibt genügend Raum für Verbesserungen. Der Kampf um das **Frauenwahlrecht** führte über das Wahlrecht bei lokalen Wahlen dazu, dass Frauen 1915 bei den Parlamentswahlen endlich ihre Stimme abgeben konnten. Allerdings blieb die Zahl der weiblichen Abgeordneten sehr gering und als 1980 mit **Vigdís Finnbogadóttir** weltweit **zum ersten Mal ein weibliches Staatsoberhaupt** demokratisch gewählt wurde, stellten Frauen nur 5 % der Abgeordneten. Es war eine Sensation, dass sich die alleinerziehende Mutter gegen ihre männlichen Widersacher durchsetzen konnte. Sie blieb 16 Jahre im Amt und hat sich durch die Integrität und Stärke, mit der sie ihr Amt führte, den Respekt und die Wertschätzung verdient, die ihr noch heute entgegengebracht werden.

„Minn tími mun koma!" – „Meine Zeit wird kommen!"

Bereits 1994 hatte **Jóhanna Sigurðardóttir** ihren Parteigenossen prophezeit, dass ihre Zeit noch kommen werde. Damals hatte sie die Wahl zum Parteivorsitz verloren. Als sie 2009 zur Premierministerin gewählt wurde, stürzten sich die ausländischen Medien fast ausschließlich auf die Tatsache, dass sie offen in einer lesbischen Beziehung lebt. Doch fanden die Isländer und vor allem die Isländerinnen in dieser ersten Wahl nach dem finanziellen Zusammenbruch weniger die privaten Vorlieben der Premierministerin wichtig als die Tatsache, dass 43 % der Parlamentarier weiblich waren und anfangs 40 % der Ministerposten, später sogar 50 %, mit Frauen besetzt waren. Der **Frauenanteil im Parlament** stieg sogar noch etwas, als 2016 48 % der Sitze an Frauen gingen. Allerdings sank ihr Anteil 2017 auf 38 %, dafür wurde die links-grüne Politikerin **Katrín Jakobsdóttir** Premierministerin.

[>] Tradition und Moderne begegnen sich auf der Laugavegur, der Haupteinkaufsstraße von Reykjavík

Extrainfo 19 (s. S. 9): Doku: Islands Rezept für mehr Gleichberechtigung

046ki-sb

Kleine Schritte – große Taten

Dass Island eine so hohe Position auf der Liste des Weltwirtschaftsforums erreicht hat, liegt auch daran, dass die Geschlechtergleichheit in kleinen Schritten vorangetrieben und zementiert wird. So wurden beispielsweise in mehreren Phasen **Gesetze** verabschiedet, die vorschreiben, dass staatliche und kommunale Gremien sowie die Vorstände von GmbHs und Aktiengesellschaften mit über 50 Mitarbeitern möglichst ausgeglichen besetzt werden müssen, wobei **jedes Geschlechts** zu mindestens **40 % vertreten** sein muss.

Auch die Regelung der **Elternzeit** hilft, die Gleichheit von Frauen und Männern am Arbeitsplatz zu garantieren. Die Elternzeit nach der Geburt eines Kindes beträgt neun Monate. Drei jeweils für den Vater und die Mutter, die restlichen drei Monate können geteilt werden oder auf eine Person entfallen. Der jeweilige Elternteil erhält 80 % des Gehalts, jedoch mit einer Obergrenze, die dazu führt, dass etwas weniger als 80 % der Väter die Elternzeit in Anspruch nehmen. Wenn sie dies tun, ist es für einen Arbeitgeber weniger von Bedeutung, ob er einen Mann oder eine Frau einstellt, da beide ein Anrecht auf Elternzeit haben.

Island hat eine der höchsten Frauenerwerbsquoten. 79 % der erwerbsfähigen Frauen arbeiten (86 % der Männer) und 65 % von ihnen (86 % der Männer) tun dies in Vollzeit, Frauen kommen im Durchschnitt auf knapp 36 Wochenstunden und Männer auf etwas mehr als 43 Stunden Wochenarbeitszeit.

Das bedeutet, dass die Frauen auch in Island mehr Zeit für die Versorgung von Kindern und Haushalt aufbringen. Und es sind oft die Frauen, die das **Loch zwischen Elternzeit und Kinderkrippe** füllen, falls man keine Tagesmutter findet. Ab dem 18. Monat können Kinder dann einen Kindergarten besuchen. Dort wird der Nachwuchs den ganzen Tag lang betreut. Die Kindergärten werden vom Staat subventioniert, sodass sich auch Alleinerziehende diese Betreuung leisten können.

2018 trat ein Gesetz in Kraft, das Unternehmen und Organisationen dazu zwingt nachzuweisen, dass Frauen und Männer den **gleichen Lohn** erhalten, indem sie alle Stellen/Tätigkeiten evaluieren. Daraufhin können sie ein Zertifikat erlangen, das Lohngleichheit nachweist, ansonsten müssen sie mit Strafzahlungen rechnen.

All diese Maßnahmen helfen auf dem Weg zu gleichen Rechten, doch brauchte es einen Paukenschlag, um dies ins Bewusstsein zu rücken.

Generalstreik der Frauen – Kvennafrídagur

Am **24.Oktober 2016** um 14.38 Uhr legten Tausende von Frauen in Island die Arbeit nieder und versammelten sich auf dem zentralen Platz Austurvöllur in Reykjavík, um dagegen zu protestieren, dass Frauen immer noch weniger verdienen als Männer. Die **14–18 % Einkommensunterschied** bedeuten, dass Frauen an einem achtstündigen Arbeitstag rechnerisch betrachtet ab 14.38 Uhr ohne Gegenleistung arbeiten.

Der Tag hat einen berühmten Vorläufer, denn am **24. Oktober 1975** strömten in **einer der größten Demonstrationen des Landes** geschätzte 25.000 Frauen in die Innenstadt Reykjavíks zur Kundgebung und etwa 90 % dieser Frauen hatten die Arbeit oder ihre häuslichen Aufgaben unterbrochen, um auf den wichtigen Anteil aufmerksam zu machen, den sie zum Wachstum und Wohl des Landes beitragen. Eine Frauenrechtsorganisation hatte zum Generalstreik der Frauen aufgerufen. Weil dies vielen zu kommunistisch klang, wurde aus dem Generalstreik der Frauen der „Freie Tag der Frauen" – *kvennafrídagur*. Seither wurde der Tag einige Male wiederholt. Doch trotz der Fortschritte macht sich auch Frustration breit, denn beim jetzigen Tempo würde es ab dem Demonstrationstag 2016 noch 52 Jahre dauern, bis eine absolute Einkommensgleichheit erzielt sein würde.

Das Problem ist wie in anderen westlichen Ländern nicht so sehr, dass für gleiche Arbeit nicht der gleiche Lohn bezahlt wird, sondern dass die Arbeit von Frauen in Geld ausgedrückt einen geringeren Wert hat, was sich besonders in den **Berufssparten** bemerkbar macht, in denen viele Frauen arbeiten und darin, dass Frauen **nicht so hart verhandeln,** wenn es um die Einstufung ihrer Leistungen geht. Außerdem sind es immer noch die Frauen, die mehr Zeit dafür aufbringen, sich um **Kinder, Hilfsbedürftige und die Familie** zu kümmern.

Starke Frauen

Frauen und vor allem junge Frauen fühlen sich in Island stark und haben das Gefühl, dass sie das Leben wählen leben, das sie für sich gewählt haben. Sie können sich frei für eine Ausbildung und einen Beruf entscheiden. Kinder zu haben und eventuell auch alleine aufzuziehen, ist vielleicht nicht immer leicht, aber sie wissen, dass sie vor allem auch von der Familie Unterstützung erhalten. Damit stehen sie in der **Tradition von Frauen, die es gewohnt waren, alleine dazustehen** und Dinge selbst in die Hand zu nehmen. Island ist eine Nation von Fischerleuten. Die Männer waren oft lange auf hoher See oder sie verdingten sich in den Sommermonaten auf Höfen, um bei der Ernte zu helfen. Männer sind jedenfalls nicht immer da, wenn man sie brauchen könnte. Viele Frauen reagieren darauf, indem sie Unternehmen gründen und Führungspositionen in Wirtschaft und Politik anstreben.

Stripklubverbot

Rechtlich gesehen gibt es sehr fortschrittliche Maßnahmen, um den Schutz der Frauen auch auf sexueller Ebene zu garantieren. Grundsätzlich ist es verboten, mit dem nackten Körper Geld zu verdienen, also sind **Stripklubs verboten.** Das gilt dementsprechend natürlich auch für **Prostitution.** Es gibt den **Schutz vor häuslicher Gewalt, Schutzhäuser** für Frauen und Kinder, aber auch die Vorschrift, dass der gewalttätige Partner eine gemeinsame Wohnung verlassen muss und nicht das Opfer. Frauenrechtsorganisationen beklagen jedoch, dass es bei Gerichtsverfahren viel zu selten zu Verurteilungen kommt beziehungsweise die Täter viel zu einfach davonkommen.

Jetzt sind die Männer am Zuge

Während sich die Frauen in den letzten Jahrzehnten viele Rechte und Freiräume erkämpft haben und in die neue Rolle als Frau in der Gesellschaft hineingewachsen sind, tun sich die Männer sichtlich schwerer, ihren Platz in der veränderten Gesellschaft zu finden und ihre **Rolle als Mann neu zu definieren.** Denn jetzt stehen die Eigenschaften, die den Isländern über Jahrhunderte hinweg geholfen haben, in dieser rauen Umwelt zu überleben, ihnen eher im Weg, als dass sie von Nutzen wären. **Körperkraft,**

harte Arbeit, Stoizismus, Selbstbeherrschung, Unabhängigkeit und Einfallsreichtum waren die Eigenschaften, die man im Kampf ums Überleben benötigte. Das Leben auf Island war nie leicht und traditionell war ein Mann ein guter Mann, wenn er genügend Essen oder Geld mit nach Hause brachte, um die Familie abzusichern.

Doch die gesetzlichen Regelungen wie die auf Seite 167 genannte Elternzeit, die einen äußeren Rahmen für Gleichberechtigung schaffen, beginnen langsam zu greifen.

Vor allem jüngere Männer verstehen, dass es heute nicht mehr genügt, einen Scheck mit nach Hause zu bringen. Frauen wollen mehr Offenheit und Anteilnahme von ihren Partnern und auch die Männer selbst haben den Wunsch, mehr Zeit mit ihrer Familie zu verbringen, Gefühle auszudrücken und Intimität zu zeigen. Doch gleichzeitig machen die **deutlichen Forderungen der Frauen** sie unsicher. Außerdem stehen Männern keine positiven Vorbilder zur Verfügung und so fühlen sich gerade junge Isländer bei dieser Gratwanderung zwischen klassischer Männlichkeit und den neuen, als positiv empfundenen Veränderungen verwirrt und überfordert. Ein Beispiel, das zeigt, wie schwierig viele Männer es finden, diese unterschiedlichen Anforderungen und Wünsche miteinander in Einklang zu bringen, ist eine im Zuge der **„#metoo"-Debatte** initiierte Kampagne. Þorsteinn V. Einarsson hatte im Frühjahr 2018 unter dem Hashtag #karlmennskan (Männlichkeit) die Diskussion darüber eröffnet, wie ein stereotypes Bild von Männlichkeit Männer an ihre Grenzen stoßen lässt und wie es Männer in ihrem Verhalten einschränkt – beispielsweise, weil sie sich nicht trauen, ihre Gefühle zu zeigen, zu weinen oder zu trauern, damit sie vor ihrer Familie, ihren Kollegen oder Geschäftspartnern nicht als Schwächling, „Homo" oder Idiot dastehen.

Diese Debatte war jedenfalls ein weiterer Schritt, um die Rolle des Mannes in der isländischen Gesellschaft neu zu formulieren. Immerhin ist deutlich geworden, dass es für einen modernen Mann mehr braucht als einen Grill und einen riesigen Geländewagen. Es ist jetzt vor allem die **Aufgabe der Männer selbst, eine neue Definition dafür zu finden, was einen Mann ausmacht,** so wie es zuvor die Frauen waren, die um ihre Rechte und Werte kämpften.

Das Recht auf sexuelle Freiheit

1978 wurde in Island **Samtökin,** die nationale Selbsthilfeorganisation von und für Schwule und Lesben, mit dem Ziel gegründet, die Rechte von Lesben und Schwulen zu vertreten und Vorurteile in der Gesellschaft, den Medien und in den Familien zu bekämpfen. Seither hat sich das Aufgabenfeld erweitert und auch Bi-, Trans- und Intersexuelle finden hier Mitstreiter und eine Plattform. Es ist eine der Besonderheiten Islands, da es ein sehr kleines Land ist und jeder jeden kennt, dass man sich nicht einfach wie in anderen Ländern von seiner Familie lösen und in eine Großstadt ziehen kann, um ein anonymes Leben zu führen oder neu anzufangen. **Konflikte und Probleme bleiben mit der Familie verknüpft und der politische Kampf bleibt auch ein privater Kampf.**

Seit der Gründung der Selbsthilfeorganisation hat Island auf diesem Gebiet erstaunlich viel erreicht und gehört zu den liberalsten Staaten mit einer fortschrittlichen Gesetzgebung. Auch deshalb steht **Island im Gay Happiness Report 2015 an oberster Stelle.** Viele finden auch Rückhalt in der Gesellschaft, deren Großteil die Rechte zum Schutz sexueller Selbstbestimmung und Freiheit befürwortet.

Bereits 1940 wurde ein Gesetz, das sexuelle Handlungen unter Gleichgeschlechtlichen verbietet, abgeschafft, 1996 konnten erstmals registrierte Partnerschaften eingetragen werden und seit 2010 gibt es ein geschlechtsneutrales Ehegesetz, das allen eine **Eheschließung** erlaubt. 2015 entschied sich auch die Lutherische Staatskirche dafür, gleichgeschlechtliche Paare zu verheiraten.

Adoptionen und die **Möglichkeit der künstlichen Befruchtung** stehen Homosexuellen seit 2006 offen. Zwischen 1996 und 2018 wurden Gesetze erlassen, die vor Diskriminierung aufgrund der sexuellen Orientierung im öffentlichen Leben, bei der Ausbildung und der Arbeit schützen sollen. 2012 wurde in der Universitätsklinik von Reykjavík eine Fachabteilung für Geschlechtsdysphorie (Störungen der geschlechtlichen Identität) gegründet, die Klienten während eines 18-monatigen Programms begleitet und gegebenenfalls auch Geschlechtsumwandlungen durchführen kann.

Dass vieles erreicht wurde, heißt allerdings leider nicht, dass in Island schon alles ideal wäre. Denn noch immer leiden Betroffene unter **Diskriminierung und Gewalt.** Deshalb ist die Arbeit von Samtökin vor allem auch im Bereich Aufklärung und Beratung nötig. Doch der alljährliche **Pride-Umzug in Reykjavík** zeigt auch, dass viele Familien und Einzelpersonen die Gleichberechtigung und Rechte der LGBTI-Gemeinschaft unterstützen, denn er wird immer wie ein Volksfest gefeiert.

Auch wenn sie es selbst nicht an die große Glocke gehängt hat, hielten nationale und internationale Menschenrechts- und LGBTI-Organisationen es doch für einen großen Schritt, dass 2009 mit **Jóhanna Sigurðardóttir** eine Frau zur Premierministerin gewählt wurde, die sich öffentlich zu ihrer lesbischen Beziehung bekennt. Ebenso wie Vigdís Finnbogadóttir 1980 eine Vorreiterrolle übernommen hatte, als sie als erste Frau weltweit das Amt eines Staatsoberhaupts innehatte.

Familie und Lebensplanung

Es hat einen nackten Rücken, wer keinen Bruder hat.
Ber er hver að baki nema sér bróður eigi.
(Isländisches Sprichwort)

Dieses Zitat macht deutlich, welch **enorm wichtige Rolle** die Familie in Island spielt. Es sind die Familienbande, die oft entscheidende Vorteile verschaffen, weil der Onkel in dieser Firma arbeitet oder die Schwester in jenem Unternehmen oder weil der Bruder durch seine Schwiegereltern dort jemanden kennt. Damit hat man einfach den entscheidenden Vorsprung vor anderen Kandidaten, ob man nun eine Arbeitsstelle oder Wohnung sucht oder einfach schon ganz früh erfährt, wo welche Schnäppchen zu ergattern sein werden. Außerdem bildet die Familie ein **wichtiges Netz** bei der Kindererziehung. Großeltern, Onkel und Tanten bieten oft wichtige Unterstützung. Besonders deutlich konnte man dies in der ersten Zeit direkt nach dem Finanzcrash beobachten. War davor vielleicht manches aus den Fugen geraten, weil es immer nur darum ging, noch mehr Geld und Reichtümer anzuhäufen, wurde plötzlich das Sicherheitsnetz der Familie besonders wichtig. Hier wurde man jedenfalls nicht übers Ohr gehauen, sondern erfuhr Hilfe, Unterstützung und Zuspruch.

Das ganze Land ist eine große Familie

Irgendwie kennt auf der Insel fast jeder jeden und in einem Gespräch wird, sobald man auf eine bestimmte Person zu sprechen kommt, schnell gefragt, wer dessen „Leute" sind, also wie die Eltern, Geschwister oder Kinder dieser Person heißen. Und man kann Gift darauf nehmen, dass irgendjemand im Gesprächskreis diese Person aus der Schule, von der Arbeit oder aus dem Fußballverein kennt oder mit der Person irgendwie verwandt oder verschwägert ist. Deshalb ist es besonders wichtig, dass man sich mit negativen Kommentaren zurückhält, denn die- oder derjenige erfährt bestimmt davon.

Diese engen Beziehungen sind auch ein Grund dafür, dass viele sich davor scheuen, zu harsche **Kritik bei der Arbeit oder gegenüber der Politik** zu äußern. Schließlich weiß man nie, wann man dieser Person wieder über den Weg läuft, und vielleicht ist man beim nächsten Mal darauf angewiesen, mit dieser Person in der Vergangenheit ein gutes Verhältnis gehabt zu haben. Und es führt natürlich zu **Vetternwirtschaft.** Manchmal ist es einfach unmöglich, „neutrale" Kandidaten für ein Amt zu finden oder eine Zulieferfirma, die keine persönlichen Verbindungen zu eventuellen Entscheidungsträgern hat.

Dating

Es mag so erscheinen, als wären Isländerinnen und Isländer wenig romantisch veranlagt, da das Liebeswerben vermeintlich keine große Rolle spielt. Jedenfalls fühlt es sich für Isländer schnell zu formell an, jemanden zu einem Date ins **Restaurant** einzuladen, denn das würde große Erwartungen wecken. Besser ist es, die Dinge etwas lockerer anzugehen und sich auf einen **Drink oder ein Eis** zu treffen. Auch das **Frühstück nach einer langen Partynacht** könnte als erstes Date durchgehen. Oder man macht einen **Spaziergang** an einem Ort, an dem man nicht unbedingt auf andere trifft. Denn beseht darin das größte Problem dass man wenig Möglichkeiten hat, sich unverfänglich zu treffen und sich erst einmal kennenzulernen, weil man fast überall auf Bekannte trifft, die dann wieder weitererzählen, wer sich mit wem getroffen hat. Da es so schwierig ist, sich mit jemandem zu treffen, ohne dass andere davon erfahren, ist dies mit ein Grund, warum es oft nicht zu einer offiziellen Verabredung kommt. Man hat das **Gefühl, unter Beobachtung zu stehen,** und so kann sich nur langsam eine Beziehung entwickeln. Da lässt man solche förmlichen Treffen lieber gleich bleiben.

Isländer sprechen relativ offen über **Sex,** ob sie ihn haben oder nicht. Und Isländerinnen haben im Ausland den Ruf, leicht zu haben zu sein. Das ist sozusagen die Kehrseite der Tatsache, dass Frauen wie Männer, was dieses Thema betrifft, recht direkt sein können. Und Sex steht oft relativ am Anfang, wenn es zwischen zwei Menschen funkt. Dahinter steht der Gedanke, dass man erst einmal ausprobieren sollte, ob man überhaupt zusammenpasst. Denn wenn es im Bett keinen Spaß macht, hat es keinen Sinn, viel Energie und Zeit in eine lange Kennenlernphase zu stecken.

Registrierte Partnerschaften und Ehen

Wenn man merkt, dass es in sexueller Hinsicht gut funktioniert, kann man darüber nachdenken, ob man die Person näher kennenlernen möchte und ob man sich auf eine Partnerschaft einlassen will. Passt es, dann zieht man zusammen. Die **Partnerschaft kann man registrieren lassen** oder auch nicht oder man **heiratet.** Dabei spielt es keine Rolle, ob es sich um gegengeschlechtliche oder gleichgeschlechtliche Partnerschaften handelt. Die Hochzeit wird aber oft erst dann in Betracht gezogen, wenn man schon ein oder zwei Kinder hat. Ausschlaggebend sind dann häufig **praktische Erwägungen,** beispielsweise, dass eine Eheschließung die Rechte von Hinterbliebenen im Todesfall besser schützt. Die meisten wohnen bereits viele Jahre zusammen, ehe sie sich zu einer Hochzeit entschließen. Es

047ki-sb

besteht jedenfalls kein moralischer Druck von außen, verheiratet zu sein, denn niemanden kümmert es, ob Kinder ehelich oder unehelich geboren werden.

War eine Hochzeit zu Wikingerzeiten ein echtes Tauschgeschäft zwischen zwei Familienclans (das isländische Wort für Hochzeit ist *brúðkaup,* was wörtlich Brautkauf bedeutet), entspringt es heutzutage dem **gemeinsamen Wunsch der beiden Brautleute,** sich zu verbinden. Isländische Mädchen träumen jedenfalls nicht ein Leben lang von ihrer Traumhochzeit im weißen Kleid. Das eigentliche **Hochzeitsfest** kann so traditionell und förmlich, aber auch so unkonventionell gestaltet werden, wie jede und jeder es sich wünscht. Natürlich kann man in einer Kirche heiraten, aber da sich viele Isländerinnen und Isländer nicht mehr so stark mit der Kirche verbunden fühlen, kann man sich auch von einem Goden der Ásatrú (s. S. 72) oder einem Zivilbeamten trauen lassen.

Beim eigentlichen Hochzeitsfest gibt es oft **Kransakaka.** Die verschiedenen Ringe dieses Kuchens bestehen aus Marzipanteig, die zu einem Turm oder Füllhorn zusammengefügt werden, das mit weiteren Leckereien gefüllt ist. Was letztendlich jedoch an Speisen gereicht wird (Büfett oder Mehr-Gänge-Menü) hängt vom Geschmack (und Geldbeutel) der Brautleute ab. Zum guten Essen fließt der Alkohol reichlich, was wiederum hilft, sich bei Musik, Tanz und mehr oder weniger geistreichen Reden und Liedern zu amüsieren.

Patchworkfamilien

Insgesamt jedoch bleiben nicht wenige nicht allzu lange in einer Beziehung hängen, in der sie nicht glücklich sind. Wenn es nicht funktioniert, dann trennt man sich und findet wieder einen neuen Partner und gründet eine neue Familie. Viele Frauen bekommen relativ jung Kinder, sie sind mit durchschnittlich 27,4 Jahren einige Jahre jünger als Mütter in anderen europäischen Ländern und oft kommen dann in einer späteren Phase mit einem neuen Partner noch einmal Kinder hinzu. 75 % der Eltern einigen sich bei einer **Scheidung** auf ein gemeinsames **Sorgerecht,** doch nehmen die Frauen trotz alledem den Großteil der Sorge auf sich. Im täglichen Leben bedeutet dies, dass Familien oft einigermaßen kunterbunt zusammengewürfelt sind, da häufig beide Partner Kinder mit in die Beziehung bringen und Eltern eine Menge Zeit dafür verwenden, die verschiedenen Familienabsprachen unter einen Hut zu kriegen. Aber alle sind daran gewöhnt und insgesamt klappt das normalerweise irgendwie.

Was vielen Ausländern in Island auffällt, ist die Tatsache, dass die Eltern sehr vieler Kinder offenbar nicht verheiratet sind. Tatsächlich wurden 2017 **über 71 % der Kinder außerehelich geboren.** Doch im Land herrscht eine tolerante Einstellung unterschiedlichen Lebensformen gegenüber, sodass eine Eheschließung für die meisten erst einmal nicht wirklich erwägenswert ist.

Island hat eine lange Tradition alternativer Lebensformen, denn im 19. Jahrhundert wurde ein Gesetz erlassen, das die Eheschließung nur erlaubte, wenn man Land besaß und nachweisen konnte, dass man imstande war, eine Familie zu ernähren. Als Knecht oder Magd auf einem Hof war dies praktisch aussichtslos. Dieses Gesetz sicherte den Grundbesitzern billige Arbeitskräfte, die sich nicht selbständig machen konnten, und diente als eine Art Geburtenregelung. Doch natürlich hält kein Gesetz die Menschen davon ab, sich zu verlieben oder Kinder zu zeugen, weshalb die Menschen von da an gezwungenermaßen auch unverheiratet zusammenlebten und Kinder außerehelich geboren wurden. Und diese Tradition ist auch nach der Abschaffung dieses Gesetzes erhalten geblieben, weshalb in Island das Familienleben auf eine ganz eigene Weise organisiert wird.

[<] Isländische Jugendliche haben im Allgemeinen ein gutes Verhältnis zu ihren Eltern

Kinder in der Gesellschaft

Kinder gehören dazu

Das grundlegendste Gefühl, das man in Island hat, ist wohl ein Gefühl von Sicherheit. Vielleicht ist dies einer der Gründe, warum es hier so viele Kinder gibt, denn diese können hier sehr sicher aufwachsen und sich frei bewegen. Grundsätzlich hat man viel Verständnis für Kinder. Sie sind immer dabei und werden nicht als Störfaktor angesehen. Im Gegenteil: Kinder zu bekommen, ist normal, seltsam erscheint es den Isländern, wenn ein Paar bereits eine Zeit lang zusammen ist und keine Kinder bekommen möchte. Dann muss sich als solches einige Kommentare anhören und ständig die Frage beantworten, wann der Nachwuchs denn jetzt kommt. Dennoch zeichnet sich eine Trendwende ab, denn bekam in den 1960er-Jahren eine Frau noch durchschnittlich vier Kinder, sind es seit 2013 zum ersten Mal weniger als zwei Kinder.

Besonders die Zeit in der Grundschule beschert den Kindern in Island ein gutes Leben, denn normalerweise bringen sie keine Hausaufgaben mit nach Hause und haben deshalb **viel Zeit für Freizeitaktivitäten.** Man macht viel für die Kleinen, die Eltern versuchen für alle Kinder in der Familie gute und fördernde Angebote zu finden. Island ist ein sicheres Land, weshalb die Kinder auch draußen spielen, zum Sportklub radeln oder alleine in die Musikschule oder einen Verein gehen.

Sowohl **Kinder als auch Jugendliche haben** im Allgemeinen **ein entspanntes Verhältnis zu ihren Eltern** und haben das Gefühl, gut mit ihnen auszukommen und mit ihnen reden zu können. Es ist gar nicht so selten, dass Jugendliche zum Beispiel auch noch **während ihres Studiums zu Hause wohnen.** Da mögen die hohen Mietpreise eine Rolle spielen, aber auch das gute Verhältnis, das man untereinander pflegt. Außerdem gaben die Kinder in einer Studie ein Jahr nach dem Beginn der Wirtschaftskrise an, jetzt glücklicher zu sein als zuvor, weil ihre Eltern mehr Zeit hätten. Denn durch die finanziellen Schwierigkeiten hatten Firmen die Überstunden streichen, die Wochenarbeitszeit kürzen oder Mitarbeiter entlassen müssen. Die Kinder konnten dem jedenfalls etwas Gutes abgewinnen.

Im Kindergarten

Kinder gehören dazu und die meisten Menschen können bei der Kindererziehung auf die **Unterstützung ihrer Familie** rechnen. Das ist gut, denn nach den 9 Monaten Elternzeit müssen erst einmal weitere 9 Monate, mithilfe von Verwandten oder einer Tagesmutter überbrückt werden, bis die Kleinen mit 18 Monaten in den Kindergarten gehen können, was

Frischluft für Wikingerkinder

Für Besucher ist es schon manchmal wunderlich, dass zum Beispiel vor einem Café mehrere Kinderwagen stehen, von denen man dann überrascht feststellt, dass sie gar nicht leer sind, sondern die Kleinen darin selig ihr Schläfchen machen. Bis der Wagen plötzlich ruckelt und ein Baby mit Geschrei auf sich aufmerksam macht, worauf die Mutter, die die ganze Zeit ein Auge auf den Wagen hatte, während sie im Café ihren Latte trinkt, herauskommt und ihr Kind mit ins Café nimmt. Draußen zu schlafen hat eine lange Tradition, die wahrscheinlich daher rührt, dass es für die Kinder gesünder war, im Freien zu liegen statt in einem Torfhaus mit schlechter Durchlüftung. Damit der oftmals starke Wind nicht ins Gesicht bläst, hängt meist eine Decke vom Wagendach. Und den Kleinen scheint es zu gefallen und gut zu tun.

Kälte ist kein Hindernis, solange man sich selbst und sein Kleines gut einpackt

die meisten Kinder tun. Ein normaler **Kindergartentag** dauert in der Regel 8, höchstens 9 Stunden. Der Kindergartenbesuch ist zwar nicht verpflichtend, da jedoch meistens beide Eltern (fast) in Vollzeit arbeiten und die Kinder in ihrer Kreativität und körperlichen Entwicklung gefördert werden sowie soziale Fähigkeiten lernen und ihre Emotionen schulen sollen, geht der allergrößte Teil der Kinder in eine *leikskóli* – „Spielschule". Kindergartenkinder sind viel draußen, auch bei Regen, Wind und Schnee. Sie werden einfach mummeldick eingekleidet. Mütter und Omas stricken fleißig Pullover, Hosen, Handschuhe, Schals und Mützen aus isländischer Wolle, die unter der wichtigen Funktionskleidung für die nötige Wärmeisolierung sorgt. Und dann steht dem Spaß im Freien auch an einem Tag mit Hundewetter nichts mehr im Weg.

Das Schulleben

Mit sechs Jahren kommen die Kinder in die **Grundschule,** *grunnskóli.* Diese dauert zehn Jahre, was die Zeit bis zum 16. Lebensjahr, also die Zeit, in der die Kinder schulpflichtig sind, abdeckt. Der allergrößte Teil der Jugendlichen besucht nach Abschluss der Grundschule eine **weiterführende Schule,** die *framhaldsskóli.* Diese unterscheiden sich durch den Ruf, den die jeweiligen Schulen haben, und teilweise durch die Fächerkombinationen, die man dort belegen kann (naturwissenschaftlich, sprachorientiert, künstlerisch orientiert). Am Ende steht die **Reifeprüfung,** *stúdentspróf,* die den Zugang zu einem Universitätsstudium ermöglicht. Die Schulbildung ist kostenlos, aber man muss einen Betrag bei der Einschreibung und die Schulbücher selbst bezahlen, weshalb zu Beginn eines Schuljahres ein reger Second-Hand-Schulbuch-Markt entsteht.

Die **Ferien** sind einigermaßen ungleich verteilt, denn in der Vergangenheit war es üblich, dass Kinder im Sommer den Verwandten auf deren Bauernhof zur Hand gingen. Also sind die **Schulen im Sommer drei Monate lang geschlossen.** Dafür gibt es dann allerdings in der übrigen Zeit nicht so viele Ferien, höchstens mal einen Brückentag zwischen Feiertag und Wochenende. Im Sommer wird für Kinder ein Freizeitprogramm (Sportaktivitäten, kreative Kurse etc.) angeboten, an dem sie teilnehmen können. Viele Gemeinden subventionieren solche Kurse, sodass diese günstig angeboten werden können. Jugendliche können sich auch bei der Gemeinde anmelden, um Sommerarbeiten zu verrichten. Wenn man also Jugendliche trifft, die auf der Straße liegend einen Hydranten anmalen, dann verdienen sie sich ein Taschengeld bei der Gemeinde hinzu. Trotz allem braucht es bei drei Monaten zusätzlich wieder mal die Unterstützung der Großeltern, um die Betreuung während der langen Sommerferien abdecken zu können.

Eine **musische oder kreative Ausbildung** hat in Island einen hohen Stellenwert ein und Eltern versuchen auf jeden Fall, ihren Kindern dies zu ermöglichen. Dies zahlt sich anscheinend aus, denn es gibt viele kreative Köpfe in Island und bringt ein solches Fördersystem auch Weltstars vom Kaliber einer Björk hervor, die schon als junges Mädchen nach Lust und Laune in Musikgruppen experimentieren konnte.

Konfirmation

Eines der wichtigsten Ereignisse im Leben eines isländischen Teenagers ist die Konfirmation. Bei manchen ist dies vielleicht tatsächlich aus religiösen Gründen der Fall, bei den meisten wohl eher, weil sie dann einen riesigen Berg an Geschenken erhalten. Die Jugendlichen bereiten sich in einem **Kurs** darauf vor und da Gott nicht jedermanns Sache ist, gibt es auch eine davon unabhängige **Jugendfeier.** In beiden Kursen lernen die Jugendlichen etwas über Toleranz, Selbstbestimmung, Solidarität und Verantwortung. Es wird etwas vorgetragen und Musik spielt eine wichtige Rolle. Nach der eigentlichen Weihe trifft man sich zu einer geselligen Feier, dabei gibt es Speisen und Getränke. *Kransakaka,* ein Teig aus viel Marzipan in Form eines Turms oder Füllhorns, Sonderanfertigungen von Torten, aber auch kleine Schnittchen und Fingerfood sind beliebt. Die Jugendlichen erhalten sehr viele **Geschenke,** teilweise auch sehr teure. Geld ist natürlich immer willkommen, vielleicht für eine Reise oder eine größere Anschaffung, aber auch elektronische Gadgets, Kleidung oder ein richtig gutes, neues Bett.

Universität

Die wichtigste, größte und älteste Universität Islands ist die 1911 gegründete **Háskóli Íslands,** in der man ein breites Angebot an Fächern studieren kann. Daneben gibt es noch einige spezialisierte **Hochschulen** für Landwirtschaft, Wirtschaftswissenschaften, Sport oder Musik und Kunst. Einige Universitäten sind in privater Hand, dann ist eine Studiengebühr zu bezahlen, ansonsten fällt nur eine jährliche Immatrikulationsgebühr an. **Isländer bilden sich gerne weiter.** Daher gibt es nicht nur junge Studentinnen und Studenten, sondern auch ältere Semester, die endlich den Master in ihrem Fach nachholen oder sich in einem anderen Fachbereich qualifizieren wollen.

Studierende können einen **Studienkredit** bekommen, damit sie sich auf ihre akademischen Leistungen konzentrieren können. Doch gibt es auch viele, die einen Nebenjob haben. Zwei Jahre nach dem Studium fängt man dann an, den Kredit zurückzuzahlen, wobei das Einkommen als Grundlage für die Berechnung der zurückzuzahlenden Raten dient.

Íslendingabók („Das Buch der Isländer") oder warum alle Isländer von Bischof Jón Arason abstammen

Die alte Handschrift Íslendigabók ist ein kurzes Manuskript aus dem 12. Jahrhundert, das die Abenteuer der ersten Siedler Islands im 9. Jahrhundert beschreibt. Das moderne Íslendigabók dahingegen ist eine Datenbank der Firma deCODE Genetics, die die genetische Information der Isländer mit den genealogischen Forschungen Friðrik Skúlasons abgeglichen. DeCODE Genetics betreibt medizinische Forschung zum menschlichen Genom. 1998 ermöglichte ein Gesetz die flächendeckende Erfassung und Speicherung aller medizinischen Daten der Bevölkerung. Da die isländische Bevölkerung jahrhundertelang relativ abgeschieden gelebt hat, lassen sich hier sehr gute genetische Studien zu (Erb-)Krankheiten durchführen. Der umfassende Zugang zu den Daten aller Isländer war national und international sehr umstritten, Arnaldur Indriðason hat das Thema in seinem Roman ***Nordermoor*** *verarbeitet.*

Für die Datenbank werden die Gesundheitsdaten mit den Sagas über die ersten Siedler und Quellen wie Kirchenbüchern, Melderegistern, Volkszählungen, Nachrufen, Stammbäumen usw. kombiniert. Die Datenbank versucht, alle bekannten Familienbeziehungen zwischen Isländern von der Zeit der Besiedlung im 9. Jahrhundert bis in die Gegenwart zu registrieren. In der Datenbank sollen 95 % aller Isländer, die nach 1703 gelebt haben (dem Datum der ersten Volkszählung) registriert sein. Die Menschen, die davor lebten, sollen zu etwa 50 % erfasst sein. Isländer können sich mit ihrer „kennitala" (s. S. 140) einloggen und versuchen, ihren Stammbaum bis zu den ersten Siedlern nachzuvollziehen.

Das führt zu der Frage, warum dann alle Isländer, Zölibat hin oder her, von einem einzigen Bischof abstammen: Die Universität HÍ hat vorgerechnet, dass man, wenn man die Generationen bis zur Zeit des Bischofs an der Wende vom 15. zum 16. Jahrhundert nachverfolgt, 65.536 direkte Vorfahren hat, und unter diesen findet sich immer eine Linie, die die heutigen Isländer mit dem Bischof und seinen zahlreichen Nachkommen verbindet.

Über dieselbe Website kann man natürlich auch nachforschen, ob man mit der neuen Flamme verwandt ist, die man gerade in der Bar kennengelernt hat. Natürlich ist man mit ihr verwandt, aber dass man eine gemeinsame Ur-Ur-Ur-Ur-Ur-Urgroßmutter hat, hält einen dann doch nicht wirklich von einem Date ab. Kommt man sich verwandtschaftlich aber zu nahe, weiß man, dass man sich vielleicht besser anderweitig umsehen sollte.

049ki-sb

Die meisten Studiengänge kann man in Island abschließen, doch gehen auch viele Studenten ins **Ausland.** Einige weiterführende Spezialisierungen sind sogar nur im Ausland möglich. Eine Besonderheit der isländischen Universitäten sind die **Fernkurse.** Viele Fächer werden auch als Fernstudium angeboten, dann müssen die Studierenden nur einmal im Monat zu einer Vorlesung erscheinen, ansonsten können sie sich über das Internet einloggen oder die Vorlesung später herunterladen. Dadurch kann man auch studieren, wenn man nicht in der Nähe einer Universität wohnt.

Der geschichtsträchtige Ort Hólar im Norden wird heute zum allergrößten Teil von Studenten bewohnt. An dieser Universität werden die Fächer Gewässerbewirtschaftung und Fischbiologie, Tourismus und Pferdewissenschaften gelehrt.

Der Alltag von A bis Z

◁ Ruth backt auf dem Vulkan Eldfell auf den Westmännerinseln Brot. 1973 ausgebrochen, herrschen dort einige Zentimeter unter der Oberfläche noch immer über 300 °C (050ki-sb).

Alkohol, Rauchen, Drogen

Alkohol – der Sanitäter in der Not?

Der Alkohol spielt im Leben der Isländer eine **große Rolle,** sowohl was den Konsum als auch dessen Einschränkung seitens der Obrigkeit betrifft. Der Staat versucht zum einen, den Einzelnen vor zu hohem Konsum zu schützen und die Gesellschaft leistungsfähig zu erhalten. Also gibt es jede Menge **Einschränkungen und Steuern.** Zum anderen verdient er aber ausgerechnet mit diesen Steuern ganz gut, zieht also auch einen Vorteil daraus, wenn Alkohol konsumiert wird. Die Insellage scheint dem regulierenden Staat erst einmal einen natürlichen Vorsprung zu verschaffen. Güter können nur per Schiff oder Flugzeug ins Land gebracht werden. Das vereinfacht die Sache etwas, macht aber die Gegenseite durchaus auch erfinderisch.

Alkohol kann man in Island außer in lizensierten Restaurants und Bars, bis heute nur in den Filialen der staatlichen Kette **Vinbúðin (Weinladen)** kaufen. Diese Geschäfte gibt es über das ganze Land verteilt und man kann sich alles aus dem Online-Sortiment in jeden beliebigen Laden liefern lassen, auch in den hintersten Winkel der Insel. Außerhalb der größeren Siedlungen sind die Geschäfte oftmals Teil anderer Geschäfte. Und so kommt es, dass man nicht selten ausgerechnet an Tankstellen Alkohol kaufen kann. Dies soll allerdings keineswegs zum Alkoholkonsum am Steuer ermuntern, sondern ist einfach der Tatsache geschuldet, dass die Tankstellen oft der einzige Laden und damit auch Treffpunkt in der weiteren Umgebung sind.

Der regulierte Import ist eine Sache. Eine ganze andere ist, wie man sich im Land selbst zu helfen weiß. Vor allem in früheren Zeiten gab es jede Menge **Schwarzbrennereien** und noch immer ist **illegaler Alkoholschmuggel** ein großes Problem, denn die Behörden können nicht jedes Schiff durchkämmen, das in einen isländischen Hafen einläuft. Da nimmt es dann schon wunder, dass die Isländer selbst in einem Referendum dafür gestimmt haben, jeglichen Alkohol in Island zu verbieten, um die Gesundheit des Volkes und das allgemeine Wohl der Nation zu schützen – so geschehen im Jahr 1908. Stimmrecht hatten damals nur Männer, und 60,1 % befürworteten die **Prohibition.** Es dauerte dann allerdings noch sieben weitere Jahre bis das Gesetz 1915 tatsächlich in Kraft trat und genauso lange, bis es wieder aufgeweicht wurde. 1922 entschied das Parlament, den Verkauf von Wein zuzulassen, da man einen Handelskrieg mit Spanien vermeiden wollte. Die Spanier importierten zu dieser Zeit große Mengen Fisch und drohten damit, den Handel einzustellen, wenn

Feiern mit Alkohol

Bei einer Party kann es durchaus vorkommen, dass man gebeten wird, selbst den Alkohol mitzubringen, den man konsumieren möchte. Dann kommen also alle mit ihren Plastiktüten voll Bier, Wein, Wodka oder Whiskey. Man muss dann nur ein bisschen ein Auge darauf haben, dass sich kein anderer über den Vorrat hermacht. Manche machen sich auch einen Spaß daraus, Vernissagen abzuklappern, bei denen Häppchen und oft auch Wein gereicht werden. Da tritt das Interesse an der Kunst schon mal in den Hintergrund. Das Ganze hat allerdings auch sein Gutes: Will man bei einer Party, bei der man selbst für den Wein und das Bier sorgt, seine Gäste loswerden, sagt man einfach, der Alkohol sei aus, und im Nu sind alle verschwunden.

Kurios ist auch, dass das Mindestalter für den Erwerb von Alkohol 20 Jahre beträgt. Das gilt in Restaurants, Bars und Kneipen sowie in den staatlichen Alkoholläden, was zu der eigenartigen Situation führt, dass man zwar mit 18 Jahren heiraten kann, weil man ja volljährig ist, sich aber den Sekt für das Fest nicht selbst besorgen darf.

die Isländer im Gegenzug nicht bereit wären, spanischen Wein zuzulassen. 1935 wurde ein erneutes Referendum abgehalten, in dem sich eine Mehrheit dafür aussprach, das Alkoholverbot aufzuheben. Seither dürfen auch alle anderen Getränke mit mehr als 2,25 % Alkohol wieder importiert werden. Das einzige Zugeständnis an die Abstinenzbewegung bestand darin, dass der Verkauf von Bier weiterhin verboten war. Denn Alkohol ist seither mit einer **hohen Steuer** belegt, die sich nach der Höhe des Alkoholgehalts richtet und die Abstinenzbewegung fürchtete nun, dass der niedrige Alkoholgehalt im Bier und damit auch der niedrigere Preis zu alkoholischen Exzessen führen könnte. Eine solche Gefahr sahen sie für Wein und Schnaps offensichtlich nicht. Da die Leute trotzdem Bier trinken wollten, erfanden die Isländer etwas, das sie **Bjórlíki** (Bieresgleichen) nannten. Dazu wurde das Leichtbier, das legal war, mit Wodka gepanscht, um so eine Art „normales" Bier herzustellen. Das Bierverbot wurde letztendlich erst nach 74 Jahren am 1. März 1989, also nur ein halbes Jahr bevor in Deutschland die Mauer fiel, aufgehoben. Seither feiert man in Island, inoffiziell, an diesem Tag Bjórdagurinn, den Biertag.

Das heißt aber noch lange nicht, dass auch jeder, der gerne möchte, Bier brauen darf. In dieser Hinsicht wird immer noch stark reguliert. Man muss eigens eine **Braugenehmigung** anfragen. Erhält man diese wider Erwarten tatsächlich, muss man sich an die vorgegebenen Höchstbraumen-

051ki-sb

gen halten, die der Staat vorgibt – und mit Besuchen vor Ort auch streng kontrolliert werden. Bei Überschreitung droht Schließung.

Übrigens gab es während des Zweiten Weltkriegs eine Ausnahme: Die **Amerikaner** ließen es sich natürlich nicht nehmen, Bier zu trinken und bauten sogar eine Brauerei für ihre Soldaten. Allerdings durfte das Bier nur an Soldaten verkauft und von diesen konsumiert werden. Aber wenn eine Brauerei erst einmal im Lande ist, gibt es immer jemanden, der Mittel und Wege findet ...

Der **Schnaps** ist in Island ein ganz besonderes Kapitel. Hier behält sich der Staat das Recht vor, ihn zu produzieren, zu verkaufen – und gleichzeitig vor ihm zu warnen. Das Etikett ist darum seit jeher rabenschwarz. Offiziell heißt der Trunk ganz neutral *brennivín,* Branntwein. Es handelt sich schlicht um einen aus Kartoffeln und Kümmelaromen hergestellten Schnaps. Geschmacklich erinnert er vielleicht am ehesten an einen Aquavit von durchschnittlicher Qualität. Inoffiziell gilt er als das Nationalgetränks Islands und trägt wohl aufgrund seiner Fähigkeit, bei Einnahme

Skurrilerweise bis 1980 verboten: Bier in Island

die Gesichtsmuskeln spontan stark zu verzerren und die Kehle ordentlich brennen zu lassen, den Beinamen *svarti dauði,* schwarzer Tod – genau so wurde im Mittelalter auch die Pest genannt.

Zu glauben, dass die Farbe des Etiketts oder der Beiname einen bremsenden Effekt auf das Konsumverhalten der Leute hätten, wäre weit gefehlt.

Durch die Gängelung des Staates in Sachen Alkohol **haben einige Isländer wohl nie richtig gelernt, mit ihm umzugehen.** Dass alkoholische Getränke nur im Staatsladen Vínbúðin verkauft werden, dessen Öffnungszeiten stark eingeschränkt sind, löst bei einigen Kunden jedenfalls eher das Gefühl aus, Alkohol hamstern zu müssen, damit man nicht abends oder am Wochenende plötzlich ohne Alkohol dazusitzen, als dass es helfen würde, bewusst mit Alkohol umzugehen. Auch die **horrenden Preise** schrecken nicht wirklich ab. Der Staat kassiert eine kräftige Alkoholsteuer, bemessen am Alkoholgehalt. Hinzu kommen die Mehrwertsteuer und das Flaschenpfand und der staatliche Alkoholladen will auch von etwas leben, sodass bei starken Getränken wie Wodka weniger als 10 % an den Hersteller fließen und die Abgaben sich auf über 90 % belaufen. Man zahlt beim Alkoholkauf also vor allem Steuern. Um dies zu umgehen, gibt es glücklicherweise den **Tax-Free-Laden am Flughafen.** Man braucht sich als Tourist nach der Landung mit dem Flugzeug also nicht zu fragen, wohin denn die ganzen Isländer verschwunden sind. Man findet die Einheimischen im Tax-Free-Laden, wo sie sich die Einkaufswagen mit Bier, Wein und Stärkerem vollladen. Sie versuchen dabei nach Möglichkeit, das Kontingent der ganzen Familie auszuschöpfen, um so viele alkoholischen Getränke einzukaufen, wie es der Zoll zulässt.

Dass all die staatlichen Maßnahmen einen regulierenden Effekt hätten, kann man als Außenstehender allerdings nicht wahrnehmen. **Eher hat man den Eindruck, dass die Isländer, was Alkohol betrifft, kein Maß kennen würden.** Offensichtlich wird dies am Flughafen, wenn manche meinen, sich morgens um 6 Uhr schon einen hinter die Binde kippen zu müssen, nur weil man das Bier jetzt steuerfrei kaufen kann, oder im Nachtleben, wo es durchaus vorkommt, dass Sturzbesoffene einfach mal umfallen und dann mitten auf der Straße vollkommen regungslos ihren Rausch ausschlafen wollen, weil sie sich einfach nicht mehr aufrecht halten können. Die herbeigerufene Polizei behandelt diese Fälle mit der zu erwartenden Unaufgeregtheit und Routine. Man zieht seine Handschuhe an, redet beruhigend auf den Betrunkenen ein, schleppt ihn in den Streifenwagen, bringt ihn zum Ausnüchtern in die entsprechende Zelle und lässt ihn dann wieder laufen – Routine eben.

Ein Freund formulierte das Problem einmal so: „Früher war Alkohol verboten. Wenn man also Alkohol schmuggelte oder selbst brannte, dann versuchte man möglichst viel Alkohol in eine Flasche zu kriegen. Wir sind eigentlich erst dabei zu lernen, wie man Wein trinkt, um den Geschmack zu genießen." Tatsächlich haben sich die **Trinkgewohnheiten** der Isländer seit der Legalisierung des Biers stark verändert. 1988 wurden noch 77 % Schnaps und 23 % Wein getrunken (Angaben betreffen den reinen Alkoholgehalt). 1989 schon veränderte sich das Bild gehörig. Jetzt wurden nur noch 52 % in Form von Schnaps und 14 % in Form von Wein konsumiert – aber schon 34 % als Bier, obwohl dies ja erst im März erlaubt worden war. Inzwischen hat sich der Bierkonsum bei etwas mehr als 50 % eingependelt, Wein liegt bei etwas mehr als einem Viertel und der Schnaps entsprechend bei unter 20 %, was ein Hinweis darauf sein könnte, dass man inzwischen doch ein Bier oder ein Glas Wein zum Essen zu schätzen gelernt hat. Damit verändert sich ein altes Vorurteil, denn auch wenn man am Wochenende bechern konnte, so viel man wollte, wurden Leute, die sich unter der Woche Alkohol genehmigten, früher als Alkoholiker abgestempelt. Da ging es gar nicht um die Menge, die man zu sich nahm.

Der Konsum an reinem Alkohol in der Gruppe der über 15-Jährigen liegt inzwischen bei umgerechnet etwa **7,5 Litern pro Einwohner** pro Jahr. Allerdings weist die isländische Statistikbehörde darauf hin, dass der statistisch höhere Alkoholkonsum pro Einwohner auch daher rühren kann, dass mehr Touristen das Land besuchen (deren Verbrauch nicht herausgerechnet). Doch als gesichert und nicht nur auf Touristen zurückzuführen dürfte gelten, dass sich der Alkoholkonsum von 1980 bis 2016 um 73 % gesteigert hat.

Auch wenn die Isländer nicht die absolute Spitze beim Alkoholkonsum auf der Welt halten, hoch oben sind sie schon dabei. In einer so kleinen Gesellschaft wie der isländischen lässt sich dies aber wohl auf Dauer nicht durchhalten und so kommt es, dass die **Anonymen Alkoholiker** eher ein Volksverein sind, denn ein sich in aller Heimlichkeit treffender Hinterhofklub. Nirgendwo auf der Welt ist die Besucherzahl bei AA-Treffen pro Einwohner höher als in Island. Deshalb hat auch fast jeder ein Familienmitglied oder wenigstens einen Bekannten oder Freund, der Mitglied im Klub ist, was wiederum dazu führt, dass es auch anstandslos akzeptiert wird, wenn jemand keinen Alkohol trinken möchte. Der Besucher mit der längsten ununterbrochenen Trockenperiode kam bereits 1981 durch die Tür.

Rauchen – blowing in the wind

Zwischen 2008 und 2017 hat sich der Verkauf von Zigaretten in Island halbiert. Viele haben wohl die Geldsorgen durch den finanziellen Zusammenbruch zum Anlass genommen, diese teure und ungesunde Gewohnheit aufzugeben, denn Zigaretten sind durch die Steuern ein wirkliches Luxusprodukt. Die Isländer haben in dieser Zeit auch angefangen, sich mehr Gedanken über ihre Gesundheit zu machen und einen gesünderen Lebensstil zu pflegen. Etwa 9 % der Bevölkerung rauchen täglich, weitere 3 % geben an, ab und zu eine Zigarette zu rauchen. Man hat es als Raucher aber auch wirklich schwer: In Gebäuden, einschließlich Restaurants, Cafés, Bars und Hotels, darf schon längere Zeit nicht mehr geraucht werden und diese Maßnahme scheint dazu beizutragen, dass es weniger Leuten Spaß macht zu rauchen. Kann man seiner Sucht nicht widerstehen, ist es wahrlich kein Vergnügen, im Schneesturm mal kurz auf einen Glimmstängel vor die Tür zu treten. Bisweilen raucht sich eine Zigarette darum in Rekordzeit.

Soweit die guten Nachrichten. Der Rückgang des Zigarettenkonsums wird aber auch der Tatsache zugeschrieben, dass viele auf **E-Zigaretten** oder auf **Snus** (Tabak, der direkt in den Mund gesteckt wird und besonders bei jungen Männern beliebt ist) umgestiegen sind. Seit Snus jedoch ebenfalls hoch besteuert wird, ist auch dessen Konsum in der Gruppe der 18–29-jährigen Männer 2017 wieder um die Hälfte auf 4 % gesunken. Und die gesundheitlichen Konsequenzen der E-Zigarette sind noch nicht ausreichend untersucht. Jedenfalls ist die Zahl der E-Zigaretten-Raucher zwischen 2016 und 2017 von 15.000 auf 20.000 Personen angestiegen. Vor allem jüngere Menschen sieht man mit ihren E-Zigaretten durch die Straßen gehen, schließlich darf man ja auch diese nur draußen rauchen. Man muss daher schon etwas für sie übrighaben, wenn man sich Wind und Wetter aussetzt, um in den Genuss einer (E-)Zigarette zu kommen.

Drogen – das Abwasser kennt keine Geheimnisse

Drogen sind in Island illegal und diesbezüglich kennt die Polizei kein Pardon. An den Anbau von **Pflanzen** im großen Stil ist wegen der klimatischen Bedingungen sowieso nicht zu denken, was aber nicht heißt, dass nicht so mancher in seiner Wohnung botanische Aktivitäten entwickeln würde.

Auch **synthetische Drogen** gibt es in Island, meistens werden sie über den Flughafen Keflavík eingeschleust. Dort werden u. a. Drogenhunde eingesetzt.

Schaut man auf die Studien der Europäischen Beobachtungsstelle für Drogen und **Drogensucht,** so sieht man, dass sich wohl doch große Mengen Rauschgift im Land befinden müssen. Bei Abwasserstudien in fast 60 Städten in 19 Ländern Europas fand man in Reykjavík im Jahr 2017 so viele Rückstände von Drogen, dass man auf Platz 8 bei Amphetamin und Platz 12 bei Kokain und MDMA kam.

Arbeitsleben – fleißig und flexibel

Noch heute gilt es bei vielen Isländern als hohe **Tugend, fleißig und hart zu arbeiten.** Über Jahrhunderte war dies auch bitter nötig, denn sonst hätte man auf einer Insel, auf der die Natur oft so schwierige Lebensbedingungen schafft, nicht überleben können. Bereits **Jugendliche** werden dazu motiviert, sich einen **Nebenjob** und/oder einen Job in den Sommerferien zu suchen. Früher gingen die Kinder während der langen Sommerferien aufs Land, um auf einem Bauernhof mitzuhelfen. Heutzutage können sich Jugendliche, die keinen Job in einem Unternehmen finden, für einen Sommerjob bei der Gemeinde bewerben. Dort gestalten sie dann unter Anleitung die Blumenbeete der städtischen Grünanlagen, erneuern die Farben von Hydranten oder Straßenmarkierungen oder erledigen sonstige Tätigkeiten zur Verschönerung des Stadtbildes – mehr oder weniger motiviert und dementsprechend mehr oder weniger langsam.

Eurostat zufolge arbeiten Isländer pro Woche **im Durchschnitt 4 Stunden länger als die Deutschen** und 3 beziehungsweise 2½ Stunden länger als Österreicher oder Schweizer. Das liegt auch daran, dass durch die hohen **Lebenshaltungskosten, Mieten und Hypotheken** viele Gehälter nicht mehr den Grundbedarf decken, weshalb sich so mancher noch eine zweite Beschäftigung oder Einkommensquelle wie die Zimmervermietung via AirBnB sucht. Der teilweise exzessive **Alkoholmissbrauch** vor allem am Wochenende ist oft der Tatsache geschuldet, dass sich im Beruf unter der Woche so viel Druck aufbaut, dass dieser am Wochenende nur mit Hilfe von Alkohol abgebaut werden kann.

Doch ist die Tatsache, dass viele Isländer **mehrere Tätigkeiten** ausüben, auch Ausdruck einer anderen Besonderheit der isländischen Arbeitsauffassung: Isländer lieben es ganz einfach, während ihres Berufslebens verschiedene Arbeiten auszuführen und ihre Talente zu entdecken. Man ist nicht so festgelegt auf eine bestimmte Richtung und nicht selten trifft man Kollegen, die schon alles Mögliche getan haben und neben ihrem Hauptberuf noch als Musiker, Künstler, Reiseleiter, Yogalehrer oder selbständiger Unternehmer tätig sind.

Natürlich braucht man für eine Arbeitsstelle in Island die erforderlichen Papiere, aber bei der Stellenvergabe haben **Berufserfahrung** und **gute, persönliche Beziehungen** oft ein schwereres Gewicht.

Hierarchien sind normalerweise eher flach und vom Chef bis zur Reinigungskraft sind alle per du, der Umgang ist eher locker. In vielen Unternehmen wird ein ausgeglichenes Verhältnis zwischen Männern und Frauen angestrebt, ab 50 Mitarbeitern ist man dazu sogar gesetzlich verpflichtet. Daher findet man auch viele **Frauen in Führungspositionen** (s. S. 166).

Flexibilität und Optimismus sind die Stärken isländischer Unternehmen und Mitarbeiter. Planänderungen und ein Sich-neu-Einstellen auf veränderte Bedingungen sind kein Problem. Die Menschen sind es gewohnt, dass ihnen z. B. das Wetter einen Strich durch die Rechnung macht, dann müssen sie schnell neue Lösungen finden. Viele Unternehmen sind zudem klein genug, um flexibel agieren zu können. Oft wird in Island etwas von kleinen Unternehmen geschafft, was im Ausland einen riesigen Apparat erfordern würde. So arbeiten beispielsweise beim Deutschen Wetterdienst 2500 Personen, während der Veðurstofa nur 150 Angestellte hat.

052ki-sb

Die meisten Mitarbeiter von Unternehmen sind Mitglied einer **Gewerkschaft.** Diese führen nicht nur die Tarifverhandlungen, sondern bieten auch ein zusätzliches Sicherungsnetz, zum Beispiel durch die Übernahme von Krankheits- oder Weiterbildungskosten und einen Rechtsschutz für ihre Mitglieder. Wichtig sind vielen jedoch auch die Vergünstigungen, zum Beispiel in Form von Rabatten bei Sportklubs oder günstigen Urlaubsmöglichkeiten in den gewerkschaftseigenen Ferienhäusern. Die Ferienhäuser sind im ganzen Land verteilt und werden mithilfe eines Punktesystems vergeben. Punkte werden durch eine Mitgliedschaft automatisch angesammelt. Für die beliebtesten Orten braucht man natürlich die meisten Punkte, doch gibt es immer auch Häuser, die auch von Mitgliedern gebucht werden können, die noch nicht lange Punkte gespart haben. Und so können viele einen günstigen Urlaub in der isländischen Natur verbringen.

Im Prinzip herrscht in Island **Vollbeschäftigung.** Nur während der Wirtschaftskrise stieg die Arbeitslosenquote von rund 3 % auf 7,2 % . 2010 war mit 7,6 % der Höhepunkt der Arbeitslosigkeit erreicht und 2017 lag die Marke wieder bei unter 3 %, was praktisch einer Vollbeschäftigung gleichkommt.

⌃ Verlegung von Warmwasserrohren für die „Fußbodenheizung“ in Reykjavík

Ess- und Trinkkultur – von Schafshoden bis zum Schwarzen Tod

Als Schlemmerparadies ist Island im Ausland nun wirklich nicht bekannt, eher hat man schon einmal von wirklich eigenartigen Gerichten und Traditionen wie Gammelhai gehört. Doch die Zeiten, in denen Hummer von den Fischern wieder zurück ins Meer geworfen wurden, weil sie so hässlich waren, sind längst vorbei. Heute setzen die Köche der **modernen nordischen Küche** auf natürliche und saisonale Zutaten, die man vor Ort bekommen kann, und interpretieren so die traditionellen Gerichte neu. Besucht man ein Restaurant bekommt man normalerweise Speisen in **guter bis sehr guter Qualität,** aber zu einem saftigen Preis. Prinzipiell **fehlt es an Gaststätten, die einfache und günstige Gerichte anbieten.** Selbst wenn einem das Geld egal ist, hat man bei einem längeren Aufenthalt in Island deshalb noch lange nicht jeden Tag Lust auf qualitativ hochwertige, jedoch teure mehrgängige Menüs.

Trockenfisch

Die Isländer haben ihr Überleben auf der Insel zu einem Großteil dem Fischfang und der Schafzucht zu verdanken. Sie dienten den Inselbewohnern als Nahrungsgrundlage, waren aber auch beliebte Exportprodukte (in Form von Stockfisch und Wolle/Wollprodukten). Island hat seit dem 14. Jahrhundert gute Geschäfte mit dem Export von **Stockfisch** gemacht. In den Städten auf dem europäischen Kontinent konnte der Bedarf an Fisch, einem der wenigen Lebensmittel, das auch während der bis zu 200 Fastentage im Jahr erlaubt war, nicht selbst gedeckt werden. Daher fanden die Isländer dort gute Absatzmärkte für ihren getrockneten Fisch.

Verwendet wurden wirklich alle Teile der Tiere und neben Räuchern und Trocknen war das Einlegen in Milchsäure eine der wichtigsten Methoden, Fleisch haltbar zu machen. Heutzutage kann man diese Nahrungsmittel bei einem traditionellen Þorrablót-Mahl kennen lernen (s. S. 82).

Landestypische Gerichte

Warm gegessen wird normalerweise abends, wenn die ganze Familie zusammenkommt, obwohl Kinder auch in der Schule warmes Essen kaufen können. **Fisch** spielt eine wichtige Rolle, zum Beispiel als *fiskibollur* (Fischklößchen) oder *plokkfiskur*. Für das letztgenannte Gericht wird das weiße Fischfleisch mit einer weißen Soße und Kartoffeln zu einer Art Eintopf zer-

Touristenmutprobe: Hákarl (fermentierter Hai)

Der stechende Geruch signalisiert einem klar denkenden Menschen eigentlich bereits: Das kann nicht gesund sein. Dennoch gehört das Fermentieren zu den althergebrachten Konservierungsmethoden, die es in vielen Ländern gibt. Aber während man beispielsweise für Gravlax, was wörtlich „begrabener Lachs" bedeutet, eine moderne Methode gefunden hat, die ein wohlschmeckendes Produkt erzeugt, hat sich in Island eine uralte Tradition gehalten, Haifisch zu fermentieren. Am Ende kommt etwas heraus, das nur allzu gern mit dem isländischen Schnaps namens „Schwarzer Tod" hinuntergespült wird, ja schon fast aus einem tiefen inneren Geschmackserlebnis heraus zwanghaft heruntergespült werden muss - und zwar pronto.

Hákarl wird aus dem Fleisch des Grönlandhais hergestellt. Grönlandhaie waren ursprünglich Beifang, den man aber nicht wegwerfen wollte. Also entwickelte man eine Methode, das ungenießbare Fischfleisch essbar zu machen. Der Fisch wird ausgenommen und entgrätet. Da der Hai Harnstoffe im Blut anreichert, weil er nicht uriniert, sondern seine Harnstoffe, die erst nach Monaten abgebaut sind, letztendlich über die Haut ausscheidet, wurde er in eine Grube aus grobem Sand und Schotter gelegt und mit einem Stein beschwert, der die Körperflüssigkeiten herauspressen sollte. Nach 6–12 Wochen wurde das Fleisch in einer Trockenhütte aufgehängt, um in den kommenden Monaten den Ammoniak verdunsten zu lassen. Die braune Haut, die sich dabei bildet, wird abgeschnitten. Gegessen wird das weißliche Fleisch, das übrigbleibt. Auch heute funktioniert die Methode noch fast genau so, auch wenn die Grube inzwischen durch eine Kiste ersetzt wurde.

Wie jemand auf die Idee kommen kann, einen Fisch monatelang einzugraben und danach nochmals Monate draußen trocknen zu lassen, um ein Produkt zu erhalten, das gerade mal so essbar ist, bleibt dem unbedarften Touristen wohl eher ein Rätsel. Dem Hákarl werden aber sehr verdauungsfördernde und noch mehr gesundheitsfördernde Eigenschaften zugeschrieben.

Jedenfalls gilt er im Land als Besonderheit. Der Geruch ist streng und scharf, der Geschmack ist am ehesten zu vergleichen mit einem über-über-überreifen Münsterkäse. Der vergammelte Hai ist immer Teil eines Þorrablót-Mahls (s. S. 82). Und man findet Hákarl in würfelgroße Stücke geschnitten, in denen ein Zahnstocher steckt, beim Fischverkäufer. Den meisten reicht die kleine Portion.

Und obwohl man es kaum für möglich hält, kann auch vergammeltes Haifischfleisch noch schlecht werden. Man muss also schon einigermaßen genau wissen, wie das Ganze aussehen und schmecken soll, damit man sich zusätzlich zum strengen Geschmackserlebnis nicht auch noch eine Lebensmittelvergiftung zuzieht.

053ki-sb

stampft. Ein guter Fischladen hat heutzutage neben einer großen Auswahl an frischem Fisch auch immer einige halbfertige Gerichte im Angebot (verschiedene Fischsorten, die in Marinaden eingelegt oder mit Soßen vorbereitet sind), die man zu Hause einfach in der Pfanne anbraten oder im Ofen backen kann.

Lammfleisch ist eher ein Sonntagsessen. Dazu schiebt man eine Lammkeule in den Ofen oder man legt einige Lammkoteletts auf den Grill, auch zarte Lammfilets sind sehr beliebt. Dasselbe gilt im Grunde für Schweinefleisch. Kassler ist oft auch Bestandteil eines traditionellen Mahls während der Weihnachtszeit. **Hummersuppe** wird normalerweise nur bei speziellen Anlässen serviert und man bereitet sie nach dem eigenen Familienrezept zu. Es gibt noch ein paar weitere besondere Fleischsorten wie **Pferdefleisch, Papageientaucherfleisch, Rentierfleisch, Alpenschneehuhn oder Walfleisch,** die man in seltenen Fällen bei einem Fest gereicht bekommt. Eher findet man diese Produkte in Restaurants, die sich auf traditionelle Gerichte spezialisiert haben. Insbesondere Walfleisch wird vor allem von Touristen verspeist, obwohl andererseits viele Touristen dafür sind, den Walfang zu beenden (s. S. 116).

Auf dem Markt im Kólaportið gibt es auch Gänseeier

Obst und Gemüse

Während Fleisch oder Fisch und Kartoffeln viel Platz auf dem Teller einnehmen, fallen die Portionen für **Gemüse** eher etwas klein aus. Es werden zwar verschiedene Gemüse wie Tomaten, Paprika, Gurken und Obstsorten wie etwa Erdbeeren in Gewächshäusern sowie Steckrüben, Möhren und Kartoffeln im Freiland angebaut, doch muss der Großteil an Gemüse und **Obst** importiert werden. Während die heimischen Produkte von guter Qualität sind, steht es um die Importware nicht immer zum Besten. Das liegt teilweise an der Behandlung der Waren in den Geschäften. Da kommt es schon mal vor, dass ein junger Angestellter eine Kiste Äpfel auffüllt, indem er die neue Kiste einfach umstürzt und alles auf die anderen Früchte fällt, statt diese mit der Hand in die vorhandenen Regale zu setzen. Logischerweise haben dann viele Früchte braune Flecken. Obst und Gemüse werden auch oft zu kalt aufbewahrt und entwickeln demzufolge einen Gefrierbrand. Oder sie liegen viel zu lange im Regal und bilden dort in aller Seelenruhe Schimmel aus, weshalb man wirklich keine Lust mehr hat, sie zu kaufen. Spätestens bei der Behandlung der Supermarktangestellten wird deutlich, dass die Isländerinnen und Isländer noch immer kein Verhältnis zu diesen importierten Essenswaren entwickelt haben. Da träumt man dann manchmal schon von einem Obst- und Gemüsemarkt mit frischen, reifen und gut behandelten Produkten.

Vegetarische und vegane Ernährung

Seit Beginn dieses Jahrzehnts kann man feststellen, dass sich viele Isländer mehr Gedanken über einen gesunden Lebensstil machen. Seither ist auch das Leben für Vegetarier und Veganer leichter geworden. In allen Supermarktketten findet man nun die entsprechenden **(Basis-)Produkte in guter Auswahl, aber auch Fertigprodukte wie Sandwiches und Fertigmahlzeiten,** dann eventuell in etwas geringerer Vielfalt. Wenn man seine Mahlzeiten selbst zubereiten kann, hat man also keine Probleme.

Möchte man essen gehen, dann findet man im Einzugsbereich von Reykjavík ein **gutes Angebot an Restaurants und Cafés, die vegetarische und vegane Gerichte anbieten** oder ganz auf diese Küche spezialisiert sind. In Restaurants, die jedoch nicht auf Vegetarier oder Veganer spezialisiert sind, ist es leider immer noch oft so, dass die vegetarischen oder veganen Wahlmöglichkeiten recht bescheiden ausfallen, was einigermaßen verwundert, denn im Zuge der Rückbesinnung auf typisch Isländisches infolge der Finanzkrise haben viele Köche die nordische Küche innovativ neu interpretiert, allerdings eben mit starkem Akzent auf Fleisch und Fisch.

Rúgbrauð – Backen im Vulkan

Rúgbrauð ist ein dunkles, im Gegensatz zum deutschen Vertreter relativ süßes Roggenbrot, das man auch beim Bäcker oder im Supermarkt kaufen kann. Doch in Gebieten, wo es heiße Quellen gibt, backen Menschen dieses traditionelle Brot in der brodelnden Erde. Dazu wird der Teig in einen Topf oder alte Milchkartons gegeben, die mit Folie gut verschlossen werden. Dann gräbt man bis zu einer Stelle, wo es brodelt und/oder heißer Dampf austritt. Dort stellt man den Topf beziehungsweise legt die Kartons hinein und bedeckt das Ganze mit Sand oder Erde, damit die Wärme darin schön gespeichert wird. Nach ca. 12-24 Stunden kann man das fertige Brot wieder ausgraben.

Rúgbrauð wird mit Butter zu vielen Gerichten gegessen, besonders zu Fisch. Allerdings kann es auch zu Blähungen führen.

Bei einer Rundreise kann ein Restaurantbesuch daher einigermaßen schwierig bzw. eintönig werden, denn vegetarische oder vegane Restaurants sind hier äußerst dünn gesät. Am besten, man redet mit den Restaurantbetreibern und fragt nach, welche Möglichkeiten es gibt, dann lässt sich vielleicht doch noch etwas in Absprache miteinander regeln.

Eina með öllu og kók

Manch einer übersteht die lange Partynacht am Wochenende nur dank *eina með öllu og kók,* einem Hotdog mit allem Drum und Dran, was soviel bedeutet wie Senf, Remouladensoße, Ketchup, rohen und gerösteten Zwiebeln sowie einer Cola. Aber auch bei Schwimmbädern oder in der Nähe vieler Bushaltestellen braucht man dank der Würstchenbuden *(pylsuvagninn)* nicht zu verhungern. **Pylsur** (Würstchen) sind sehr beliebt, auch wenn man ganz schön große Mengen davon verdrücken muss, bis sich ein Sättigungsgefühl einstellt.

Auch **Hamburger** werden gerne und viel gegessen. Dass die größte amerikanische Hamburgerkette die Insel verlassen hat, hat nicht dazu geführt, dass es keine Hamburger und Pommes mehr gibt. Andere sind in diese Lücke gesprungen und es braucht sich niemand Sorgen zu machen, dass er nicht auf seine Kosten käme. Touristen müssen allerdings zuweilen tief Luft holen, wenn sie die Preise dafür sehen. Viele Isländer fürchten, dass die Kinder und Jugendlichen zu viel Fastfood zu sich nehmen und dabei zu viel Gewicht ansetzen. Tatsächlich ist die Quote der Übergewichtigen im Vergleich zur EU für alle Altersklassen relativ hoch. Dabei gäbe es in Island einige gute Alternativen.

Zaungäste

Es gibt auch Isländer, die gerne mit Chips vor dem Fernseher sitzen und dabei zuschauen, wie anderen der Schweiß von der Stirn rinnt. Um die Mitte des letzten Jahrhunderts, mit der Ankunft der britischen und amerikanischen Soldaten, ist ein neues Phänomen in Island aufgetaucht. Bis dahin war der Speisezettel zwar recht eintönig, aber extrem gesund. Ernährungswissenschaftler und Diätetiker schwärmen heute von der ausgewogenen Nahrungsaufnahme der Isländer zu der Zeit vor dem Zweiten Weltkrieg. Doch dann kam das Geld ins Land, wurden aus anderen Ländern Nahrungsmittel importiert und hielten auch hier Pasta und Fastfood Einzug. Da der Isländer gerne nimmt, was er bekommt – was ja auch nicht gänzlich unverständlich ist, denn bisher musste er lange darauf verzichten –, tut er dies am liebsten im Übermaß, und so haben sich in der Zwischenzeit auch die Bekleidungsgeschäfte entsprechend darauf eingerichtet.

Es geht auch gesund – überraschend leckere Snacks aus der Natur

Natürlich bekommt man auch in Island die üblichen Süßigkeiten und salzige Snacks, die in Supermärkten, Kiosken oder Tankstellen verkauft werden, doch es gibt auch einige äußerst gesunde Alternativen.

Die erste Alternative ist **Harðfiskur** (getrockneter Fisch). Dieser wird am Stück oder auch zerteilt in kleinen Tüten verkauft, dann muss man die zähen Fasern nicht erst mühselig auseinanderrupfen. Wo viele Touristen vorbeikommen, werden die Portionen auch gleich noch abgepackt mit Butter und Plastikmesser verkauft. Dann schmiert man sich die Butter einfach direkt auf den Fisch, als wäre er ein Brot. Das hat in Island Tradition, denn Getreide war ein teures Importprodukt und Trockenfisch war tatsächlich so etwas wie eine Alternative zu Brot. Durch das Trocknen wird der Geschmack des Fisches milder und unaufdringlicher. Diese traditionelle und gesunde Alternative zu Chips verfügt über einen sehr hohen Proteingehalt.

Ein vegetarischer Snack sind **getrocknete Algen,** z. B. die Rotalge Dulse (Palmaria Palmata), die in Tüten verkauft und wie Chips gegessen werden, was allerdings für Ausländer etwas gewöhnungsbedürftig sein kann. Algen kann man natürlich auch zusammen mit Gemüse, Fisch oder Hülsenfrüchten kochen. Oder man röstet sie und reichert damit Salate und Sandwiches an. Algen waren in Island früher eine wichtige Mineralstofffquelle. Und auch heute noch werden sie, auch von der jüngeren Generation, gerne mal zwischendurch verdrückt.

Extrainfo 20 (s. S. 9): Video über das Tomatenrestaurant Friðheimar

Für den Hunger zwischendurch geeignet ist auch **Skyr,** ein Frischkäse, der in der Konsistenz dickflüssigem Joghurt ähnelt und einen sehr viel höheren Proteingehalt als Joghurt und Quark hat. Dabei enthält er praktisch kein Fett, etwa 0,2–0,5 %, und jede Menge Kalzium und Vitamine. Hierin liegt die geheime Kraft des Skyrs. Das Eiweiß hilft beim Muskelaufbau und gibt Energie – genau das richtige für die hart arbeitenden Fischer und Bauern auf der Insel. Das typisch isländische Milchprodukt wird in kleinen Bechern (mit Löffel im Deckel) pur und in vielen süßen Geschmacksvarianten verkauft. Traditionell wurde der pure Skyr mit etwas Sahne und eventuell noch etwas Zucker aufgepeppt. Eigentlich muss ein guter Skyr durch den Zucker auf den Zähnen knirschen.

Skyr hat in Island eine lange Tradition. Schon in den Sagas wird erzählt, wie sich die alten Wikinger am Skyr gütlich taten. Und einer der 13 isländischen Weihnachtsmänner stibitzt den Skyr sogar, wenn man nicht aufpasst (s. S. 92)!

Der gute Schluck aus der Flasche – Lýsi

Als Tourist wundert man sich bei einem Islandaufenthalt vielleicht über die Flasche mit der grellgelben Flüssigkeit auf dem Frühstücksbüfett im Hotel. Da die Substanz doch sehr eigenartig aussieht, lässt man sie als Fremder über stehen, während viele Isländer das Angebot gerne annehmen. Auch in vielen Kühlschränken findet man die Flasche und man fragt sich, was für eine besondere Frühstückszutat das wohl sein mag.

Es handelt sich um **Lebertran** und man stellt mit Erstaunen fest, dass viele Isländer vor allem im Winter darauf schwören, weil die tägliche Portion Lebertran sie gesund halte und obendrein bei Winterdepression helfe, da er lebenswichtige Omega-3-Fettsäuren, Vitamin A und Vitamin D enthält. „Ich bin im Winter nie erkältet", ist das wichtigste Argument, das für die Einnahme von Lýsi, so heißt der Lebertran bei den Einheimischen, vorgebracht wird. Mitte des letzten Jahrhunderts wurde den Kindern in der Schule ihre Portion Lebertran noch mit einem Kännchen in den Mund gegossen. Später wurde er löffelweise verabreicht. Und heutzutage steht die Flasche, die es übrigens in unterschiedlichen Geschmacksvarianten gibt, z. B. mit Zitrone, im eigenen Kühlschrank.

Bei der heutigen, modernen Variante wird dem Lebertran durch diverse Verfahren der Geruch, der fischige Geschmack und die Farbe entzogen. Die am häufigsten verwendete Variante stammt heutzutage aus der **Leber des Dorschs.** Stärker ist der Lebertran des Haifischs, den sollte man als Anfänger allerdings sehr niedrig dosieren. Als der Walfang noch in vollem Gang war, nahm man Wallebertran zu sich, damals noch in der unbearbei-

054ki-sb

teten Variante. Man findet die Flaschen und Pillen in jedem Supermarkt in der Nähe der Kassen oder im Kühlregal bei den Milchprodukten, so als wäre der Tran ein ganz normales Lebensmittel und kein Nahrungsergänzungsprodukt.

Doch wie man ihn auch zu sich nimmt, Lebertran legt sich ölig weich auf die Zunge und dieser Ölgeschmack hält lange an. Daran ändert auch das beste hinzugefügte Zitronenaroma nichts. Deshalb trinken die meisten einen sauren Beeren- oder Orangensaft hinterher, damit das Öl nicht zu lange im Rachen hängenbleibt. Andere versuchen, mit Milch zu verhindern, ständig aufstoßen zu müssen. Für die weniger robusten Wikinger gibt es auch Kapseln zum Einnehmen, angeblich bevorzugen vor allem Frauen diese Variante, während echte Männer den Schluck aus der Flasche nicht scheuen.

Die meisten Isländerinnen und Isländer sind sich darüber einig, dass Lýsi gut für die Gesundheit ist. Doch nehmen längst nicht alle täglich eine Portion zu sich. Im Winter erinnern sich viele daran, dass es vielleicht doch sinnvoll wäre, sich vor Erkältungskrankheiten zu schützen, da steigt

Fehlt bei fast keinem Hotelfrühstück in Island: Lýsi – Lebertran

Tíú dropar – zehn Tropfen Kaffee

Kaffee ist das Schmiermittel, das die Nation am Laufen hält. Der erste Kaffeetrinker soll Árni Magnússon gewesen sein, der bereits Anfang des 18. Jahrhunderts seinen Kaffee aus Dänemark mitbrachte. Ab dem 19. Jahrhundert setzte sich das Getränk dann in der breiteren Bevölkerung durch. Isländer lieben ihren Kaffee und trinken ihn den lieben langen Tag. Manchen geht es dabei um die Menge, sie trinken daher im Café den normalen Filterkaffee, denn den kann man sich normalerweise immer wieder nachgießen. Sogar im Supermarkt findet man eine Ecke, in der man sich bedienen kann. Teetrinker gehen leider leer aus.

Andere hingegen legen Wert auf gute Qualität und eine Auswahl an verschiedenen Kaffeesorten und Zubereitungsweisen. Und die Baristas in Island nehmen ihre Aufgabe sehr ernst: Cappuccino, Espresso, Latte Macchiato und ihresgleichen werden sorgfältig zubereitet und man hat die Wahl zwischen normaler Milch, Soja- oder Mandelmilch und extra Kaffee-Shots. Eine Reihe isländischer Gastronomen importiert frische Kaffeebohnen und röstet ihren Kaffee selbst. Die (gemahlenen) Bohnen kann man dann auch gleich noch im Café erwerben.

Das Wichtigste, falls Gäste kommen, ist, dass man Kaffee im Haus hat. Etwas, das man dazu reichen kann, ist natürlich auch nicht schlecht, aber der Kaffee ist wichtiger. Und auf die Frage, ob man noch etwas mehr Kaffee haben möchte, ist die Antwort oft: „Bara tíú dropar", nur zehn Tropfen, womit ein kleines Schlückchen gemeint ist.

dann der Absatz im Land wieder etwas an. Und viele Eltern halten es, auch wenn sie selbst gar keinen Lebertran mehr zu sich nehmen, für wichtig, ihre Kinder an den Geschmack zu gewöhnen, indem sie dem Essen oder den Getränken der Kinder ein paar Tropfen beimischen. Zu diesem Zweck hat der Hersteller eine besondere Kindervariante entwickelt, auf der ein lustiger Fisch auf der Verpackung den Kindern wohl den Schrecken vor dem Geschmack nehmen soll.

Was den Umfang des Absatzes der lokalen Produktion betrifft, spielt der einheimische Markt keine bedeutende Rolle, denn der größte Teil der Lebertranprodukte wird in über 70 Länder verkauft. Schließlich finden Erzeugnisse, denen eine positive Wirkung auf das Herz-Kreislauf-System, das Gehirn und die Nervenbahnen, die Gelenke und das Immunsystem sowie eine Aufhellung der Stimmungslage zugeschrieben werden, auch im Ausland treue Kunden.

Gerne auch mal süß

Etwas Süßes zum Kaffee oder Tee passt immer, ob direkt vom Bäcker mitgebracht oder im Café. Schließlich verlagern viele ihr Büro mit ihrem Laptop ins Café und da braucht man zwischendurch schon mal eine Stärkung. Gern gegessen und serviert wird eine besondere Form von Krapfen. Für eine **Kleina** wird der Teig trapezförmig ausgeschnitten. In die Mitte wird längs ein Schnitt gemacht und eine Ecke wird durch diesen Schlitz gezogen, wodurch der Krapfen in sich gedreht wird. Danach wird er frittiert, weshalb er eigentlich nur am selben Tag lecker schmeckt. Jeder Isländer hat seine eigene Meinung, wie und wo die *kleinur* am besten schmecken.

Ebenfalls beliebt ist die **Snúður** (Zimtschnecke). Diese fällt allerdings ziemlich groß und dick aus und hat oft eine unglaublich süße Glasur in Grellpink, Karamellbraun oder Schokoladenbraun. Es gibt aber auch eine Variante mit einer Glasur aus echter Schokolade, die dann nicht ganz so fest an den Zähnen klebt.

Vínarbrauð bezeichnet süße Stückchen aus Plunderteig, die mit Marzipan, Vanillecreme und/oder Früchten gefüllt sein können. Dieses ursprünglich österreichische Gebäck (daher der Name „Wienerbrot“) kam mit der die Verbindung der Habsburger - Isabella von Österreich (1501–1526) wurde durch ihre Heirat mit Christian II. Königin von Dänemark, Schweden und Norwegen - mti der skandinavischen Kolonialmacht auf die Nordatlantikinsel.

Skúffukaka ist wortwörtlich ein Blechkuchen, weil er in einem tiefen Blech gebacken wird. Gemeint ist damit ein lockerer Schokoladenkuchen mit einer Schokoladenglasur und Kokosstreuseln.

Aber die beste Überraschung beim Bäcker ist, dass man dort Eheglück kaufen kann: Der Kuchen heißt **Hjónabandssæla,** was soviel heißt wie Eheglück, und kommt zunächst eher unscheinbar daher, ein Boden aus einem Teig aus Haferflocken wird mit Rhabarbermarmelade bedeckt, dann kommen noch einmal Streusel oder ein Gitter aus Teig darauf. Dazu gehört frisch geschlagene Sahne. Wie beim eigentlichen Eheglück schwören auch hier alle auf ihr eigenes Rezept beziehungsweise den Bäcker ihrer Wahl.

Im Zuge des Gesundheitstrends gibt es inzwischen in allen Cafés und Bäckereien eine kleine Auswahl an **glutenfreien und/oder veganen Naschereien** wie Muffins, riesige Schokoladenkekse oder Dattel-Schokoladen-Salzkaramellstückchen.

Im Café sind natürlich auch die **Creme- und Sahnetorten** sowie die obligatorische französische Schokoladentorte beliebt, die meist so massiv ausfällt, dass man nur ein kleines Stück verträgt.

Bei besonderen Anlässen wie Taufe oder Firmung kann man **personalisierte** Torten bestellen. Dann wird ein mehrschichtiger Kuchen mit Creme- oder Marmeladenfüllung mit Marzipan oder Fondant überzogen und zum Beispiel als Kissen oder Buch gestaltet. Darauf werden dann der Name und der Anlass geschrieben, eventuell kommen noch ein Foto und schöne Verzierungen hinzu.

Beliebt bei besonderen Feierlichkeiten wie Konfirmationen ist auch **Kransakaka.** Bei dieser Spezialität wird aus einem Marzipanteig ein Turmkuchen oder ein Füllhorn geformt, der dann wiederum mit kleineren Teilchen gefüllt wird.

Bei einer Einladung zum Kaffee werden gerne **Pfannkuchen** serviert. Diese sind hauchdünn wie Crêpes, man sollte die Zeitung durch sie lesen können. Doch diese Kunst, hauchdünne Pfannkuchen zu backen, ist wohl eher aus der Not geboren. Mehl war einst ein absolutes Luxusgut, das importiert werden musste, daher war es eine Tugend, wenn man aus dem Teig möglichst viele Crêpes backen konnte. Die Pfannkuchen werden mit Rhabarbermarmelade und ungesüßter geschlagener Sahne gefüllt.

Beim **Vöfflukaffi** wird man zu Kaffee mit süßen Waffeln eingeladen. Die frischgebackenen Waffeln werden manchmal mit Sahne und flüssiger Schokolade gereicht, traditionell werden jedoch auch zu diesen Rhabarbermarmelade und Sahne gegessen.

Powerfood – sammeln und ernten im Herbst

Ende des Sommers ist es an der Zeit, Beeren zu sammeln. Besonders beliebt sind **Heidelbeeren** und viele haben ihre eigene geheime Stelle, an der man diese finden kann. Dazu reist man auch mal in die Westfjorde, weil es dort besonders viele Beeren gibt. Gesammelt werden auch **Krähenbeeren,** aus denen besonders gerne Saft hergestellt wird. Johannisbeeren, rot oder schwarz, haben viele im eigenen Garten, sie eignen sich wunderbar dazu, Johannisbeergelee herzustellen. Besonders gute Sammler suchen auch **Kräuter** und **Isländisches Moos** und machen zum Beispiel Tee daraus.

Kartoffeln gehören zu den Lieblingsspeisen der Isländer und wenn man eigene Kartoffeln ernten kann, dann macht einen das natürlich besonders stolz. Jedenfalls ist diese Sammel- und Erntezeit noch einmal ein willkommener Anlass, Zeit draußen in der Natur zu verbringen, bevor das nasse und kalte Wetter kommt.

› Säuerliche Vitaminbomben für den kommenden Winter: Krähenbeeren

Extrainfo 21 (s. S. 9): Kann man essen: Snacks auf Isländisch

osski-sb

Da kennt der Wikinger nichts: Eis essen im Winter

Traditionell wird in Island **Softeis** gegessen. Dabei unterscheidet man das traditionelle Eis, das vergleichsweise mehr Milch enthält und dadurch etwas frischer schmeckt, und das neue oder normale **Speiseeis,** das etwas cremiger ist. Die Debatte, welches denn nun besser schmecke, wird wohl ewig dauern.

Das Eis bildet die Basis, die dann aufgepeppt wird – entweder mit heißer Schokoladen- oder Karamellsoße oder einem Überzug in den Geschmacksrichtungen Schokolade, Karamell oder der Luxusvariante, die eine Kombination aus beiden ist. Darüber streut man dann noch zerkleinerte Nüsse, Süßigkeiten, Kekse, Lakritze (auch salzige oder die feurige Variante mit Pfeffer, die in Island *Tyrkisk peber,* türkischer Pfeffer, heißt) oder Früchte.

Eine **Eisdiele,** die etwas auf sich hält, hat locker 20–30 Varianten zu bieten. Das Ganze kann man sich auch in einem Mixer zu einem Shake zusammenrühren lassen. Im Sommer ist Eis natürlich besonders beliebt, doch hält der Winter niemanden davon ab, Eis zu kaufen, das dann als Nachtisch verspeist wird.

Weihnachtsgebäck

Zur Weihnachtszeit gehört wie in vielen anderen Ländern auch das traditionelle Weihnachtsgebäck. Und eigentlich sollten es schon mehrere Sorten Kekse sein, die man zu bieten hat. Selbst gebacken sind sie natürlich am besten, doch kann man seinen Vorrat auch in der Bäckerei auffüllen.

Eine besondere Variante ist **Laufabrauð,** eine Art Fladenbrot, das sehr dünn und knusprig in heißem Fett ausgebacken wird, sodass es tatsächlich so zerbrechlich wie ein getrocknetes Laubblatt ist. Die Köstlichkeit stammt ursprünglich aus dem Norden des Landes, doch hat es sich inzwischen im ganzen Land durchgesetzt.

Natürlich kann man es sich einfach machen und eine Schachtel Brotfladen im Supermarkt kaufen, doch ist gerade *laufabrauð* eine willkommene Gelegenheit für Familien, zusammenzukommen und **gemeinsam zu backen.** Der Teig aus Mehl, Milch, Butter, Zucker und Salz wird erst gründlich geknetet und danach sehr dünn ausgewellt. Dünn genug ist er dann, wenn man eine Zeitung durch den Teig lesen kann. Dann werden tellergroße Kreise ausgeschnitten und jeder Kreis erhält dreieckige Kerben, die umgeklappt werden können. Dadurch entsteht das für diese Spezialität typische Muster. Echte Laufabrauð-Künstler können wundervoll komplizierte Verzierungen herstellen. Die Verzierungen ähneln Sternen, Schneeflocken oder sind bisweilen auch mal ganz abstrakt. Da das Backen ein Familienereignis ist, sehen nicht alle Brote zum Schluss gleich aus.

Inzwischen gibt es viele Hilfsmittel. Vorbereiteten Teig, den man im Supermarkt kaufen kann, oder einen kleinen Roller, der gleichmäßige Dreieckskerben in den Teig schnitzt. Dann braucht man nur noch selbst die einzelnen Dreiecke umzuklappen. Doch Traditionalisten schwören natürlich darauf, dass man die schönsten Dreiecke von Hand einschneidet.

Am besten ist es, wenn viele Hände die Brote verzieren. Anschließend werden die dünnen Fladen einzeln in heißem Fett ausgebacken. Das dauert auf jeder Seite nur ein paar Sekunden und danach lässt man sie auf Küchenkrepppapier abkühlen, nachdem sie zuvor noch einmal schön plattgedrückt wurden. Nach dem Abkühlen sind die Fladen knusprig und brüchig und müssen sehr sorgfältig und vorsichtig in Keksdosen aufbewahrt werden.

Normalerweise treffen sich die Familien Anfang Dezember, um *laufabrauð* zu backen. Dieses wird dann traditionell zu den Weihnachtstagen zu *hangikjöt* (geräuchertem Lammfleisch) oder geräuchertem Schweinefleisch serviert. Es muss bis dahin also noch eine ganze Weile in der Schachtel ausharren.

Auch **Designer und Künstler** lassen sich von den Mustern inspirieren, die jeder hier mit Tradition, Kunsthandwerk und Weihnachtszeit verbindet.

Nase zu und durch: (Vor-)Weihnachtsessen

Die Weihnachtstraditionen beginnen eigentlich schon am 23.12., der *Þorláksmessa*. An diesem Tag isst man **fermentierten Rochen** (jedenfalls wer es verträgt) im Restaurant, damit die eigene Wohnung an Weihnachten nicht streng nach Ammoniak riecht. An den Weihnachtstagen kann man als Vorspeise **Räucherlachs** oder **eingelegten Hering** servieren. Dazu gehört *rúgbrauð* (s. S. 196) mit Butter, das man dann für den Rest des Festmahls auf dem Tisch stehen lässt und von dem während aller Gänge immer wieder zwischendurch ein Häppchen genommen wird. Zur Hauptspeise isst man **Kassler, geräuchertes Lammfleisch, Fisch oder Wild** wie Rentier und Alpenschneehuhn. Dazu werden **Erbsen, Bohnen, Rotkohl,** eine **Soße** und **Marmelade** serviert und natürlich dürfen die isländischen **Kartoffeln** nicht fehlen. Diese können verschieden zubereitet sein, an Weihnachten werden sie oft karamellisiert. Dann fehlt nur noch das *laufabrauð* (s. S. 204). Dazu trinkt man *malt og appelsín,* eine Kalorienbombe aus Malzbier und isländischer Orangenlimonade. Zum Nachtisch passt Eis, denn das lieben alle Isländer (s. S. 203), oder der für Dänemark typische Mandelreisbrei. Und dann wollen alle nur noch eines, nämlich es sich mit ihren neuen Büchern, die sie zu Weihnachten geschenkt bekommen haben, auf der Couch bequem machen.

△ Das gemeinsame Ausstechen und Backen des Laufabrauð ist Teil der vorweihnachtlichen Familientradition

Das halbe Schaf im Supermarktregal

Im Großraum Reykjavík muss man seine Einkäufe fast nicht mehr planen, denn dort gibt es eine **große Auswahl an Supermärkten mit großzügigen Öffnungszeiten** auch abends und an Sonntagen. Auffällig ist, dass die Auswahl und Qualität in der Gemüse- und Obstabteilung etwas bescheidener ausfällt als zu Hause, dafür gibt es ein breites und vielfältiges Angebot in den Kühl- und Gefriertheken. Dort begegnet man Besonderheiten wie halben Schafsköpfen oder halben Schafen, falls mal ein paar Leute mehr zum Grillabend kommen sollten. Aber man findet auch die gewohnten Dinge wie Tiefkühlpizza, Käse oder Fleischwaren. Worauf man achten sollte, ist das **Haltbarkeitsdatum** von Produkten. Es kommt schon mal vor, dass abgelaufene Artikel noch in den Regalen liegen. Supermärkte sind auch ein guter Ort, um verschiedene **Souvenirs** günstiger einzukaufen als in den Touristenshops, dazu gehören zum Beispiel Räucherlachs, Trockenfisch, Schokolade oder spezielle isländische Salzsorten. Die werden in den Touristenshops noch einmal neu verpackt, damit man sie viel teurer verkaufen kann, aber es sind dieselben Produkte wie im Supermarkt.

Etwas, das man sich als Ausländer in Island irgendwann angewöhnt, ist, Dinge dann einzukaufen, wenn man sie im Supermarkt findet, statt zu warten, bis man sie wirklich braucht. Denn es kann durchaus vorkommen, dass ein geliebtes Produkt eine Weile nicht verfügbar ist. Auch wenn man aufgrund einer **bestimmten Ernährungsweise oder Allergie** auf bestimmte Produkte angewiesen ist, sollte man sich nicht darauf verlassen, dass man sie immer und überall bekommt, sondern sie besser dann kaufen, wenn man sie findet.

Bei einer Rundreise ist eine gute Planung hilfreich, damit man in den Supermärkten einkaufen kann, denn das ist um einiges günstiger, als das Angebot an der Tankstelle oder in ganz kleinen Geschäften vor Ort.

Geistreiches

Der heimische **Schnaps,** *brennivín,* hat zwar zur Abschreckung den Namen „Schwarzer Tod“ und ein schwarzes Schild bekommen, aber abgehalten hat das wohl niemanden, denn *brennivín* ist recht populär. Fast unerlässlich scheint er zu sein, wenn man eine Þorrablót-Feier (s. S. 82) überstehen will, ohne sich den Magen zu verrenken. Gebrannt wird er aus fermentierten Kartoffeln, anschließend wird er mit etwas Kümmelaroma versehen.

Besonderer Beliebtheit erfreuen sich auch die vielen **Craftbiere,** die in Mikrobrauereien hergestellt werden. Während die Auswahl lange Zeit auf Víking, Gull und Carlsberg Bier beschränkt war, kreieren kleine Brauereien

057ki-sb

inzwischen zur Freude von Einheimischen und Gästen eine große Auswahl an Spezialbieren.

Opal ist eigentlich der Name, unter dem Lakritz-Bonbons verkauft werden. Doch gibt es auch einen **Wodka mit dem Zusatz von Lakritze,** sozusagen der Jägermeister Islands.

Und genauso wie in der isländischen Küche (s. S. 192) entwickeln findige Köpfe auch im Bereich Spirituosen neue Produkte, bei denen auf typisch **isländische Zutaten** zurückgegriffen wird. Daraus entstehen dann Spirituosen wie Rhabarber- oder Heidelbeerlikör, oder auch Fjallagrasa-Schnaps, bei dem Isländisches Moos dem Getränk Farbe, Geschmack und gesundheitsfördernde Inhaltsstoffe verleiht.

Es entstehen aber auch Abarten, bei denen beispielsweise Walfischhoden in Bier verarbeitet werden, die wohl eher dem schnöden Mammon dienen und dem Tourismusboom geschuldet sind, als eine kulinarische Weiterentwicklung darstellen.

Na dann: zum Wohl! – *skál!*

Der schwarz Tod – das inoffizielle Nationalgetränk der Isländer

058ki-sb

Gesundheit

Glück und Unglück

Schon seit Jahren stehen sie im World Happiness Report mit an der Spitze der glücklichsten Menschen der Welt: In Gesellschaft ihrer nordischen Brüder und Schwestern aus Finnland, Norwegen und Dänemark befinden sich die Isländer an vierter Position (2018), vor der Schweiz (Fünfter), Österreich (Zwölfter) und Deutschland (Fünfzehnter).

Und das, obwohl die Einwohner in den nordischen Ländern diese langen, kalten und vor allem dunklen Winter überstehen müssen. Aber vor allem Isländer scheinen gegen allzu viel Trübsal ein genetisches Wundermittel entwickelt zu haben: Bei wissenschaftlichen Untersuchungen in Kanada stellte sich heraus, dass die untersuchten Personen, die keine Anlage zu Depressionen hatten, eine Sache gemeinsam haben – sie stammen von Isländern ab. Vor allem im 19. Jahrhundert emigrierten sehr viele Isländer aufgrund der herrschenden Armut (s. S. 45) in die neue Welt. Und tatsächlich stellte sich heraus, dass Isländer wohl ein Gen in sich tragen, das sie signifikant **weniger anfällig für Depressionen** macht. Allerdings stellten Forscher im OECD-Bericht „Health at a Glance 2015" auch fest, dass Island inzwischen das Land ist, in dem die **meisten Antidepressiva** eingenommen werden. In vielen westlichen Ländern hat die Einnahme von Antidepressiva erheblich zugenommen. In Island war der Anstieg jedoch besonders auffällig. Und hier scheint die Finanzkrise eine wichtige Rolle zu spielen. Natürlich sind viele Menschen durch die finanziellen Sorgen in eine schwierige Lage geraten, was Stress und allerlei andere gesundheitliche Probleme wie Schlafstörungen, Angstzustände etc. mit sich bringt. Aber die **Krise hat auch das Gesundheitssystem ausgehöhlt.** Und so wird die Zunahme verschriebener Antidepressiva auch damit in Verbindung gebracht, dass den Menschen keine Alternativen und Hilfsangebote wie eine Verhaltens- oder Psychotherapie zur Verfügung stehen. Es gibt einfach zu wenig Psychologen und Psychotherapeuten und wie in vielen anderen Bereichen des Gesundheitssektors müssen die Patienten lange auf Hilfe warten, da deren Praxen völlig überlastet sind.

Ein gesundes Volk

Dennoch fühlen sich viele glücklich und das hat sicher auch damit zu tun, dass die Menschen hier laut europäischen Studien **gesünder sind als in vielen anderen europäischen Ländern.** Laut aktuellem Gesundheitsindex liegen die Isländer an achter Stelle und damit weit über dem Durchschnitt der EU-Länder (19. Platz). Von den deutschsprachigen Ländern sind nur die Schweizer gesünder (2. Platz). Österreich rangiert mit dem 16. Platz immerhin noch über dem europäischen Durchschnitt, Deutschland liegt auf Platz 21 sogar knapp darunter.

Wo die überdurchschnittliche Gesundheit herrührt, lässt sich nur vermuten. Faktoren hierfür dürften aber die **extrem gute Luft** sein, von einigen vielbefahrenen Straßen mit jeder Menge Feinstaub in der Hauptstadt einmal abgesehen. In Island weht zwar eigentlich immer relativ viel Wind, aber der bringt Luft mit, die über Hunderte von Kilometern nur über Meer gezogen ist. Die nächsten Landmassen sind im Westen Grönland (287 km), im Südosten die Färoër (420 km), im Nordwesten Jan Mayen (550 km) und wiederum im Südosten Schottland (798 km). Keine Industrieanlagen, keine Abgase, kein Staub, einfach nur frische, saubere Luft. Ausnahme: Wenn ein Vulkan anfängt zu brodeln, ziehen mitunter recht giftige Gaswolken über das Land.

Ein weiterer Faktor ist das **Wasser.** Das Grundwasser wurde meist eineinhalb bis zweitausend Jahre lang durch Lavagestein gefiltert. Dabei wurde es gereinigt und mit Mineralien angereichert. Die Wasserqualität in Island gehört zu den besten der Welt und das Land besitzt eine der größten Trinkwasserreserven des Planeten. Der pH-Wert liegt oft zwischen 8 und 9 und befindet sich somit im oberen Bereich für Trinkwasser.

Das Wasser trägt auch noch mit einem zweiten Faktor zur Gesundheit bei: Die Geothermik macht es an den meisten Orten möglich, dass heißes Wasser umsonst aus der Erde sprudelt. Man braucht es nur noch mit kaltem Wasser zu mischen und schon kann man sich in einem „Heißen Topf", wie die **Thermalbecken** hier heißen, genüsslich entspannen. Gefühlte Ewigkeiten in einem Thermalbecken zu sitzen, ist wohl die typischste aller isländischen Gewohnheiten. Es gibt kaum jemanden, der nicht mindestens einmal pro Woche ins Schwimmbad geht. Auch ältere und alte Isländer nutzen die Schwimmbäder gerne. Viele gehen sogar jeden

< Apotheken gibt es nur in städtischen Gebieten, dafür dann aber in hoher Zahl

Tag dorthin. Manche ziehen fleißig ihre Bahnen, andere schwimmen dagegen keinen Meter, dafür haben sie dann aber auch Zeit, länger im Heißen Topf zu sitzen. Schließlich trifft man dort ja jede Menge Freunde und Bekannte. Man diskutiert die aktuellen politischen Ereignisse oder regt sich über das letzte Spiel seiner Lieblingsmannschaft auf. Wer wissen will, was in Island gerade los ist, braucht nur nach Büroschluss in den Heißen Topf zu steigen und zuzuhören. Die Wärme entspannt, vor allem im Winter ein nicht zu unterschätzender Faktor. Und bevor irgendwelche Missverständnisse aufkommen: Selbstverständlich stehen die Thermalbecken im Freien. Es gibt nicht vieles, was eine Sitzung im Heißen Topf während eines Schneetreibens übertreffen könnte. Vor allem zur kalten Jahreszeit schwören viele auf die heilende Wirkung der Thermen. Der Körper wärmt sich dann auch von innen wieder auf und man kann den Rest des Tages viel besser gegen die Kälte angehen. Die Thermalbecken sind also die Gesundbrunnen Islands.

Isländer erfahren **weniger Stress** als andere Westeuropäer. Man lebt schließlich auf einer weit entfernten Insel. Eile ist da nicht besonders geboten. Allerdings ist dieses Empfinden natürlich relativ. Kommen Isländer, die nicht im Einzugsgebiet Reykjavíks wohnen, in die Hauptstadt, erfahren sie diese als furchtbar hektisch, während Besucher aus Europa Reykjavík durch die Bank als fast tiefenentspannte Stadt empfinden. Es ist eben alles eine Frage der Gewohnheit. Isländer gehen vom „Wir-miteinander" aus. Wenn etwas nicht klappt, wird irgendjemand schon helfen können. Irgendwie wird es schon, *þetta reddast* – wird schon schiefgehen! sagt sich der Isländer, wenn alle anderen schon denken, dass nichts mehr möglich ist. Und bemerkenswerterweise klappt letztendlich auch (fast) immer alles. Nur kein Stress.

Yoga

Und dann wäre da noch **Yoga.** Vor allem mit Beginn des finanziellen Zusammenbruchs im Herbst 2008 verzeichneten die Yogastudios einen großen Zulauf. Irgendwie musste man mit seinen Ängsten und seiner Wut ja umgehen. Was erst noch nach einer kurzlebigen Modeerscheinung aussah, hat sich inzwischen etabliert. Und nach den Frauen haben nun auch die Männer den Weg in die Yogastunde gefunden. Wenn man bedenkt, wie klein die Masse der potenziellen Kunden eigentlich ist, dann gibt es im Land eine erstaunliche Vielzahl von Yogavarianten, -schulen und -klassen. Die Isländer lieben zwar noch immer ihre Schwimmbäder und ein geselliges Schwätzchen im heißen Topf, doch Yoga hat sich zu einem richtiggehenden **Volkssport** entwickelt.

Vielleicht wird es ja mit am Yoga liegen, dass die Isländer in Zukunft noch älter werden, als sie ohnehin schon sind. Die World Population Prospects der UNO listen Island schon jetzt auf **Platz 8 der Länder mit der höchsten Lebenserwartung.** Frauen werden dementsprechend durchschnittlich 83,3 und Männer 80,7 Jahre alt, zusammengezählt und halbiert ergibt sich so eine durchschnittliche Lebenserwartung von 82,2 Jahren. Im Vergleich: Die Schweizer liegen sogar auf Platz 3 (83,3 Jahre), Österreicher mit 81,5 Jahren auf Platz 23 und Deutsche mit 80,7 Jahren auf Platz 33 (EU-Schnitt: Platz 39 mit 80,2 Jahren, noch etwas darunter).

Das Gesundheitssystem

Je nach Wohnort ist man einem **Gesundheitszentrum** des jeweiligen Stadtviertels angeschlossen, in dem man wohnt. Man kann sich allerdings auch ein anderes Gesundheitszentrum aussuchen, falls dieses bereit ist, weitere Patienten aufzunehmen. Dort gibt es Hausärzte und weitere Pflegedienstangebote, die von Krankenpflegekräften oder Physiotherapeuten durchgeführt werden können. Normalerweise geht man zunächst zum **Hausarzt,** der dann gegebenenfalls eine Überweisung zu einem Facharzt ausstellen kann.

An den normalen Öffnungszeiten (meistens zwischen 8 und 16 Uhr) sind die Gesundheitszentren weit im Voraus ausgebucht und man kommt nur an die Reihe, wenn man vorher einen Termin vereinbart hat. Doch es gibt auch die Möglichkeit, im Anschluss daran ohne Termin im Wartezimmer abzuwarten, bis man an der Reihe ist. Daneben gibt es für schwerere Erkrankungen die **Krankenhäuser,** die wie im deutschsprachigen Raum über die Notaufnahme oder durch Überweisung Patienten aufnehmen.

Finanziert wird das isländische Gesundheitswesen über eine **allgemeine Krankenversicherung,** über die man als Einwohner des Landes versichert ist. Wer neu hinzugezogen ist, muss eine Wartezeit von sechs Monaten mit einer eigenen Versicherung überbrücken. Man zahlt über seine Steuern in die Krankenversicherung ein, doch müssen die Patienten für verschiedene Leistungen und Medikamente jeweils einen Eigenanteil zahlen. Ein Besuch beim Hausarzt kostet tagsüber etwas unter 10 Euro, ohne Termin etwa 25 Euro, ein Besuch beim Facharzt zwischen 22 und 100 Euro. Für medizinische Eingriffe und Behandlungen bezahlen die Patienten bis zu 200 Euro pro Monat selbst, danach übernimmt die Krankenkasse die Kosten. Auch Medikamente bezahlt man zunächst selbst, alles was über 200 Euro im Monat liegt, übernimmt die allgemeine Krankenkasse. Da dieses System bei einer chronischen oder langwierigen Krankheit leicht zu enormen finanziellen Problemen führen kann, schließen viele eine **Zusatzversicherung** ab, und zusätzlich übernehmen auch die Gewerkschaften einen Teil der Kosten für ihre Mitglieder.

Bis zur **Finanzkrise** war das Niveau der isländischen Gesundheitsvorsorge sehr hoch. Doch durch den Zusammenbruch des Wirtschaftssystems wurden die Leistungen im Gesundheitssektor zunächst einmal um 25 % gekürzt. Zusätzlich wurde ein Teil der Gesundheitszentren geschlossen, weshalb viele Menschen, die auf dem Land wohnen, inzwischen recht weite Wege auf sich nehmen müssen, um in den Genuss einer ärztlichen Behandlung zu kommen. Während die **Sparmaßnahmen** zunächst zwar hart waren, konnten diese jedoch durch das hohe Niveau des Sektors aufgefangen werden. Man verfügte über Geräte und Hilfsmittel, die auf dem neusten Stand waren, deshalb konnte der hohe Standard für einige Jahre gehalten werden. Inzwischen ist es allerdings ein wirkliches Problem, dass seit der Finanzkrise strukturell noch immer zu wenig in das Gesundheitswesen investiert wird. Zwar verspricht jede neue Regierung, das Budget wieder zu erhöhen, doch geschieht das letztendlich doch nicht, weshalb das Gesundheitswesen wortwörtlich verfällt. Verschiedene Krankenhäuser und Gesundheitszentren schließen Abteilungen, die durch **Personalnot, Mängel an der Bausubstanz** oder ganz einfach, weil die **Geräte fehlen,** nicht mehr weiter betrieben werden können. Geräte können nicht erneuert oder ersetzt werden, wodurch viel längere Wartezeiten entstehen, Ärzte und Pflegekräfte sind überarbeitet und überfordert. Die **Notaufnahmen** der Krankenhäuser sind völlig **überlastet,** da viele, die keinen einigermaßen zeitnahen Termin beim Hausarzt bekommen, dann eben in die Notaufnahme gehen. Hinzu kommt, dass auch die vielen Touristen, die sich mehr oder weniger schwerwiegende Verletzungen zugezogen haben, das Gesundheitswesen stark belasten.

Ein weiteres Problem ist, dass junge Ärzte, die für ihre Facharztausbildung ins Ausland gehen, häufig nicht zurückkommen. Sie ziehen mit ihren Familien um, finden im Ausland oft bessere Arbeitsbedingungen vor und erhalten im Vergleich höhere Gehälter. Zudem ist es in vielen anderen Ländern viel günstiger, ein eigenes Haus zu finanzieren. Sowohl bei den Ärzten als auch bei den Pflegekräften werden in den kommenden Jahren die geburtenstarken Generationen in den Ruhestand gehen. Noch gibt es zu wenig Personal, um die Lücken, die dadurch entstehen werden, zu füllen. Das isländische Gesundheitswesen steht in den nächsten Jahren also vor gewaltigen **Herausforderungen.**

Quellwasser und Stinkbomben frei Haus

Island ist, was Wasser betrifft, ein reiches Land. Beim kalten Wasser aus der Leitung handelt es sich im ganzen Land um jahrhunderte- oder gar jahrtausendealtes Gletscher- oder reines, durch Lavagestein gefiltertes Quellwasser. In Restaurants und Bars gibt es Wasser immer gratis. Für unterwegs braucht man sich daher nur einmal eine Flasche zu kaufen und kann diese dann immer wieder auffüllen.

In den Gebieten, in denen natürliche Heißwasservorräte vorhanden sind, wird dieses zur Beheizung von Wohnungen und Straßen verwendet und direkt ins Wassernetz eingespeist. Das ist umweltschonend, hat aber den Nachteil, dass das Wasser nach Schwefel riecht. Wenn also das Wasser im Hotel oder Guesthouse nach faulen Eiern stinkt, dann hat das nichts mit der Qualität der Wasserleitungen in der Unterkunft oder mit einem Abwasserrohrbruch zu tun. Es handelt sich einfach um Wasser aus einem Geothermalfeld, das mit einer Temperatur von 65 bis 80 °C aus der Leitung kommt. Zum Trinken lassen die Isländer einfach das kalte Wasser laufen, bis die Leitungen sauber gespült sind. Ausländer kriegen angesichts dieser Wasserverschwendung Magenkrämpfe, doch die Isländer schlagen mit dem Argument zurück, dass das Gletscherwasser sowieso direkt ins Meer fließt, wenn es nicht abgezapft wird. Vielleicht würden sie etwas mehr darüber nachdenken, wenn sie für das kalte Wasser bezahlen müssten, aber als Privatperson muss man nur eine Pauschale für das kalte Wasser entrichten, egal wie viel man verbraucht. Nur das warme Wasser wird über Zähler abgerechnet.

Vorsicht ist an natürlichen heißen Quellen geboten. Man prüfe erst sorgfältig die Temperatur und steige nicht einfach irgendwo hinein, nur weil jemand gesagt hat, dass dies eine gute Badestelle sei. Oft mischen sich kalte und warme Wasserströme und dies kann sich, vor allem nach starken Regenfällen oder gar Erdbeben, immer wieder ändern. Auch die Wasserqualität lässt an vielen Quellen inzwischen zu wünschen übrig. Sie werden durch den Touristenboom einfach von zu vielen Personen aufgesucht. In einer Studie, die im Herbst 2017 veröffentlicht wurde, wurde deutlich, dass viele Quellen zu viele Bakterien aufweisen. Davon sind natürlich besonders stark frequentierte heiße Quellen betroffen und Stellen, zu denen sich Wasseraustausch nicht genügend schnell vollzieht.

Selbst kleine Ortschaften verfügen oft über ein Schwimmbad und normalerweise gehören mehrere heiße Töpfe zur Grundausstattung. Sie bieten eine gute Gelegenheit, zu entspannen und andere Leute zu treffen. Oft befindet sich der örtliche Campingplatz gleich hinter dem Schwimmbad, sodass man als Campinggast das Bad mit seinen Sanitäranlagen nutzen kann.

Isländische Krankheiten

Obwohl die Menschen hier eine sehr hohe Lebenserwartung haben und im Vergleich mit anderen Ländern bezüglich ihrer Gesundheit noch sehr gut dastehen, kämpft man in Island mit denselben Problemen wie in anderen westlichen Ländern. Denn viele, vor allem auch jüngere Menschen, sitzen zu viel, bewegen sich zu wenig und essen zu viel Fett und Salz, weil auch hier die traditionelle **Ernährung,** bestehend aus viel Fisch und wenig Kohlehydraten, inzwischen von Fastfood, Softdrinks und Süßem abgelöst wurde. Auch der **Tabakkonsum** stellt weiterhin ein Problem dar – mit den bekannten Folgen in Form von **Herz-Kreislauf-Problemen** durch verstopfte und entzündete Adern und Übergewicht sowie **Krebs.**

Auch **Geschlechtskrankheiten** bereiten den Medizinern Sorgen, besonders der im europäischen Vergleich hohe Anteil an Chlamydien, denn dies weist darauf hin, dass Sex häufig ungeschützt praktiziert wird. Andererseits weisen die hohen Zahlen gleichzeitig darauf hin, dass sich viele Menschen bei Beschwerden testen lassen, wodurch die Krankheiten behandelt werden können.

Da Island eine sehr kleine Gesamtbevölkerung hat und das Erbgut weniger vielfältig ist als anderswo, haben genetische Veränderungen oder Veranlagungen größere Auswirkungen auf die Bevölkerung. Gleichzeitig jedoch lassen sich durch diesen **abgeschotteten Genpool** leicht Forschungen betreiben, um herauszufinden, auf welche Gene oder Mutationen bestimmte Krankheiten zurückzuführen sind.

Wenn sich ein **Vulkanausbruch** ereignet, dann haben vor allem die Menschen mit empfindlichen Lungen Probleme, denn normalerweise werden dabei enorme Mengen Schwefeldioxid in die Luft geschleudert. Besonders der Ausbruch des Bárðarbunga-Vulkans (2014–2015) sorgte in den sieben Monaten des Ausbruchs für ständige Warnungen vor zu hohen Werten, die Atemprobleme und Lungenschäden verursachen können. Selbst als gesunder Mensch konnte man mitunter das Kratzen im Hals und die Atemnot spüren.

Die häufigsten Unglücksfälle **in der Fischindustrie** betreffen abgetrennte Finger. Deshalb gibt es in der Uniklinik in Reykjavík auch Spezialisten, die sich auf die Kunst verstehen, abgetrennte Finger wieder anzunähen.

[>] Auch in Island gehört die Toilettenschüssel zum Inventar, bleibt beim Umzug also normalerweise an Ort und Stelle

qs-Mk50

Hygiene

Das Hygieneniveau der Isländer ist heute sicherlich hoch, auch dank ihrer vielen Besuche in den Heißen Töpfen. Man beobachte nur die Jugendlichen am Wochenende, wie sie am frühen Abend erst in die Heißen Töpfe steigen und sich dann für eine lange Nacht herrichten.

In den **Duschen** der Schwimmbäder herrscht heutzutage gar die strenge Regel, dass man sich unbekleidet und mit Duschgel, das in den Duschen eines jeden Schwimmbads in Spendern bereitgestellt wird, duschen – und sich gründlichst einzuseifen, insbesondere die Haare, die Achselhöhlen, die Geschlechtsteile und die Füße. Da verstehen die Isländer keinen Spaß, wenn man das nicht richtig macht. **Umkleidekabinen und Duschen sind normalerweise Gemeinschaftsräume,** in denen man sich bisweilen schon angeregt miteinander unterhält. Es ist auch vollkommen normal, dass jüngere Kinder egal welchen Geschlechts mit einem Elternteil in die entsprechenden Umkleideräume und Duschen mitgehen. Niemand kümmert es, wenn sich die Tochter mit dem Vater oder der Sohn mit der Mutter für das Bad vorbereitet.

Das hohe Maß an Reinlichkeit war den Isländern nicht immer eigen. In vorigen Jahrhunderten galten sie eher als ausgewiesene Schmutzfinke. Mehrere Reiseberichte aus dem 19. und 20. Jahrhundert erzählen von

Doppeltoiletten

Etwas seltsam findet man es schon, wenn man in einer Bar oder in einem Restaurant das stille Örtchen betritt und dort nicht eine, sondern zwei Toiletten ohne Trennwand parallel nebeneinander stehend in einem Raum vorfindet. Doch das Geheimnis wird gelüftet, wenn man abends in der Warteschlange einer Bar vor der Toilette von einem Mädel angehauen wird, ob sie nicht mit in die Toilette gehen könnte, denn sie müsste mal ganz dringend. Auch Pärchen verschwinden schon mal zu zweit auf der Toilette. Es passiert öfter, dass man zusammen auf die Toilette geht, und man sollte sich dann nicht wundern, wenn man das Liebesdrama des gesamten Abends durch die Toilettentür hindurch bis ins kleinste Detail erläutert bekommt. Ist man etwas älter (also älter als Anfang Zwanzig in diesem Fall), wird man wahrscheinlich auch gleich noch um Rat gefragt, wie sich das Drama denn nun noch zum Guten wenden könnte. Am besten man leiht sein Ohr und hält sich mit Kommentaren etwas zurück, denn eine gute Lösung gibt es in den meisten Fällen doch nicht, und wünscht viel Glück und einen schönen Abend.

hygienischen Zuständen auf der Insel, die nicht gerade erbaulich daherkommen, so auch der Reisebericht des Professors für Geognosie und Mineralogie **Gustav Georg Winkler** an der Ludwigs-Maximilians-Universität in München aus dem Jahr 1861.

„Man findet in keiner isländischen Wohnung den ‚unaussprechlichen Ort". Ich traf einen einzigen Bauernhof im Nordwestlande, dessen Besitzer zwar nicht in Folge des Sinnes für Schicklichkeit und Reinlichkeit, aber doch als rationeller Landwirth eine solche Anstalt errichtet hatte. Anfangs sucht man danach, ja man frägt auch, besonders wenn die ersten Quartiere Pfarrhäuser sind. Auf die Frage wird man einfach vor die Hausthür gewiesen, wo man selbst die Recognoscirung beginnen mag, einen bestimmten Platz aber nicht finden wird. Man kann den Standpunkt nach Belieben aussuchen, wie das auch der Herr Pfarrer und seine Angehörigen so zu machen pflegen."

[...]

„Einen Spucknapf wird man in isländischen Wohnungen nach der ersten Bekanntschaft mit deren Beschaffenheit ohnedies nicht mehr suchen, aber doch fiel mir einmal der Abgang desselben auf, als ich bemerkte, wie ein Pfarrer sich dafür des nächsten Platzes vor der Zimmerthür bediente.

Diese Dinge hängen nun mehr oder weniger mit dem Bedürfniß nach Reinlichkeit zusammen, und diese ist eine Tugend, welche den Nordländern überhaupt nicht in hohem Grade nachgerühmt wird [...]

Island ist hinsichtlich der Reinlichkeit in sichtbarer Besserung begriffen. Man findet überall, dass sich die Leute die größte Mühe geben, reinlich zu sein, wenn sie es oft auch nicht recht anzustellen wissen und die Sache in ihrem Eifer schlimmer statt besser machen. Einem Reisenden mit einigem Humor, der nicht zu große Ansprüche macht, wird aber daraus wenig Ungelegenheit erwachsen."

Anschließend berichtet Winkler über den Abschied von einem Pfarrer in Westisland, der ihn trotz Regen noch eine ganze Stunde zu Pferd begleitet, bevor es ans Abschiednehmen geht:

„Die Augenblicke der Trennung bringen immer zugleich eine Ruhepause in die Reise, und so stiegen auch wir damals zum letzten Lebewohl von den Pferden. Während sich eine vertrauliche, fast wehmüthige Zwiesprache zwischen uns einleitete, suchte der geistliche Herr jene Mittel hervor, welche den Isländer in den verzweifelten Lagen des Lebens aufrecht zu erhalten vermögen, nämlich Schnupftaback und Branntwein. Zuerst erschien das Tabackshorn. Mit dem Rücken gegen den Wind gestellt, um zu verhindern, daß ihm derselbe den Taback fortnehme, schüttete er davon eine lange Zeile auf seine und auf meine Hand. Eine Prise Taback hat immer etwas Beruhigendes, besonders so große, wie sie die Isländer anwenden. Auf den Schnupftaback folgte die Schnapsflasche, und ein tüchtiger Zug daraus zerstreute vollends den letzten Schatten von Ernst aus seinem gerötheten Antlitz. Als er das Gefäß mir hinreichen wollte, überkam ihn mit einem Mal ein Gedanke, wie eine Ahnung aus besseren Sphären, es wäre unschicklich, wenn dasselbe von seinem Mund an meinen wanderte, ohne daß vorher dessen Mündung abgewischt würde. Darüber fiel er nun von der einen Verlegenheit in die andere, ohne daß seine Bemühungen den Zweck erreichten, der ihm aus Reinlichkeitsrücksichten geboten schien. Er greift erst nach seinem Taschentuche, aber im Begriff, es zu gebrauchen, fällt ihm ein daß grade dieses nicht durch Reinlichkeit sich hervorthut, eben so untauglich erweisen sich nach einander Weste, Hose und Mantel, in Folge dessen er sich endlich genöthigt sieht, die Operation doch mit dem ersten auszuführen. Ich konnte nur unter Lachen seine Verlegenheiten mit ansehen, die er sich hätte ersparen können, da es zum Ende der Reise ging, wo solche Dinge keinen Eindruck mehr auf mich machten. Wie oft war ich anfangs in der Lage, meinem Führer sanfte Gewalt anthun zu müssen, bis es derselbe unterließ, in seinem Eifer jedes Gefäß, bevor er mir darin Wasser brachte, mit seinem durchaus nicht appetitlich anzusehenden Nasentüchlein zu reinigen!" [Gustav Georg Winkler: Island. Seine Bewohner, Landesbildung und vulcanische Natur. Nach eigener Anschauung geschildert von Gustav Georg Winkler. Braunschweig, 1861.]

Und noch 1928 mahnt ihr Literaturnobelpreisträger und Weltreisender Halldór Laxness seine Landsleute von Los Angeles aus, denn, so weiß er: „Natürlich sind die Isländer Schmutzfinken; keinem Menschen, der bei vollem Verstand ist, würde einfallen, das zu bestreiten." [Halldór Laxness: Das Volksbuch. Über Island und Gott und die Welt. Göttingen, 2011. Steidl Verlag. S. 82]

Dabei beklagt er etwa, dass es in noch keinem einzigen isländischen Hotel richtige Badevorrichtungen gibt und dass es in kaum einem isländischen Haushalt Badewannen gibt. Außerdem seien die Toiletten Islands in einem verheerenden Zustand. Auch hat es Halldór Laxness die Zahnpflege seiner Landsleute, oder besser, die Unterlassung derselben, angetan. Schadhafte und verschmutzte Zähne seien schließlich nicht salonfähig, und schon manches isländische Mädchen habe wegen ihrer schlechten Zähne oder Mundgeruchs einen Korb bekommen. Er selbst würde, wenn er denn könnte, am liebsten der ganzen Nation Zahnbürsten schenken. „Aber ich kann es mir eben nicht leisten, einhunderttausend Zahnbürsten zu kaufen, und ich bitte die Leute darum, dies zu entschuldigen. Ich muß mich damit begnügen, ein Buch zu schreiben." [ebd., S. 91]

Medien

Rundfunk und Fernsehen

In Island gibt es den öffentlich-rechtlichen Sender RÚV und einige private Rundfunk- und Fernsehstationen. **RÚV** ist eine allseits geachtete journalistische Anstalt, wird aber vom eher rechten politischen Lager immer wieder als zu links kritisiert. Der Sender steht deshalb, je nach Regierungslage, mal mehr, mal weniger unter Druck.

Die **privaten Sender** stechen nicht gerade durch qualitativ anspruchsvolle Programme hervor. Wie in jedem Land sind zahllose Sender zugänglich, die die üblichen Hollywoodnachrichten, Sport oder die hundertste Wiederholung einer Serie bringen. Auch den obligatorischen religiösen Sender gibt es, der den lieben langen Tag das Wort des Herrn durch das Kabel jagt.

Dasselbe gilt für die **Radiostationen.** Der einzige ausländische Radiosender, den man über Äther in Island hören kann, ist der BBC World Service. Eigentlich sollte er vor einigen Jahren als Konsequenz der Finanzkrise abgeschaltet werden, um Geld zu sparen. Dagegen gab es aber so viele Proteste, dass der Sender auch weiterhin noch zu empfangen ist.

Zeitungen

Ist der öffentlich-rechtliche Rundfunk noch unabhängig und journalistisch durchaus auf ansprechendem Niveau, so trifft das für die Zeitungen nicht uneingeschränkt zu.

Die einzige Tageszeitung für die man, zumindest im Großraum Reykjavík, bezahlen muss, heißt **Morgunblaðið,** das Morgenblatt. Es ist die älteste Zeitung, politisch mitte-rechts zu verorten und ursprünglich auch gutem Journalismus verpflichtet. Früher war sie mitten in Reykjavík angesiedelt, bevor aus dem Gebäude das Hótel Centrum wurde. Die Redaktion zog an den Rand der Stadt, was viele schon als befremdlich empfanden, da so die unmittelbare geografische Nähe zu den politischen Machtzentren, dem Parlament und den Ministerien, nicht mehr gegeben war.

Mit der Finanzkrise kam es dann aber zu einem Einschnitt bei der Zeitung: Viele Abonnenten kündigten und einige der Journalisten reichten ihre Kündigung ein – in Zeiten, in denen es nirgendwo Jobs gab, ein durchaus mutiger Schritt. Der Grund dafür war eine Entscheidung der Eigentümerin: Sie hatte **Davíð Oddson** zum Chefredakteur ernannt, ein führendes Mitglied der liberal-konservativen Partei Sjálfæðisflokkurinn, also der Partei, die seit Jahrzehnten fast immer an der Regierung beteiligt gewesen war. Oddson war zuvor Bürgermeister von Reykjavík, dann Premierminister und vor und während der Finanzkrise Chef der Zentralbank gewesen. Schon der Wechsel vom Premier zum Zentralbankchef mag unter demokratischen Gesichtspunkten als auffällig gelten. Als er aber auf Druck des Volkes mitten in der Finanzkrise seinen Posten räumen musste, dauerte es nicht lange, bis er diese neue Stelle angeboten bekam. Das bedeutete also, dass er jetzt als Journalist hätte aufdecken müssen, was er als Premier und Chef der Zentralbank so alles verbockt hatte. Wenn man der Sjálfæðisflokkurinn nicht gerade sehr nahesteht, kann man diese Zeitung ab diesem Augenblick **nicht mehr als journalistisch seriöses Blatt ansehen.** Es war klar, dass Oddson an einer Aufarbeitung der Finanzkrise und den damit einhergehenden Mauscheleien überhaupt nicht interessiert war. Schließlich war er aufgrund seiner Ämter Teil des maroden Systems.

Viele lesen die Zeitung nur noch, weil es praktisch keine Alternative gibt und weil im Morgunblaðið die traditionellen Trauertexte für Verstorbene abgedruckt werden. Stirbt ein Verwandter oder Freund, so schreibt man einen Text zur Erinnerung an den oder die Verstorbene, mit dem man seiner oder ihrer gedenkt. Üblicherweise beleuchten diese Texte das Leben und Wirken der Person, ihren Charakter, die Familienbande. Das Abdrucken der Texte, oftmals mit einem Foto der Verstorbenen versehen, ist kostenlos, derlei Todesanzeigen füllen mehrere Seiten und machen eine der meistgelesenen Rubriken der Zeitung aus.

Die zweite Tageszeitung heißt **Fréttablaðið** („Nachrichtenblatt"). Sie ist im größeren Umkreis der Innenstadt kostenlos erhältlich. Klebt man keinen „Nein"-Aufkleber an seine Tür, landet die Zeitung von Montag bis Samstag frühmorgens im Briefkasten. Außerhalb des Einzugsgebiets muss man für das Blatt bezahlen. Die Sache ist nur: Eigentlich ist das Fréttablaðið ein aufgeblasenes Anzeigenblatt. Zwar arbeiten eigene Journalisten und Fotografen für das Blatt und berichten auch über die Dinge, die im Land geschehen. Entstanden ist die Zeitung aber, und das ist noch immer ihre ursprüngliche Daseinsberechtigung, als Medium für Reklame. Und die gibt es in der Zeitung zuhauf. Naiv, wer denkt, dass über die Anzeigenkunden kritisch berichtet werden würde, schließlich finanzieren sie ja das Unternehmen. Möchte man sich darüber informieren, was in der Stadt und im Land so alles los ist, ist die Zeitung ganz nett. Für die politische Meinungsbildung ist sie aber eher weniger geeignet.

Unrühmlich endete die Ära des investigativen Journalismus der Zeitung **DV.** Diese erscheint dreimal pro Woche. Als sie einen Artikel über die **schlechten Arbeitsbedingungen bei WorldClass,** einer Kette von Fitnesszentren, aufdeckte, fackelte der Eigentümer der Fitnesskette nicht lange und kaufte einfach die zum damaligen Zeitpunkt aufgrund der Krise notleidende Zeitung. Seitdem braucht er sich vor unangenehmen Artikeln nicht mehr zu fürchten.

Soziale Medien

Es gibt in Island also de facto keine funktionierende Presse. Viele Isländer beklagen sich hierüber, sie fühlen sich nicht gut informiert. Die Geldgeber bestimmen, worüber berichtet wird. Das einzige unabhängige und seriöse Medium ist der öffentlich-rechtliche Rundfunk RÚV.

Nach der Krise wurden einige **Online-Medien** von zum Teil ehemaligen Journalisten des Morgunblaðið gegründet. Diese sind zwar nicht so sichtbar wie die Zeitungen oder die kommerziellen Sender, trotzdem werden sie mitunter viel beachtet. Dabei hilft es, dass ganz Island an der Facebook-Nadel hängt. Oft werden politische Debatten landesweit öffentlich auf Facebook-Seiten ausgetragen. So kommen diese neuen „Online-Zeitungen" relativ gut an ihre Leser heran.

Facebook ist bei Weitem das größte Kommunikationsmedium in Island. Hier wird unter anderem für Sonderangebote geworben, werden politische Diskussionen geführt, verlorene Schlüssel gemeldet, Autos verkauft,

060ki-sb

Konzerte und Lesungen angekündigt, gerne auch mal erst an dem Tag, an dem die Veranstaltung stattfindet, oder Demonstrationen geplant. Vielleicht fällt es den Menschen in einem Land, in dem sowieso schon jeder jeden kennt, leichter, sich auch noch über die sozialen Medien zu vernetzen. Jedenfalls gilt, dass man, wenn man mitbekommen möchte, was auf der Insel so alles los ist, faktisch gezwungen ist, sich auf Facebook zu tummeln. Denn nur dort erfährt man sozusagen hautnah beziehungsweise mit einem Klick alles über die Lage der Nation, darüber was die Herzen der Isländer bewegt und wann welche Situationen und Konflikte anfangen, knifflig zu werden. Auch öffentliche Einrichtungen, Hilfsdienste und die Polizei machen von der Plattform regen Gebrauch und posten dort wichtige Neuigkeiten wie zum Beispiel Straßensperrungen wegen schlechten Wetters. Dann können sie zumindest sicher sein, dass praktisch alle die Informationen auch zu Gesicht bekommen.

⌃ Die Anzahl isländischer Zeitungen ist überschaubar

Sicherheit und Kriminalität

Vor dem großen Touristenboom war es in Island ganz normal, dass man seine Haustür nicht abschloss, sein Auto mit laufendem Motor vor dem Bäcker parkte oder den Laptop im Café auf dem Tisch stehen ließ, während man auf die Toilette ging. Das kommt in kleineren Ortschaften zwar manchmal noch vor, im Großraum Reykjavík und an vielbesuchten Orten ist das jedoch nicht mehr empfehlenswert, denn da werden wie in anderen Großstädten auch inzwischen Wertsachen oder Autos gestohlen. Dennoch haben die meisten Menschen hier noch ein sehr **großes Gefühl von Sicherheit** und Kinder beispielsweise können sich frei und alleine bewegen.

Auch als Tourist hat man das Gefühl, dass Island ein **sicheres Reiseland** ist, auch wenn man als **Frau alleine unterwegs** ist. Solange man so wachsam ist wie man es von zu Hause gewohnt ist, hat man normalerweise keine Probleme. **Sexualstraftaten und tätliche Übergriffe** kommen fast immer in Zusammenhang mit zu hohem **Alkoholkonsum** vor. In Kneipen, Bars, Discos und auf Festivals sollte man also so wachsam sein, wie man es in jeder anderen Großstadt auch wäre.

Die **Kriminalitätsrate in Island ist gering.** So entfallen von den für das gesamte Land polizeilich registrierten Straftaten, 70.379 (2015) an der Zahl, knapp 77 % (54.091) auf Verkehrsdelikte. In deutschen Kriminalitätsstatistiken tauchen Verkehrsdelikte normalerweise nicht einmal auf. Sexualstraftaten kommen durch erhöhten Alkoholkonsum gehäuft auf Festivals und im Nachtleben vor (442). Dasselbe gilt für tätliche Übergriffe. Morde gibt es, wenn es hochkommt, einen pro Jahr, und diese haben dann meist einen familiären Hintergrund.

Ein großes Polizeikorps hat also keine hohe Priorität, weshalb in ländlichen Gebieten oft nur ein oder zwei Polizisten für ein riesiges Gebiet zuständig sind. Auf einer Insel mit nur etwas über 350.000 Einwohnern, wo im Prinzip jeder jeden kennt, weiß man eben normalerweise recht schnell, wer hinter einer Straftat steckt. Bei schweren und komplizierten Ermittlungen werden dann **Kollegen aus Schweden eingeflogen,** die die Polizei vor Ort unterstützen.

▷ Public Viewing während der Fußball-EM 2016 auf dem Arnarhóll in Reykjavík. Im Hintergrund ist die Konzert- und Kongresshalle Harpa zu sehen.

061ki-sb

Sport, Freizeit, Urlaub

Der Fußballzwerg, der die Großen das Fürchten lehrt

Sport spielt in Island eine ganz besondere Rolle. Die **Sportstudios** quellen über vor Menschen, die ihre Körper gerne mit Hanteln, alten LKW-Reifen und anderen Folterwerkzeugen quälen. Viele haben ein Abonnement, doch der Enthusiasmus verliert sich oft nach ein paar Monaten. Nach den Sommerferien ist die Begeisterung wieder groß, doch wenn es auf Weihnachten zugeht, also etwa ab Mitte/Ende Oktober, dann haben die meisten schon wieder keine Zeit mehr.

Fußball dagegen ist auch auf der Insel Nationalsport – bei den isländischen Wetterverhältnissen aber oft eine Herausforderung, sowohl für die Spieler als auch für die Zuschauer. Zwei Stunden im isländischen Wind und Wetter draußen zu sitzen, ist nicht immer eine Freude. Fußball wird in Island von Kindheit an sowohl von Jungs als auch von Mädchen gespielt. Die Meisterschaften werden in durchweg kleinen Ligen jeweils im Sommer gespielt. So besteht die **höchste Spielklasse,** die nach einem Getränkehersteller Pepsideild heißt, aus zwölf Mannschaften. Anfang Mai geht's los, dann gibt es eine Sommerpause im Juli und im September ist die Meisterschaft dann auch schon wieder entschieden. Trainiert wird aber das ganze Jahr über. Seit einigen Jahren gibt es Hallen, die so groß sind wie ein ganzes Fußballfeld. Dort werden inzwischen auch Spiele ausgetragen. Die Hallen, die es möglich machten, auf einmal das ganze Jahr über Fußball spielen zu können, hatten großen Einfluss darauf, dass isländische Talente jetzt tatsächlich gefördert werden können.

Da die isländische erste Liga nicht gerade allererste Sahne ist, hat praktisch jeder isländische Fußballfan auch eine Lieblingsmannschaft aus der **englischen Premier League.** Diese Spiele werden über Kabel kostenpflichtig live im Fernsehen übertragen. Und so werden auf einmal junge Leute zu Fans eines Vereins, dessen Land und Stadt sie vielleicht niemals besucht haben.

Ganz anders verhielt es sich mit der **Nationalmannschaft.** Die dümpelte im Schatten der großen Fußballereignisse so vor sich hin. Doch seit der Jahrtausendwende zeigte sich, dass sich etwas tut im isländischen Fußball. Jetzt geschah es ab und zu, dass man die Qualifikationen für die großen Turniere nur knapp verpasste.

Dass sich die isländische Nationalmannschaft durchaus in Richtung internationales Niveau entwickelte, erfuhr man in Deutschland schon im Jahre 2003 auf schmerzhafte Weise, als die deutsche Nationalmannschaft als amtierender Vizeweltmeister in einem Gruppenspiel zur EM-Qualifikation in Reykjavík nur 0:0 gegen Island spielte. In Erinnerung blieb das Spiel vor allem wegen des als Wutrede in die Annalen des Fußballs eingegangenen Live-Interviews der ARD mit Nationaltrainer Rudi Völler, der sich über die negative Berichterstattung echauffierte.

Allerdings kam der echte Durchbruch bei der Qualifikationsrunde 2015, als die Isländer die Niederlande besiegten und sich damit zum ersten Mal für eine Europameisterschaft qualifizierten. Da stand auf einmal ganz Island wie ein Mann hinter seiner Mannschaft. Schon die Qualifikationsrunde zur **Europameisterschaft** elektrifizierte die gesamte Nation und war ein riesiges Ereignis. Als die Qualifikation endlich geschafft war und man zum ersten Mal zu einer Fußballeuropameisterschaft der Männer durfte, herrschte im ganzen Land unbeschreibliche Jubelstimmung. Kaum zu toppen war dieses Gefühl, dachte man. Sich einfach nur qualifiziert zu haben wurde schon als so großartig angesehen, dass es niemanden wirklich interessierte, wie gut oder schlecht die Mannschaft abschneiden würde. Alle wussten, dass sie nur ein Außenseiter waren, und alle waren unglaublich glücklich, einfach nur dabei sein zu dürfen.

Hier spielt ein wichtiger Aspekt eine Rolle, der vor allem in kleineren Ländern von Bedeutung ist – noch dazu auf einer so abgelegenen Insel wie Island. Man leidet darunter, von der Welt nicht gesehen und trotz seiner Leistungen nicht anerkannt zu werden. Mit der Qualifikation zu einem

Extrainfo 22 (s. S. 9): Doku „Licht und Schatten des Fußballwunders"

solch prestigeträchtigen Turnier, das international von so vielen Menschen verfolgt wird, wird man auf einmal beachtet, nimmt man am Geschehen teil, ist man Teil der Weltgemeinschaft.

Die Begeisterung ging soweit, dass die Isländer sich in großen Mengen spontan dazu entschlossen, überteuerte Flugtickets für Sondermaschinen zu kaufen und nach **Frankreich zur EM** flogen.

Und plötzlich gab es da ein neues Phänomen bei einer EM: die **blaue Wand.** Das isländische Fach war bei jedem Spiel proppenvoll gepackt und fast alle trugen sie voller Stolz die blauen Shirts ihrer Mannschaft. Die blaue Wand bei der EM 2016 bestand aus sage und schreibe rund 8 % der isländischen Bevölkerung! Und auch kein Team interagierte wohl so direkt mit seinen Fans wie das Isländische. Der Schlachtruf der Isländer wurde aus dem Stand zu einem Phänomen und in der Zwischenzeit in den Fußballstadien der Welt auch vielfach kopiert, aber nie erreicht. Die anderen haben einfach nicht die Geduld zu warten, bis das nächste **Huh!** ertönt. Und sie werden auch nicht vom Mannschaftskapitän angeführt, der den Ton angibt.

Die **Begeisterung der Isländer** wirkte so ansteckend, weil sie so **authentisch** war. Hier freute sich eine kleine Nation, dass sie auf einmal im Konzert der Großen mitspielen durfte. Hier erfüllte sich ein Sehnsuchtswunsch, der unerfüllbar erschienen war und darum immer nur ein Wunsch bleiben würde. Auf einmal wurde der Wunsch Realität. Ein Mannschaftssport mit elf Spielern auf dem Platz, für ein Land mit so wenigen Einwohnern, die unter solch schwierigen klimatischen Bedingungen diesen Sport so hartnäckig betreiben, das war einfach unglaublich. Zieht man Vergleiche, dann müsste sich eine Mannschaft wie Arminia Bielefeld, eine Stadt, die ungefähr ebenso viele Einwohner wie ganz Island zählt, für diese Meisterschaft qualifizieren. Wobei noch erschwerend hinzu käme, dass einige der Nationalspieler Islands Fußball spielen, obwohl sie noch einen Beruf ausüben. Man kann sich also vorstellen, was für eine gewaltige Leistung die Teilnahme an einer Europa- oder einer Weltmeisterschaft darstellt.

2016 kam hinzu, dass die Isländer ihr Ziel ja schon erreicht hatten und somit einfach nur ein riesengroßes Fest feiern und ganz entspannt die Sonne Frankreichs und die internationale Atmosphäre genießen. Sie wurden von allen als die liebenswerten Wikinger gefeiert. Das blieb auch während des ganzen Turniers so – außer bei den Mannschaften, denen es elf Isländer auf dem Platz auf einmal viel schwerer machten, als diese es jemals zu träumen gewagt hatten.

Im ersten Gruppenspiel **trotzten sie dem späteren Europameister Portugal ein 1 : 1 ab.** Superstar Ronaldo schoss zehn Mal aufs Tor. Ein Treffer gelang ihm freilich nicht. Die Isländer und der Rest Europas trauten ihren

Extrainfo 23 (s. S. 9): Legendärer Radiomoment: Kommentator Guðmundur Benediktsson bei der Fußball-EM 2016

062ki-sb

Augen nicht. Ja, geht denn da was? Sind wir denn besser, als wir jemals zu hoffen gewagt haben? Die Euphorie kannte keine Grenzen mehr, auch nicht unter den Spielern. Und wenn die Plattitüde vom 12. Mann im Stadion jemals wahr war, dann bei dieser Europameisterschaft. Die isländischen Spieler waren selbst von dieser Begeisterung ihrer Landsleute, von dieser massenhaften Unterstützung überrascht. Das gab ihnen noch mehr Luft zum Sprinten, noch mehr Kraft beim Verteidigen und noch mehr Mut im Angriff.

Gegen Ungarn gab es wiederrum ein 1:1 und im letzten Gruppenspiel wurde **Österreich mit 2:1 geschlagen.** Und wieder wurde das schier Unmögliche wahr: Statt nach der Gruppenphase nach Hause zu fliegen, stand man auf einmal im Achtelfinale! Gegner war nun das Mutterland des Fußballs, England. Und das, wo doch allen deutlich war, dass die isländische Mannschaft technisch und spielerisch nicht die beste war. Wahrscheinlich war das der Grund, weshalb Garry Lineker, früherer Nationalspieler der *Three Lions* und Moderator der BBC-Sendung „Match of the Day", dem britischen Gegenstück zur deutschen Sportschau, den **sensationellen 2:1-Sieg der Isländer gegen England** als „die schlimmste Niederlage in unserer Geschichte" bezeichnete. „England wurde von einem Land geschlagen, in dem es mehr Vulkane als Fußballprofis gibt. Gut

⌃ Kaderschmieden: Ein Fußballplatz darf in keinem Dorf fehlen.

gespielt, Island." Nicht einmal zwei Stunden nach der schmählichen Niederlage gab der Nationaltrainer der Engländer seinen Rücktritt bekannt.

Erst im darauffolgenden **Spiel gegen Gastgeber Frankreich** war dann mit 2:5 **Endstation für die tapfer kämpfenden Isländer.** Die Franzosen hatten im Viertelfinale die Taktik der Isländer studiert und ein Rezept gefunden, wie sie die aufopferungsvolle Mannschaft bezwingen konnten.

Legendär waren aber nicht nur das Team und seine Fans, sondern auch **Guðmundur Benediktsson,** der als Fernsehkommentator des öffentlich-rechtlichen Senders RÚV die Spiele der isländischen Mannschaft aus den Stadien Frankreichs live kommentierte, dabei völlig aus dem Häuschen geriet und mit heiserer und sich überschlagender Stimme von den Erfolgen des isländischen Nationalteams berichtete. Seine Kommentare wurden YouTube-Hits.

Dass der Europameisterschaftserfolg keine Eintagsfliege war, unterstrich die Mannschaft mit Nachdruck, als sie sich zwei Jahre später als Gruppensieger für die **Weltmeisterschaft 2018** in Russland qualifizierte. Unter anderem schlugen sie die Niederlande 2:0 zu Hause und 1:0 auswärts. Auf der Tribüne befand sich, wie selbstverständlich mit seiner ganzen Familie in blaue Nationaltrikots gehüllt, der Präsident des Landes – doch nicht etwa auf den VIP-Plätzen, sondern mittendrin als Teil der blauen Wand.

2018 war die erste **Weltmeisterschaft,** an der ein isländisches Team teilnehmen durfte. Gleichzeitig ist Island das Land mit den wenigsten Einwohnern, das jemals bei einer WM mitspielen durfte. Und wieder befand sich das ganze Land im Ausnahmezustand. Alles begann noch recht hoffnungsvoll, als man sich gegen Argentinien ein Unentschieden erkämpfte. Doch letztendlich fehlte den isländischen Wikingern der Biss und man verlor die beiden nächsten Spiele, wodurch die WM-Teilnahme in der Vorrunde beendet war. Die Fans mögen zwar einige Tränen vergossen haben, doch alle waren stolz, dass das Land überhaupt teilgenommen hatte und trösteten sich mit dem Gedanken, dass es Mannschaft wie Deutschland in diesem Turnier auch nicht besser ergangen war. Nach der Rückkehr des Teams trat der Trainer Heimir Hallgrímsson zurück. Trotz des bescheidenen Abschneidens bei der WM 2018 haben die isländischen Spieler eine große Fangemeinde in der Welt gewonnen und waren ein wirksamer Werbeträger für die Insel im Norden.

Eine **Erklärung für den Erfolg** der isländischen Nationalmannschaft liegt wohl in der langfristigen Planung und hartnäckigen Arbeit einiger altgedienter Nationalspieler und -trainer. Daran wirkte auch ein ehemaliger Deutscher Meister mit: **Ásgeir Sigurvinsson** ging von Island aus zunächst zu Standard Lüttich nach Belgien. Nach einem verletzungsgeplagten Jahr bei Bayern München landete er schließlich beim VfB Stuttgart, wo

Nationalgefühl

Die Begeisterung praktisch aller Isländer, die enthusiastische Unterstützung im Stadion, die Straßenfeste in Reykjavík und ein Reporter, der völlig ausflippt, verweisen noch auf ein anderes Phänomen: Ein aufrichtiges Nationalgefühl, das in Island noch pur und unschuldig daherkommt. Es ist ein Stolz auf das eigene Land, der aus positivem Enthusiasmus über das eigene Land erwächst. Hier feiert sich ein Land, das nie Krieg mit einer anderen Nation geführt hat, ja nicht einmal eine eigene Armee sein Eigen nennt. Hier geht es nicht so sehr darum, andere zu übertrumpfen, besser zu sein als der Gegner oder sich im Vergleich mit anderen Nationen beweisen zu müssen.

Isländer sind einfach nur stolz darauf, dass sie es als ein Land mit so wenigen Einwohnern geschafft haben, zu den Besten der Welt zu gehören. Und dieser Stolz betrifft nicht nur abstrakt eine Mannschaft, selbst wenn es die eigene Nationalmannschaft ist. Er ist jeweils ein ganz persönlicher. Schließlich ist so ziemlich jeder entweder mit einem der Spieler oder Betreuer verwandt oder, wenn nicht unmittelbar, so doch zumindest über einige wenige Ecken mit einem der Teammitglieder befreundet. Man ist also stolz auf seine Familie, auf seine Freunde. Daraus erwächst hier, am Beispiel der Fußballnationalmannschaft aufgezeigt, ein ganz anderer Nationalstolz, wie er in anderen Ländern mit mehr Einwohnern und ohne solch eng geflochtene Familien- und Freundesbanden nicht entstehen kann. Dass man auf einer Insel lebt, mag das Wir-Gefühl noch verstärken: Alles, was hier geschaffen wurde, haben wir gemeinsam erreicht. Jede und jeder hat ihren und seinen Beitrag dazu geleistet. Jede und jeder ist Mitglied des Teams, so die allgemeine Auffassung.

Eine kleine Anekdote sei an dieser Stelle noch erlaubt. Während der Europameisterschaft 2016, die auch im niederländischen öffentlich-rechtlichen Fernsehen übertragen wurde, war ein isländischer Spieler, der in den Niederlanden unter Vertrag steht, im niederländischen EM-Studio zu Gast. Als die Kamera vor dem Spiel über die Tribüne schwenkte und die blaue Wand ins Bild brachte, ließ der Regisseur das Bild an einer beliebigen Stelle anhalten und der Spieler sollte mal schauen, ob er jemanden auf dem Standbild erkennen könne. Die Journalisten im Studio waren vollkommen verblüfft, wie viele seiner Familienmitglieder, Freunde und Bekannten er aufzeigen und beim Namen nennen konnte. Das Schöne ist, dass die Isländer mit ihrem Nationalstolz ganz locker und selbstverständlich umgehen. Sie sind einfach stolz darauf, was sie in ihrer Geschichte erreicht haben, und auf ihre wunderbare Natur. Sie müssen dabei niemandem etwas aufdrängen und leben ungezwungen die Freude an ihrem Land.

er acht Jahre lang mit der Rückennummer 10 spielte und ihn ein ARD-Sportschau-Reporter 1984 unmittelbar nach dem Gewinn der Deutschen Meisterschaft mit dem VfB fragte, ob er nicht Deutscher werden wollte und so die dringend nötige Verstärkung für die Nationalmannschaft darstellen könnte. Dies tat Ásgeir nicht. Dafür aber machte er, der in Island zum besten Spieler aller Zeiten gewählt wurde, sich mit ein paar anderen Gedanken, wie man den isländischen Fußball nach vorne bringen könnte.

„Zusammen mit Eiður Smári Guðjohnsen, der 2006 bis 2009 beim FC Barcelona spielte, seinem Vater Arnór Guðjohnsen, Ex-Spieler von unter anderem RSC Anderlecht in Belgien und Örebro SK in Schweden, Guðni Bergsson, ehemals Spieler von u. a. Bolton Wanderers und früherer Nationalspieler, und Logi Óalfsson, dem ehemaligen Nationaltrainer betreibe ich seit zwölf Jahren die Isländische Fußball Akademie KAI *(Knattspyrnuakademía Íslands).*

Wir operieren dabei vollkommen unabhängig vom Isländischen Fußballverband und den Vereinen und bieten außerhalb der Saison, die durch unser arktisches Klima naturbedingt recht kurz ist, im Herbst, Winter und Frühjahr mehrere dreiwöchige Trainingseinheiten für Fußballer an. Außerdem haben wir eine Fußballschule in Selfoss, in der wir viermal in der Woche ein Training anbieten.

Überhaupt kam unser Angebot schon von Anfang an sehr gut an. Zu uns kommen auch Spieler aus der ersten isländischen Liga, Männer und Frauen, die sich weiterentwickeln wollen. Sie werden entweder von ihren Vereinen ermuntert zu kommen oder sie tun dies aus eigenem Antrieb. Praktisch alle Spieler, die jetzt in der Nationalmannschaft spielen, haben auch Lehrgänge bei uns besucht.

Selbstverständlich haben wir Kontakt mit den Vereinstrainern und Spielerberatern, wir mischen uns da aber nicht ein. Natürlich kennt hier jeder jeden und spricht man miteinander, aber wir achten doch sehr darauf, dass wir uns nicht einmischen und bewahren so unsere Unabhängigkeit gegenüber den Vereinen, Spielerberatern und dem Verband.

Ich weiß nicht, ob es heute mehr Talente in Island gibt als früher. Es hat eine Weile gedauert, aber jetzt haben wir dank der großen Hallen und des Kunstrasens endlich auch die Möglichkeit, im Winter zu trainieren und zu spielen. Die Saison ist wetterbedingt nur recht kurz, von Mai bis September, und da war es einfach sehr schwierig, das ganze Jahr über zu trainieren.

Zurzeit haben wir eine große Zahl von Spielern, die im Ausland unter Vertrag stehen, und das hat uns nach vorne gebracht. Und das weckt auch das Interesse der Jugend. Die sieht, dass viele Spieler, die im Ausland spielen, Erfolg haben. Von unserer Nationalmannschaft spielen so ungefähr alle im

Ausland, in Norwegen, Schweden, Dänemark, in der Schweiz, Belgien, Italien, England und auch in Deutschland. Seit einiger Zeit spielen auch viele isländische Talente in Holland. Dort schauen sie ziemlich genau auf Island und bieten gute Ausbildungen für junge Spieler. Viele isländische Spieler haben dort angefangen und wechseln dann in größere Ligen."

Hier sei noch erwähnt, dass das, was die Männer können, ihnen die Frauen schon Jahre zuvor vorgemacht haben. Bereits 1995 nahm die **Frauennationalmannschaft,** die 1981 ihr erstes Spiel überhaupt bestritt, an ihrer ersten Europameisterschaft teil.

Handball – die Silberjungs

Die zweite beliebte Sportart in Island ist Handball. Schon lange vor den Fußballern zählten die Isländer hier zur Weltklasse. Bei den **Olympischen Spielen 2008** gewann die Nationalmannschaft der Männer sogar die **Silbermedaille** und bei der **Europameisterschaft 2010 Bronze.** Die damaligen Spieler gelten als Helden.

Auch hier gilt, wie beim Fußball, dass fast die gesamte Nationalmannschaft im Ausland spielt, die meisten in Dänemark und in Deutschland. Dass ihre Qualitäten nicht nur als Spieler, sondern auch als Trainer sehr gefragt sind, dafür mag **Dagur Sigurðsson** stehen. Er betreute von 2014 bis 2017 die deutsche Nationalmannschaft und führte sie 2016 zum Sieg der Europameisterschaft und im selben Jahr zur Bronzemedaille bei den Olympischen Spielen.

Mitternachtsgolf

Ein weiterer Volkssport ist **Golf.** Man mag es kaum glauben, dass man bei den in Island üblicherweise herrschenden Windverhältnissen doch tatsächlich einen kleinen Ball mehr oder weniger gezielt durch die Luft schlagen kann. Erschwerend kommt hinzu, dass man, wenn man den Ball unglücklicherweise statt auf den Rasen in ein Lavafeld geschlagen hat, ihn dort aufgrund der porösen und kantigen Oberfläche oft auch nicht mehr regulär herauschlagen kann. Trotzdem wird Golf in Island nicht nur von den besser Bemittelten gespielt, sondern ist ein Breitensport, der quer durch die sozialen Schichten gespielt wird, denn in Island kostet es nicht die Welt, Mitglied in einem Golfklub zu werden. Die Saison ist zwar auch in diesem Fall kurz, dafür genießen es viele, an den langen Tagen bis spätabends zu spielen, da es ja nicht dunkel wird. Daher stehen an ihren Computern alle schon in den Startlöchern, wenn die Tee-Times freigegeben werden, denn die beliebtesten Startzeiten sind innerhalb weniger Minuten ausgebucht.

063ki-sb

Wohnen

Traditionelle Torfhäuser

Die Isländer wohnten von alters her in **Torfhütten,** die durch ihre dicken Wände so gut wie möglich vor Kälte und Wind schützten. Auf dem Dach und an den Wänden wuchs Gras. Dies half vor allem gegen die Erosion. Die Böden bestanden aus nichts anderem als festgetretener Erde. Die Fenster waren klein, was vor Kälte und Wind schützen sollte. Es war also recht dunkel in diesen Behausungen, meist war es in der Küche sogar zappenduster und nur das Feuer brachte etwas Licht in den Raum. Oft standen zwei, drei dieser Häuser direkt beieinander: Wohngebäude, Ställe, Arbeitsräume und Lagerräume für die Werkzeuge. Wirklich gemütlich waren diese Häuser nicht. Sie werden auch **Ganghäuser** genannt. Alles in ihnen war um einen zentralen Gang herum angeordnet, über den man alle Räume erreichte.

Gustav Georg Winkler, ein bayerischer Professor der Mineralogie und Geognosie (so hieß die später Geologie genannte Wissenschaft zum da-

⌃ In Torfhäusern wie diesen wohnten Isländer oft noch bis zur Mitte des 20. Jahrhunderts

Der Freundschaftswald

Am westlichen Rand des Nationalparks Þingvellir, dem Platz Kárastaðir, wurde am 26. Juni 1990 von Vigdís Finnbogardóttir, der damaligen Präsidentin Islands, ein „Vínaskógur", ein Freundschaftswald, eingeweiht, in dem seitdem befreundete Staatsoberhäupter und Regierungschefs einen Baum der Freundschaft pflanzen. Sie tat dies gemeinsam mit der englischen Königin Elizabeth II. Als Elizabeth, aus ihrem Heimatland große Ländereien und Wälder gewohnt, aus dem Auto stieg und ihr gesagt wurde, dass sie angekommen seien, soll sie gefragt haben: „Und wo ist der Wald?" Nun ja, in der Zwischenzeit stehen dort ein paar Bäume mehr, aber von einem Wald kann man noch immer nicht sprechen. Immerhin hat auch Deutschland seinen Teil dazu beigetragen. Am 17. Juli 1992 pflanzte der damalige Bundespräsident Richard von Weizäcker einen Baum „im Hain der Freundschaft".

maligen Zeitpunkt), der vornehmlich über die Alpen forschte, hielt sich für seine Studien den Sommer über in Island auf und fand unterwegs auf seiner Reise durch das Land bei verschiedenen Bauern eine Herberge. Anschließend schrieb er 1861 Folgendes über die isländischen Häuser:

„Das Ganze der isländischen Wohnungen, auch der ärmern, besteht in der Regel aus den fünf Räumen, welche wir uns grade besehen haben, nämlich der Wohnstube, Küche Vorrathskammer, Fahrnißhütte [Fahrniß ist ein altes oberdeutsches Wort für Hausrat] und Schmiede. Zu diesen kommt manchmal noch eine weitere Kammer, worin in bunt bemalten Truhen Luxussachen, Festkleider, Geschirre und anderes werthvolleres Zeug aufbewahrt werden, und welche nöthigenfalls auch als Gastzimmer dient. In Pfarrhäusern ist diese zugleich Studirstube. Uebrigens theilt mancher Pfarrer mit seiner Familie und den Dienstboten dieselbe Badstoba [*badstofa* ist das isländische Wort für Wohnzimmer, oder gute Stube. Winkler schreibt dieses Wort in der damals durchaus üblichen Schreibweise durchgängig mit ‚b' anstatt mit ‚f'.]

Alle Räume sind *neben,* nicht *über* einander angebracht, welcher Umstand hauptsächlich diesen Wohnungen ihre Eigenthümlichkeit gibt. So viele Gemächer, eben so viele durch breite Mauern gesonderte Häuser oder Hütten. Drei oder vier stehen nach vorn in einer graden Linie. Davon ist immer eine die Schmiede und eine andere Fahrnißhütte. Küche und Vorrathskammer liegen überall rückwärts. Im Südlande befindet sich die Badstoba meist in der Mitte. Manchmal ist die eigentliche Dachstube über der

064ki-sb

Kammer mit den werthvollen Sachen. Wohlhabende Bauern im Südlande haben zur Aufbewahrung letzterer und, um die Gäste zu beherbergen, ein frei stehendes Bretterhaus errichtet. Im Nordlande ist die badstoba immer im hintersten Hause. Ueberall stehen Wohnstube, Küche, Vorrathskammer und Fremdenstube (diese entspricht ganz der „guten Kammer oder tubenkammer" der süddeutschen Bauern) durch einen Gang mitsammen in Verbindung, während die andern Räume nur durch gemeinsame Mauern zusammenhängen. Nach solchem Plane sind, unbedeutende Abweichungen ausgenommen, alle Wohnungen auf Island gebaut." [Winkler, S. 108f]

Einer der wichtigsten Gründe, warum man Torfhäuser baute und keine Häuser aus Holz, ist, dass bereits recht schnell nach der Landnahme Islands kein **Holz** mehr zur Verfügung stand, obwohl Island ursprünglich eine stark bewaldete Insel gewesen war. Die ersten Siedler gingen sehr sorglos mit den Holzvorräten um und nutzten die Wälder zum Schiffsbau, zur Kohlegewinnung (Wärme!) und für Werkzeuge – nur der kleinste Teil wurde für den Bau von Häusern gebraucht. Doch Vulkanausbrüche, die sich verheerend auf die Wälder auswirkten, und ein Klimawandel zu viel kälteren Temperaturen führten dazu, dass keine großen Bäume mehr nachwuchsen. Das Resultat ist noch heute zu sehen: In Island gibt es praktisch nur kleinwüchsige Zwerg- und Moorbirken, die eher wie Sträucher aussehen, als dass sie

Typisches Obergeschoss eines Torfhauses. Hier schlief die ganze Familie.

tatsächlich Bäume genannt werden könnten. Das raue Klima und die meersalzige Luft lassen sie nicht wirklich wachsen. Sie werden im Allgemeinen nicht höher als zwei Meter und eignen sich nicht als Baumaterial.

Etwas wohlhabendere Bauern konnten es sich im Mittelalter allerdings leisten auch **Holz zum Bauen ihrer Häuser** zu verwenden. Dennoch war auch für sie die effiziente Nutzung des Rohmaterials wichtig. Sie bauten sogenannte **Langhäuser,** wie sie sie wahrscheinlich aus Norwegen kannten. Dabei werden alle Bereiche nebeneinander angeordnet: das Wohnhaus, die Ställe, die Arbeitsräume usw. Wenn man konnte, baute man zwei Stockwerke. Dann stand das Vieh unten und man wohnte direkt darüber. So hatte man dank der Wärme, die die Tiere abgaben, eine natürliche Wärmequelle, die keine weiteren Rohstoffe benötigte.

Man kann es sich heute kaum noch vorstellen, aber in abgelegenen Gebieten wurde zum Teil noch bis in die 1980er-Jahre so gewohnt. Es gibt also heute noch Isländer, die dies früher beim Besuch der Großeltern durchaus noch hautnah miterlebt haben.

Heutzutage sind an verschiedenen Orten im Land alte Häuser als Museen eingerichtet und kann man sich selbst ein Bild von den damaligen Wohnbedingungen machen. Dann wird einem schnell klar, was das Leben in einem isländischen Torfhaus unter anderem bedeutet hat: kein fließend warmes oder kaltes Wasser, kein Strom (also auch kein Herd oder Ofen, der nicht mit (Holz-)Feuer funktionieren würde), keine Toiletten im Haus, sondern draußen – mit einem Wort: spartanisch.

Wellblech

Häuser aus Holz kommen eigentlich erst zu Anfang des 19. Jahrhunderts ins Spiel. Das Holz musste dafür teuer importiert werden. Holzhäuser hatten den Nachteil, leicht Feuer zu fangen. Ab dem letzten Viertel des 19. Jahrhunderts kam eine Baumethode in Mode, die heute das Straßenbild beherrscht, wohl auch deshalb, weil sie, bis auf wenige Ausnahmen, bei den entsprechenden Bauwerken um die ältesten noch stehenden Häuser Islands handelt. Von nun an musste man nicht nur für die Außenhaut der **Wände,** sondern auch für die der **Dächer** Wellblech. Dies hatte mehrere Vorteile: Ein wellblechverkleidetes Haus konnte nicht mehr so schnell Feuer fangen, man verbrauchte nicht so viel Holz, was den Hausbau billiger machte, und das Haus war jetzt tatsächlich wasserdicht. Schlendert man in Reykjavík durch das Zentrumsviertel Þingholt, dann findet man dort noch viele schöne Exemplare dieses Baustils. Die pittoresken Häuser bilden heute ein gern verwendetes Fotomotiv. Auch auf dem Land erweist sich diese Bauweise als robust und wetterbeständig.

Das älteste Steinhaus auf Viðey

Mit Stein begann man erst Mitte des 18. Jahrhunderts zu bauen. Von 1752 bis 1755 ließ der Landvogt Skúli Magnússon auf der 1,6 km² großen Insel in der Bucht nur ein paar Hundert Meter von Reykjavík entfernt seinen neuen Amtssitz Viðeyjarstofa bauen. Als Landvogt gehörte Magnússon seiner Zeit zu den mächtigsten Männern des Landes. Das Gebäude war damals das erste Steinhaus Islands und noch heute gehört es zu den ältesten Bauten des Landes, auch wenn es in der Zwischenzeit für eher profanere Zwecke genutzt wird. Die Insel dient heute vor allem als Naherholungsziel für die Reykjavíker Bevölkerung und Touristen, die mit der Fähre binnen weniger Minuten an der Insel angelegt haben. In dem herrschaftlichen Gebäude sind heute ein Restaurant und ein Café untergebracht, die den Besuch auf der Insel noch angenehmer machen.

Skúli Magnússon ließ dort auch eine Kirche errichten, die 1774 eingeweiht wurde. Sie ist die zweitälteste noch existierende Kirche Islands. Seinem Wunsch entsprechend wurde Skúli nach seinem Tod hier beigesetzt.

Obwohl Viðey heute nicht mehr bewohnt, sondern nur noch von Tagesgästen aufgesucht wird, lebten hier noch zu Beginn des 20. Jahrhunderts etwa 130 Menschen von Viehzucht und Fischerei. In den ersten drei Jahrzehnten des 20. Jahrhunderts gab es dort verschiedene erfolgreiche Fischfang- und Fischverarbeitungsunternehmen, der Untergang des Letzten 1931 veranlasste jedoch viele Bewohner umzuziehen. Und letztlich mussten die übrigen Fischer und Bauern die Insel in den 1940er- und 1950er-Jahren verlassen, da sie kein ausreichendes Einkommen mehr erwirtschaften konnten.

Holzhäuser im Baukastensystem

Größere Häuser, meist von norwegischen oder dänischen Handelsleuten, die eher dem europäischen Standard entsprechend wohnen wollten und für ihre Kontore mehr Platz benötigten, wurden als vollständiger Bausatz von Norwegen oder Dänemark mit dem Schiff nach Island verbacht. Die Gebäude wurden erst in Skandinavien von Grund auf errichtet, wieder abgetragen, verschifft und dann in Island an Ort und Stelle wieder zusammengesetzt – eine zeitaufwendige und kostspielige Angelegenheit. Aber nur so ließen sich mehrgeschossige Gebäude in Island errichten. Ein schönes Ensemble von mehreren historischen aus Holz erbauten Wohn- und Geschäftshäusern lässt sich am Hafen von Stykkishólmur begutachten.

065ki-sb

Erdbebensicher

Ab dem frühen 20. Jahrhundert begann man schließlich, auch mit **Beton** zu bauen, also mehr als 20 Jahrhunderte nach den Römern, dafür aber nur wenig später als die Kontinentaleuropäer, die mit der Patentierung des Stahlbetons 1867 mit dieser Bauweise begonnen hatten. Heutzutage steckt in jedem Haus ein wenig Beton, egal ob Holzhaus oder nicht. Da es in Island rund **20.000 Erdbeben pro Jahr** gibt, müssen Häuser, auch wenn die weitaus meisten Erdbeben im Hochland, wo niemand wohnt, die Erde ducheinanderrütteln, entsprechend gesetzlicher Regelung erbebensicher gebaut werden. Das bedeutet, dass jedes Haus auf einem erbebensicheren Sockel steht – ein durchaus beruhigender Gedanke. Doch drinnen muss man selbst dafür sorgen, dass einem bei einem Erdbeben nichts auf den Kopf fällt. Das ist auch der Grund, warum Isländer ihre Regale nicht nur einfach aufstellen, sondern auch fest an der Wand befestigen (falls man auch zu denen gehört, die die Extra-Haken, die ein Möbelselbstzusammenbauwarenhaus für Bücherregale immer mitliefert, wegschmeißt: In Island sollte man diese unbedingt verwenden). Außerdem passen die Isländer darauf auf, dass sie beim Schlafen nicht von herunterfallenden Gegenständen getroffen werden können. Wenn stärkere Beben Städte und Gemeinden treffen, kommt es trotz aller Vorsichtsmaßnahmen zu teilweise erheblichen Schäden, auch wenn die Häuser grundsätzlich solide gebaut sind. Wo und wie stark die Erde während der letzten 48 Stunden gebebt hat, kann man auf der Website des isländischen Wetterdienstes unter https://en.vedur.is/earthquakes-and-volcanism/earthquakes verfolgen.

Brutzeln ist Männersache

Was außerdem in keinem Haus, beziehungsweise auf keinem Balkon oder in keinem Garten fehlen darf, ist ein **Grill.** Sommer bedeutet Grillsaison, egal wie das Wetter ist. Das Gerät darf nicht irgendein x-beliebiges Teil sein, sondern dieser Grill muss schon was hergeben. Deshalb handelt es sich meist um aufgemotzte XL-Modelle, auch wenn sie einen Großteil des Balkons in Anspruch nehmen. Die Grillsaison ist selbstredend recht kurz, aber in der Saison wird gegrillt, was das Zeug hält – und zwar von Männern, denn Grillen ist hier Männersache.

Bäume, die den Blick versperren

Isländer leben seit Generationen ohne große Bäume und haben kein wirkliches Verhältnis zu ihnen. Sie lieben eine freie Sicht und einen weiten Horizont. Wenn ihnen ihrer Meinung nach zu viele Bäume die Sicht versperren, fühlen sie sich eingesperrt. Dann wird einfach die Säge hervorgeholt und die Bäume kommen weg. Vor allem da Bäume seit dem Jahr 2000 durch das mildere Klima stärker gewachsen sind als in den Jahrzehnten davor, findet manch einer, dass die Wohnung jetzt doch zu dunkel geworden sei. Andererseits ermutigen verschiedene Gemeinden ihre Bewohner dazu, Bäume, vor allem auch Obstbäume, anzupflanzen, die dann im Schutz der Häuser wachsen können. Doch der Erfolg solcher Initiativen ist bisher nur mäßig, denn Obstbäume tun sich mit der salzigen Luft und den salzigen Böden recht schwer.

◁ Reykjavík ist die einzige Großstadt in Island und die einzige mit nennenswertem Hochhausbau

Kunst und Kultur

Die mittelalterlichen Handschriften gelten den Isländern als Grundlage ihrer Identität (066ki-sb)

Literatur

Das geschriebene Wort ist für die eigentlich **sinnstiftende Identität der Isländer** verantwortlich. Ihr Land ist eine Insel, die Grenzen waren also schon von der Natur und lange vor der Besiedlung gezogen. Die Fremdherrschaft war nie so ausgeprägt, dass sich viele fremde Soldaten, Beamte oder ausländische Bürger im Land aufhielten. Isländer haben nie Kriege mit anderen geführt. Ihre eigene Geschichte haben sie aber aufgeschrieben, von Anfang an, seitdem sie auf der Insel so weit im Nordwesten angekommen sind. Wobei: Wirklich zu Papier gebracht wurden die **Eddas** erst einige Zeit später. Allerdings mussten die Autoren oder musste der Autor über ältere Quellen verfügen, sind doch alle Stammbäume bis zurück zu den ersten Wikingern auf der Insel in den Büchern aufgeführt.

Isländerinnen und Isländer sind also in Wirklichkeit **Papierwikinger.** Ihr **größtes historisches Gut sind Bücher und alte Handschriften,** die von ihren Vorfahren erzählen, von deren Leben, den herrschenden Gesetzen, den Auseinandersetzungen zwischen den verschiedenen Familienclans, der Unbill des Kampfes gegen, mit und in der Natur und natürlich von der Liebe. Aber vor allem beschreiben die alten Bücher die ureigene Geschichte der Isländer. Die Geschichte fast jeder heutigen isländischen Familie.

Und so haben **Bücher** auch heute noch einen **immens hohen Stellenwert** und sind Schriftsteller noch immer hoch angesehene Personen.

Nicht selten waren und sind bis heute einflussreiche Menschen, beispielsweise Regierungs- und Parlamentsmitglieder, auch Schriftsteller. Mehr als 0,1 % der Bevölkerung ist Mitglied des isländischen Schriftstellerverbands. **In wohl keinem anderen Land der Erde gibt es prozentual gesehen mehr Schreibende als in Island oder wird mehr gelesen als auf der Insel.** Selbstverständlich ändern sich auch in Island die Traditionen und Lesegewohnheiten. Aber Bücher sind noch immer ein wichtiger Bestandteil des isländischen Lebens. Das wichtigste Geschenk an Weihnachten ist noch immer das Buch – wie soll man auch sonst durch die kalte und vor allem dunkle Jahreszeit kommen (siehe hierzu auch Seite 94).

Die Mehrzahl der isländischen Autoren produziert glücklicherweise qualitativ hochwertige Bücher. Immerhin haben sie mit **Halldór Laxness** sogar einen **Literaturnobelpreisträger** in ihren Reihen. Halldór erhielt den Preis 1955 und war spätestens ab diesem Zeitpunkt eine Art literarischer und gesellschaftlicher Halbgott. Sein gesprochenes und geschriebenes Wort galt. Dabei behandelte er für seine Landsleute oft nicht gerade bequeme Themen. So verabscheute der Weitgereiste die Provinzialität der Isländer und versuchte, sie mit Hilfe seiner Bücher zu erziehen. Noch immer gilt er seinen Nachfolgerinnen und Nachfolgern als leuchtendes Beispiel.

Was die isländische **Literatur** so besonders macht, ist wohl tatsächlich aus der Tradition und der Verbundenheit der Isländer mit ihr zu erklären. Jahrhundertelang gab es **wenig Einflüsse von außen,** am ehesten noch von Isländern selbst, die eine Zeitlang im Ausland, meist in Kopenhagen, gewohnt htten und ihre dortigen Eindrücke in die Literatur ihres Landes einfließen ließen.

Als **Themen** dienen oft die Ausgrenzung von Außenseitern in einer kleinen Gemeinschaft, das Aufsuchen von Grenzen in Gemeinschaften, die Frage, wie man seinen eigenen Träumen folgen kann in einer ums Überleben kämpfenden Gesellschaft, das Zurechtkommen mit sich veränderten zwischenmenschlichen Beziehungen und Konstellationen in Orten, wo jeder alles und jeden kennt, skurrile Zeitgenossen, die auf ihre ganz eigene Art und Weise versuchen, mit dem Leben zurechtzukommen, die Rolle der Frau und des Mannes in Beziehungen und in der Gesellschaft, historische Ereignisse von der Saga- bis in die heutige Zeit und wie sie das Leben der Isländer veränderten, außerdem die Veränderung von einer ländlichen zu einer immer stärker städtisch geprägten Gesellschaft vonstatten ging.

Noch immer misst sich die isländische Literatur an den Sagas und lässt sich von ihnen beeinflussen. Kein Wort zuviel steht da. Die Befindlichkeiten der Protagonisten sucht man am besten zwischen den Zeilen – nur dort wird man sie finden. Und noch immer betreiben viele isländische Autorinnen und Autoren dieses „literarische Suchspiel", welches im Übrigen auch der Realität entspricht. Ein Isländer oder eine Isländerin lassen ihren Gefühlen selten freien Lauf. Auch im richtigen Leben muss man sozusagen zwischen den Zeilen suchen, will man die Gefühlslage seines Gegenübers erkunden.

Auch heutige Autorinnen und Autoren verwenden dieses Stilmittel, beispielsweise der erfolgreichste isländische Autor überhaupt, **Arnaldur Indriðason,** der über sein Schreiben sagt: „Die Sagas sind großartige Geschichten von Rache und Ehre, voller Dramatik – und sie sind fantastisch geschrieben. Da steht kein Wort zu viel. Ich versuche auch, die Worte genauso vorsichtig und sparsam zu verwenden. Die Autoren der Sagas waren grandiose Experten darin – warum also nicht von den Besten lernen?" (Het IJsland van Indriðason. Amsterdam, 2018. Uitgeverij Q. [S. 36; Übersetzung: der Autor])

Die Sagas regen auch heutige Autoren noch immer dazu an, über diese frühe Zeit der Besiedlung Islands zu schreiben. Ein moderner Klassiker und ein gutes Beispiel hierfür ist die sogenannte **Barackentrilogie** (bestehend aus den Romanen „Die Teufelsinsel", „Die Goldinsel" und „Das ge-

Extrainfo 24 (s. S. 9): Interview mit Arnaldur Indriðason, Islands bislang international erfolgreichstem Autor

067ki-sb

lobte Land“) von **Einar Kárason.** Aus seiner Feder flossen unter anderem auch vier Titel, die auf Deutsch zusammengefasst in einem großen Band mit dem Titel „Die Sturlungen“ erschienen sind. Einar Kárason lässt mit kräftiger Sprache die blutigste Zeit in der isländischen Geschichte wieder aufleben. Die Familie der Sturlungen war einst der mächtigste Clan auf der Insel. Ihre Machenschaften läuteten auch das Ende der Wikingerzeit in Island ein.

Zwei Romane, die ein Frauenleben beschreiben, das gleich ein ganzes Jahrhundert umspannt, hat **Kristín Marja Baldursdóttir** geschrieben. In „Die Eismalerin“ und „Die Farben der Insel“ beschreibt die Autorin das Leben einer Frau im 20. Jahrhundert, die Malerin werden möchte und sich gegen allen Widerstand und koste es, was es wolle (und sie wird einen hohen Preis zahlen müssen), auch durchsetzt. Sie hat für diese Titel mit sehr vielen Frauen gesprochen, die die alten Zeiten noch miterlebt haben, um den Alltag so authentisch und genau wie möglich beschreiben zu können.

Zu den mit Sicherheit interessantesten Schriftstellern unserer Zeit gehört ohne Zweifel auch **Sigurjón Birger Sigurðsson,** oder kurz **Sjón.** Der 1962 geborene Künstler sang in jungen Jahren bei den „Sugar Cubes“ (der früheren Begleitband Björks), kam über David Bowie und die Sagas zur Lyrik, schrieb Liedtexte für Björk-Golden Globe- und Oscar-Nominierung für das beste Lied mit „I've Seen it All" aus dem im Jahr 2000 veröffentlichten Film „Dancer in the Dark" (Taschentücher bereitlegen, wenn man sich diesen Lars-van-Trier-Film anschauen möchte) und ist sowohl mit seinen Gedichten als auch mit seinen Romanen international sehr erfolgreich.

Wie auch in der Musik versteht sich isländische Literatur eher auf **Melancholie,** aber auch auf **absurden Humor.** In der isländischen Literatur stolpert man geradezu über traurige und zugleich komische Antihelden. Bestes Beispiel hierfür sind vielleicht die Bücher von **Hallgrímur Helgason.** Sein Roman **„101 Reykjavík"** war sein Durchbruch. Hlynur, 28, wohnt noch zu Hause bei seiner Mutter, langweilt sich im dunklen Winter zu Tode, schaut Pornos auf seinem Bett, masturbiert und fantasiert über seine Frauenbilder, bis er sich in die lesbische Freundin seiner Mutter verknallt und mit ihr schläft. Die Liebesnacht hat aber Folgen. Mit dem wirklichen Leben weiß Hlynur allerdings nicht so richtig umzugehen und so kommt es zu aberwitzigen Verstrickungen und Wendungen (101 verweist im Übrigen auf die Postleitzahl der Innenstadt Reykjavíks, also das kulturelle Zentrum der Insel). Auch viele seiner anderen Bücher tragen schon im Titel die Heiterkeit (und man wird nicht enttäuscht). Einige Beispiele: „Zehn Tipps, das Morden zu beenden und mit dem Abwasch zu beginnen", „Seekrank in München", „Vom zweifelhaften Vergnügen, tot zu sein" oder „Eine Frau bei 1000°".

Familienromane, manchmal auch aus der Sicht eines Kindes geschrieben, könnte man viele isländische Romane auch nennen. Dies spiegelt durchaus die Wichtigkeit der Familie in der kleinen Bevölkerung und den meist winzigen Orten wider, in denen die Menschen lebten und, sobald man sich aus dem Einzugsbereich der Hauptstadt entfernt, noch immer leben. Der Autor **Jón Kalman Stéfansson** wäre hier mit **„Gräben im Regen"** und **„Das Licht auf den Bergen"** sowie **„Etwas von der Größe des Universums"** zu nennen.

„Engel des Universums" von **Einar Már Guðmundsson** wurde zu einem großen Erfolg. Einar Már beschreibt mit unglaublicher Schönheit, Einfühlsamkeit und den nötigen Portionen Melancholie, Ironie und hintergründigem Humor die Geschichte seines Bruders, der in ein Heim für Geisteskranke gesteckt wurde, und plötzlich feststellt, dass er nicht der einzige ist, der in einer anderen Welt lebt. Ein Klassiker, auch als Film.

☒ Bestsellerautor Einar Kárason liest aus den Sagas

Mit einem gewissen Hang zu melancholisch-skurrilem Humor schreibt auch **Auður Jónsdóttir.** Dabei klingen die Geschichten eigentlich wie aus dem isländischen Leben gegriffen. Die Autorin spielt gerne mit verschiedenen Genres wie in **„Jenseits des Meeres".** Autobiografisch ist ihr Roman **„Wege, die das Leben geht".** Dies macht schon die Namenswahl der Hauptperson deutlich: Eyja ist im wirklichen Leben Auðurs Kosename. Und tatsächlich werden viele Isländerinnen und Isländer einige Geschichten in ihrem Roman so oder auf andere Weise kennen. Auður ist die Tochter einer in Island bekannten Regisseurin – und die Enkelin des Nobelpreisträgers Halldór Laxness. Nachdem sie ein paar Jahre in Berlin gelebt hat, ist sie inzwischen wieder in Reykjavík gelandet.

Kristof Magnusson trägt den isländischen Humor direkt in die deutsche Literatur hinein. Er ist Isländer, halb Deutscher und schreibt auf Deutsch, unterhaltsam, satirisch und mit Wortwitz, aber nie oberflächlich. Magnusson arbeitet außerdem als Übersetzer isländischer Literatur ins Deutsche.

Man mag es kaum glauben, aber durchschnittlich werden etwa ein bis zwei Morde pro Jahr in Island verübt – die dann auch meist recht schnell aufgeklärt werden, da sie sich fast ausnahmslos in der Beziehungssphäre abspielen. Aber in Island boomt der **Kriminalroman,** wenn auch noch nicht lange.

Der bereits erwähnte **Arnaldur Indriðason** (s. S. 241) war der erste isländische Autor, der mit Krimis Erfolg hatte – und was für einen! Sein erster Roman erschien 1999. Seitdem gibt es kein Halten mehr. Vor allem seine Serie um den Reykjavíker Kriminalkommissar Erlendur wurde von Kritikern und Lesern gefeiert. Er hat fast alle internationalen Preise, die für Kriminalromane verliehen werden, mindestens einmal gewonnen und wird auf allen Kontinenten gelesen. Indriðason ist der **bestverkaufte isländische Autor aller Zeiten.** Weitere erfolgreiche isländische Krimiautoren sind **Yrsa Sigurðardóttir** und **Árni Þórarinsson.**

Die Isländerinnen und Isländer lieben aber auch ihre Lyriker. **Gedichtbände** erreichen relativ hohe Auflagen. Vom Anfang der Besiedelung an – schon die Eddas sind in Reimform gehalten – bis heute hat die Dichtung einen hohen Stellenwert und haben Dichter einen gewissen Status in der Gesellschaft. Wobei auch hier genau wie in der Musik gilt: Man verschreibt sich nicht einer Form. Ein Lyriker schreibt auch Romane oder Theaterstücke und andersherum. Dabei wechseln die Schriftsteller die Formen, so wie sie es für ihren Schreibprozess und das angegangene Thema für richtig halten. Isländer sind, was das betrifft, erfrischend unkompliziert und lassen sich kaum in irgendwelche Schubladen stopfen.

Bis zum Zweiten Weltkrieg blieben die isländischen Poeten meist unter sich. Danach entwickelte sich auch die Lyrik weiter. Form und Inhalt

068ki-sb

veränderten sich, der **Modernismus** hielt Einzug, wenn auch nicht ohne Gegenwehr der konventionellen Dichter und von Teilen der Gesellschaft. Es wurden **regelrechte Wortgefechte und landesweite Diskussionen um die Lyrik** geführt. Minister schalteten sich ein, Professoren, Sprachwissenschaftler. Die Redaktionen der Leserbriefabteilungen bei den Zeitungen und Radiosender bekamen körbeweise Post. Das ganze Land diskutierte – was wiederum bestätigt: Isländer sind Papierwikinger und ihre Literatur, das über die gesamte Zeit und alle Orte verbindende Element, ist ihnen heilig.

Der über ein Jahrtausend währenden Dichtungstradition verhaftet bleiben wollte beispielsweise der angesehene und erfolgreiche Dichter **Jóhannes úr Kötlum.** Von ihm stammt auch der Everseller *Jólin koma,* „Weihnachten kommt", der jeweils zwei Vierzeiler zu jedem der 13 isländischen Weihnachtsmänner und ihrem typischen Charakter umfasst. Er ist der Weihnachtsklassiker schlechthin und in der Vorweihnachtszeit auch

⌃ Arnaldur Indriðason erhielt 2017 für sein Buch „Petsamo" („Graue Nächte") den „Blóðdropinn" („Bluttropfen"), den Preis für den besten isländischen Kriminalroman des Jahres

nach Jahrzehnten noch jedes Jahr wieder verlässlich in den obersten Regionen der Bestsellerlisten zu finden. Das bedeutet aber nicht, dass Jóhannes úr Kötlum nur über seichte Themen geschrieben hätte. Eine durchaus gesalzene, wenn auch in poetisch-träumerische Formen gegossene Gesellschaftskritik war ihm keineswegs fremd. Andere wiederum bewegten sich mit ihren Texten zwischen den Lagern hin und her, wie **Hannes Pétursson** und **Þorsteinn frá Hamri.**

Aber es gab kein Halten mehr. Die **jungen Wilden** machten mehr und mehr und vor allem auch international auf sich aufmerksam. Als **„Atomdichter",** so benannt nach dem Roman „Atomstation" von Halldór Laxness aus dem Jahr 1948, in dem Außenseiter beschrieben werden, wurden sie zunächst belächelt und verspottet. Aber es dauerte nicht lange, da wurde dies zu ihrem Markenzeichen. Zu den wichtigsten der Atomdichter dürfen wohl **Stefan Hörður Grímsson, Einar Bragi, Jón Óskar, Hannes Sigfússon** und **Sigfús Daðason** gezählt werden.

In den 1960er-Jahren drangen neue Dichter in den Vordergrund, die den Modernismus als zu dunkel empfanden. Sie wollten sich für eine bessere Zukunft einsetzen. Auch in der Form veränderten sie die Lyrik. Sie schrieben nicht mehr in verklausulierten Bildern, sondern schnörkellosen Klartext. Zu ihnen gehören Dichter wie **Dagur Sigurðarson** und **Ari Jósefsson.**

Ab den **1970er-Jahren** veröffentlichten immer mehr Dichter ihre Bücher selbst. Es kam zu einem wahren **Lyrikboom.** Die Ideen der 68'er-Generation brachen sich auch in der Lyrik Bahn, die Gedichte wurden fordernder, politischer, radikaler. Zu ihren wichtigsten und sehr erfolgreichen Vertretern gehören unter anderem **Megas,** auch Liedermacher und Musiker, **Guðbergur Bergsson,** der auch als Prosaautor große Erfolge feierte, **Pétur Gunnarsson Sigurður Pásson, Steinnun Sigurðardóttir** und **Þórarinn Eldjárn.** Zum ersten Mal kam in der isländischen Lyrik auch **Umgangssprache** vor und der **Humor** einzog.

Weitere Autoren machten mit ihren Gedichten danach von sich reden: **Einar Már Guðmundson, Sjón, Bragi Ólafsson, Andri Snær Magnason** (der einen Gedichtband über eine Supermarktkette schrieb und durch den Laden geht wie Dante in der Göttlichen Komödie durch Hölle, Fegefeuer und Himmel; dieses Buch wurde – und wird noch immer – auch in diesen Supermarktfilialen verkauft; auf dem Titelbild des Buches prangt das Logo des Supermarkts – ein Sparschwein), **Sigfús Bjartmarsson, Gyrðir Elíasson, Linda Viljámsdóttir, Vilborg Dagbjartsdóttir, Ingibjörg Haraldsdóttir** oder **Kristín Ómarsdóttir.**

Bemerkenswert ist, dass die **Lyrikerinnen** sehr viel persönlichere, emotionalere Gedichte schreiben als ihre männlichen Kollegen. Zum neuen

Jahrtausend hin entwickelt die **weibliche Lyrik** einen Hang zum Sarkasmus, wird härter. Als wichtigste Vertreterin gilt **Gerður Kristný.**

Im neuen Jahrtausend herrscht weiterhin eine große **Experimentierfreudigkeit** unter den isländischen Lyrikern. Wobei sie auch immer genau beobachten, was in anderen Ländern vor sich geht, welche neuen Formen (Poetry-Slams, Open-Mike usw.) sich dort entwickeln und erfolgreich sind. Als wichtigste Exponenten der neueren Strömungen seien genannt: **Steinar Bragi** (gerne auch mal recht morbide), **Eiríkur Örn Norðdahl** (experimentell), **Þórdis Björnsdóttir** (mystische Sehnsucht gepaart mit Horror) und **Kristín Svava Tómasdóttir** (sehr bildlich).

Poesielesungen sind in Island durch die Bank gut besucht. Und es sollte einen auch nicht wundern, wenn man für einen gemütlichen Abend mit Freunden zusammensitzt und auf einmal ein Gedicht nach dem anderen vorgelesen wird und man sich danach über das Vorgetragene austauscht. Das kann auch schon mal bis tief in die Nacht dauern.

Der absolute Klassiker unter den **Kinderbüchern** ist die spannende Serie um den Jungen Nonni. Sie umfasst zwölf Bände und wurde von dem Jesuitenpater **Jón Sveinsson,** der im Ausland unter dem Namen Jon Svensson veröffentlichte, geschrieben. Jón lebte von 1857 bis 1944. Er kam aus Akureyri im Norden Islands, allerdings verbrachte er eigentlich nur seine Kindheit in Island. Nach seiner Konvertierung zum Katholizismus trat er in den Jesuitenorden ein. 1890 wurde er in Liverpool zum Priester geweiht und damit der erste isländische katholische Priester, seit im 16. Jahrhundert die Reformation den Katholizismus auf der Insel hinweggefegt hatte. Jón brachte schließlich, nachdem er erst in Frankreich gelebt und studiert hatte, seine Tage im Jesuitenkloster in Köln zu. Dort liegt er auch begraben. Seiner wird sogar mit einem Nonni-Brunnen gedacht. Seinen ersten Nonni-Band schrieb er bereits 1906. Es sollten über die Jahre noch elf weitere folgen. Zuletzt schrieb er sie sogar auf Deutsch. In Deutschland erschienen die Bücher erstmals zwischen 1911 und 1936. Sie wurden in viele Sprachen übersetzt und erreichten hohe Auflagen. Die Bücher wurden im Jahr 2008 in einer sechsteiligen Serie für das ZDF verfilmt und werden immer wieder gerne rund um die Weihnachtszeit gesendet. Nonni war der Spitzname des Autors, der in seinen Büchern seine eigene aufregende, wahre und erdachte, Kindheit erzählt, in der er mit seinem Bruder Manni immer wieder spannende Abenteuer in der Natur Islands erlebte.

Ein besonderes Phänomen ist der vierfache Familienvater **Andri Snær Magnason,** dessen Kinder- und Jugendbücher auf allen Kontinenten dieser Welt gelesen werden. Dieser Autor hat die Gabe, auch noch so komplizierte Zusammenhänge aufs scheinbar Leichteste zu beschreiben und aufzudröseln, sodass am Ende Handlungsmuster und ihre Motivation klar erkenntlich werden. Er verpackt dies immer in wundervolle Geschichten, die mitreißen und begeistern, etwa in **„Der blaue Planet"** oder **„Love Star".** Andri Snærs Bücher sind nie moralisierend. Sie thematisieren jedoch ethisches Handeln. Am Ende kann jeder Leser selbst entscheiden, wie er handeln würde. Magnasons Bücher sind bereits mehrfach erfolgreich als Theaterstücke inszeniert worden.

Andri Snær Magnasons Stimme ist aber auch zu **gesellschaftsrelevanten Themen** vernehmbar, vor allem, wenn es um Umweltfragen geht oder um zumindest fragwürdige wirtschaftspolitische Entscheidungen. Auch hier verwendet er sein Talent zur glasklaren Analyse, um Missstände, Klüngelei, Machtmissbrauch und Vorteilsnahme einiger weniger zu Lasten des Volkes und der Natur auf das Wesentliche herunterzubrechen. Man könnte ihn durchaus als das **Gewissen der Nation** bezeichnen. Dass ihm das Wohl Islands am Herzen liegt, hat er auch mit seiner Kandidatur für das Präsidentenamt 2016 gezeigt.

Andri Snær hat außer Kinderbüchern auch **Sachbücher** geschrieben, in denen er der Frage nachgeht, wie es sein kann, dass in manchen Gebieten die isländische Natur für Staudämme zerstört wird, nur damit amerikanischen Aluminiumfabriken günstigen Strom erhalten können. Aus **„Draumalandið",** zu deutsch „Traumland: Was bleibt, wenn alles verkauft ist?", wurde auch ein Dokumentarfilm gemacht. Hierbei erweist sich der Autor auch als begnadeter Filmemacher und steht Michael Moore in nichts nach, mit dem Unterschied, dass Andri Snær gänzlich auf Zynismus verzichtet. Seine aufrechte Haltung und Offenheit lässt sich vielleicht auch daran ablesen, dass er den Dalai Lama schon zweimal interviewen durfte. Er ist ein geborener Erzähler, der nicht nur in seinen Büchern, sondern auch in seinen Vorträgen und Lesungen alle in seinen Bann zieht – ein Phänomen.

Wie am Beispiel Andri Snær Magnason gezeigt, kümmern sich nicht nur die isländischen Musiker (s. S. 249) wenig um **Genregrenzen.** Den Autoren geht es da ganz genauso. Und so schreiben einige Vertreter der seriösen Lyrik und Prosa mitunter durchaus auch Kinder- oder gar Sachbücher.

Ein absolut wohltuendes isländisches Phänomen: Man wird hier nicht in eine Schublade gesteckt, aus der man dann nur sehr schwer wieder herauskommt. Wenn man Spaß an einem anderen Projekt als den bisherigen gefunden hat und seine Arbeit gut macht, wird sich über einen Blick über den Tellerrand in Island niemand wundern, sondern dies gerne annehmen. Hier erhält man jederzeit die **Freiheit und den Raum, sich selbst immer wieder auf Neue zu erfinden.** Das hält die Bewohner der Insel frisch und macht das Leben so spannend wie die magischen Erzählungen der alten Sagas.

Musik

Sagt man Island und Musik, fällt den meisten als Erstes Björk und als Zweites die Band Sigur Rós ein.

Björk, die schon seit ihrer Kindheit Musik aufnimmt und sich musikalisch immer wieder neu erfindet, hat inzwischen mehr als 20 Millionen Alben verkauft.

Auch die Band **Sigur Rós** ist weltweit unterwegs und hat Millionen von Alben verkauft. 1994 gegründet, ist sie vor allem für ihren sphärisch-melancholischen Sound bekannt, der durch eine mit dem Cellobogen gespielte Gitarre erzeugt wird. Nicht selten werden ihre meditativen Klangbilder auch Elfenmusik genannt. Diese beiden sind seit Jahren die Aushängeschilder isländischer Musik im Ausland. In den letzten Jahren hatten aber auch andere Musikerinnen und Musiker große Hits in Europa. Man denke nur an **Emiliana Torrini** mit ihrer „Jungle Drum" („Ruckudummdumm") und **Of Monsters and Men** mit „Little Talks" („Hei!").

Wie auf s. S. 254 beschrieben, nimmt der **musische Unterricht in Island einen hohen Stellenwert** ein und wird musische Begabung sehr gefördert. Über musikalischen Nachwuchs hat Island entsprechend nicht zu klagen. Und das gilt für praktisch alle Genres. Das hat wohl auch damit zu tun, dass Isländerinnen und Isländer keine musikalischen Berührungsängste haben und selbst die unterschiedlichsten Musikstile hören können. Ihre Lehrerinnen und Lehrer können gleichzeitig Jazz-Solisten sein und in einer Popband spielen, im Studio Lieder für eine Metall-Band einspielen und beim Hafenfest Schunkelmusik spielen. Diese Vielfältigkeit hat einen einfachen Grund: Die Insel zählt einfach zu wenig Einwohner, als dass man mit nur einer Stilrichtung genug Geld verdienen könnte (mit einer Handvoll Ausnahmen). Das **Überschreiten von Genregrenzen** schadet hier also nicht etwa der Karriere, es nützt ihr sogar. Während man andernorts Probleme hat, wenn eine Musikerin oder ein Musiker plötzlich nicht mehr in die ihr/ihm zugedachte Schublade passt und sie/er dadurch Fans verliert, stört es in Island niemanden, wenn man plötzlich mit anderen Musikerinnen und Musikern anderer Genres zusammenspielt. Man muss nur darauf achten, dass die geneigten Zuhörer noch wissen, für was man letztendlich selbst steht, welches die eigenen Projekte sind und welches diejenigen sind, für die man angeheuert wurde.

Und so führen die isländischen Musikerinnen und Musiker alle Regeln ad absurdum, die da lauten, dass man kein klassisches Klavier spielen kann, wenn man auch Popmusik macht usw. Hier können sie beides – und oftmals auch so richtig gut.

Ein Lied für jede Gelegenheit

Sehr viele Isländer machen Musik und nur wenige können davon leben. Die Grenze zwischen Berufsmusikern mit Nebenjobs und Leuten mit einem Job, die in ihrer Freizeit Musik machen, ist bisweilen fließend. Sicher ist nur: Jede Menge Menschen hören nicht nur, sondern machen auch selbst Musik, nicht nur in Bands oder Orchestern, sondern auch und vor allem in Chören.

Das **Singen** liegt den Inselbewohnern im Blut. Es gibt keine Party, auf der nicht zusammen gesungen, keine Gelegenheit, zu der nicht auch ein Lied passen und deshalb auch angestimmt würde. Isländer – so scheint es – lieben den Gesang. Da lässt man sich keine Gelegenheit entgehen. Und da sie ein ungebrochenes Verhältnis zu ihrer Vergangenheit haben und darauf sogar sehr stolz sind, werden normalerweise **alte Volkslieder** angestimmt. Alle, Jung und Alt, kennen die Texte und stimmen voll Inbrunst mit ein. Dabei handelt es sich nicht nur um Liebeslieder. Oftmals geht es in den Liedern um die Natur, das Verhältnis des Menschen zur Natur, um die Schwierigkeiten und Ängste und den Kampf ums Überleben.

Eines der bekanntesten isländischen Wiegenlieder ist **„Sofðu unga ástin mín"** („Schlafe, mein junger Liebling"). Es handelt von einer Mutter, die ihr Neugeborenes in der Natur aussetzen muss, da sie nicht genügend Mittel und Möglichkeiten hat, es zu ernähren – herzzerreißend. Diese leichte bis tiefe Melancholie findet man in vielen Volksliedern wieder. Da ist weniger Dur als Moll. Auf Feiern gesungen, lässt sich soviel Herzschmerz nur mit dem nötigen *brennivin* (s. S. 206) verwinden, der dann auch reichlich fließt. Denn eine Party ohne Lieder geht nicht – aber ohne Alkohol meist auch nicht.

Die Singkultur haben die Isländerinnen und Isländer sogar bis in die Fußballstadien dieser Welt getragen. Vor jedem Spiel singt die „blaue Wand", wie die Fans von der Insel genannt werden, das Lied **„Ég er kominn heim"** („Ich bin heimgekommen"). Darin wird die Pracht der isländischen Natur beschrieben, die der Heimkommende erstmals wieder erblickt, und in der er nun mit seiner Liebsten von ein Zuhause aufbauen möchte. Übrigens handelt es sich hier ursprünglich gar nicht um ein isländisches Lied. Es stammt aus der Feder des ungarischen Komponisten Emmerich Kálmán, der es 1930 für seine Operette „Das Veilchen vom Montmartre" komponiert hat und das im Original „Heut' Nacht hab' ich geträumt von dir" heißt. 1960 sang der Starsänger Óðinn Valdimarsson den isländischen Text von Jón Sigurðsson ein, der sich in Island danach zu einem Evergreen entwickelte und den die isländischen Fans seit der Teilnahme an der Fußballeuropameisterschaft 2016 während des Warmlaufens ihrer Mannschaft vor jedem Spiel singen. Vielleicht hört man Fußballfans zum ersten Mal nicht nur grölen, sondern tatsächlich singen ...

Das verwundert angesichts der unzählbar vielen **Chöre,** die es in Island gibt und die oftmals auf sehr hohem Niveau singen, nicht. Die meisten Chorkonzerte finden in der Vorweihnachtszeit statt. Im Dezember kann man in der Hauptstadtregion beinahe jeden Tag mindestens eine Darbietung besuchen. Dort wird man zu seiner Überraschung feststellen, dass diese trotz des immensen Angebots praktisch alle ausverkauft sind. Es gehört einfach zur Weihnachtszeit dazu, dass man mehrere solcher Konzerte besucht. So kommt man für diese besondere Zeit des Jahres erst richtig in Stimmung.

Festivalliebhaber

Island ist ein Festivalland. Vor allem im Sommer und Herbst wimmelt es geradezu von Musikfestivals. Das mit Abstand größte ist **Iceland Airwaves.** Zu diesem Festival, im dunklen und schmuddeligen November abgehalten, kommen sowohl die meisten Interpreten und Bands als auch die meisten Besucher. In der Innenstadt Reykjavíks kann man in diesen Tagen in Buch- und Musikläden, Kneipen und Cafés bereits den ganzen Tag über kleine Konzerte in verschiedenen Off-Venues genießen. Im offiziellen Programmheft sind diese Sonderveranstaltungen praktischerweise auch mit angegeben.

Außer viel Spaß und Musik dienen internationale Festivals aber auch noch einem anderen Zweck: der Standortbestimmung der isländischen Musiker. Hier kann man sich mit seinen ausländischen Kollegen im Spiel messen und hören, wo man selbst steht. Und es ist keineswegs vermessen zu sagen, dass sich eine relativ große Anzahl isländischer **Musiker auf internationalem Topniveau** befindet. Das gilt für verschiedene Stilrichtungen, für Solokünstler genauso wie für Bands oder das Reykjavíker Sinfonieorchester.

Bescheidene Anfänge

Dabei war den Isländerinnen und Isländern die Musik nicht einfach so in die Wiege gelegt. Aufgrund der langen Abgeschiedenheit vom Rest der Welt wurde in Island sehr lange, oder besser gesagt, bis vor Kurzem, noch nicht auf professioneller Ebene Musik gemacht. Orchesterinstrumente waren eher selten. In der ersten Hälfte des 19. Jahrhunderts gab es in Reykjavík überhaupt nur sieben Klaviere und auch andere Instrumente waren zu diesem Zeitpunkt auf der Insel selten, sodass die Isländer wenn überhaupt vor allem alleine musizierten. Hausmusik oder gar das Zusammenspiel in einem wenigstens kleinen Orchester kam bis dahin wahrscheinlich gar nicht oder nur sehr selten vor.

Gustav Georg Winkler merkt 1861 an: „Ein geräuschvolles Auftreten der Fröhlichkeit ist bei den Isländern gänzlich fremd, sie singen niemals, selbst die Kirchenlieder werden nur mit monotonem Steigen und Fallen der Stimme recitirt; sie tanzen nicht; von Nationaltänzen existirt gar keine Erinnerung mehr, wenn es je solche gab, nur von Ringspielen wurde mir noch erzählt, dass sie erst vor nicht langer Zeit aufgehört haben. Ihre einzige Unterhaltung besteht im Lesen der alten Erzählungen und im Genuß des Branntweins." [Gustav Georg Winkler: Island: seine Bewohner, Landesbildung und vulkanische Natur, Braunschweig, 1861, Seite 146.]

Der erste verbriefte Verein gemeinsam aktiver Musiker war die Blasmusikkapelle von Reykjavík 1876. Das erste Gebäude in Island überhaupt, das zur Ausübung von Musik gebaut wurde, ist Hljómskálinn, ein achteckiges Gebäude, das noch immer im gleichnamigen Park Hljómskálagarðurinn am Stadtteich Tjörnin von Reykjavík steht. Hier hatte man endlich einen Platz zum Üben und eine Bühne für Aufführungen. Es wurde erst 1923 gebaut.

Um einen Vergleich mit anderen Ländern zu haben: 1876 wird in Oslo Peer Gynt von Henrik Ibsen (Lyrik) und Edvard Grieg uraufgeführt und in Bayreuth finden erstmals die Richard-Wagner-Festspiele statt, während derer der Namensgeber erstmals den kompletten Ring der Nibelungen in einer zusammenhängenden Aufführung inszeniert. Und zur Zeit der Eröffnung von Hljómskálinn waren Johann Sebastian Bach bereits 173 Jahre und Wolfgang Amadeus Mozart schon 85 Jahre tot.

Traditionelle Musikformen

Das alles bedeutete aber nicht, dass die Isländer nie Musik gemacht hätten. Schließlich haben sie schon immer gesungen. Kommt man zusammen, gibt es fast keine Gelegenheit, zu der nicht gesungen würde. Schon von je her haben die Isländer sogar ihre **eigene Form des Liedes,** die **„rímur"** (Einzahl: *ríma*). Hierbei handelt es sich um epische Gedichte, die bestimmten, sehr strengen Regeln folgen und von allen möglichen Dingen – von der Liebe bis hin zu kriegerischen Auseinandersetzungen – handeln können. Dabei werden die Themen in den Gedichten fast bis zur Unkenntlichkeit umschrieben, in Bilder gepackt und in Metaphern gestaltet. Das Ganze ist locker 40 bis 50 Vierzeiler lang.

Extrainfo 25 (s. S. 9): Moderne Aufnahmen mittelalterlicher Gesänge von Steindór Andersen und Hilmar Örn Hilmarsson

Musikalisch werden die *rímur* halb gesungen, halb in einer Art Sprechgesang vorgetragen.

In früheren Zeiten gab es auch zwei spezielle und eher einfache Instrumente, die in Island sowohl gebaut als auch verwendet wurden. Das **Langspil** wurde im 18. Jahrhundert erstmals erwähnt. Die Zither war recht einfach gebaut, hatte nur eine Melodiesaite und zwei bis fünf mitschwingende Akkordsaiten.

Die **Fiðla** hatte sogar nur zwei bis vier Saiten, wobei wieder eine als Melodiesaite fungierte. Sie hatte kein Griffbrett und wurde ab dem Ende des 19. Jahrhunderts nicht mehr verwendet. Beide Instrumente gehören zu der Familie der Bordunzithern, die sich vor allem dadurch auszeichnen, dass sie wenig Melodiesaiten besitzen. Die Saiten werden entweder gezupft oder mit einem Bogen gestrichen.

Der Sound der Natur

Welchen Stellenwert die Musik heute in Island hat, zeigt sich auch an dem Gebäude **Harpa.** In den großen Saal dieser enormen Konferenz- und Musikhalle passen 1800 Zuhörerinnen und Zuhörer. Das sind mehr als 0,5 % der Gesamtbevölkerung Islands und mehr als 0,67 % der Bevölkerung des Hauptstadtgebiets. Und doch ist der große Saal regelmäßig ausverkauft. Eine Halle dieser Größenordnung würde in Deutschland bezogen auf die Gesamtbevölkerung umgerechnet etwa 4,3 Mio. Menschen fassen können – und dann müsste man sie noch füllen können.

Was die isländische Musik heute so besonders macht, ist zum einen die **Inspirationsquelle.** Wie die Ausführenden anderer kreativer Gattungen auch, geben die Musikerinnen und Musiker in Island als solche meist die unberührte isländische Natur an.

Die in ihrer Einzigartigkeit, ihrer Unberührtheit, ihren Extremen und in ihrer unbändigen Kraft so eindrucksvolle Natur macht die isländische Musik wohl so unverwechselbar. Vielleicht kann man sagen, dass in Island Musik aus der **Ruhe** heraus gemacht wird und nicht aus der Unruhe der Großstädte oder Autobahnen.

Ein Komponist und Musiker, bei dem man dies erstmals auch international sehr deutlich erkannte, war **Hilmar Örn Hilmarson** (siehe auch S. 258). Seine Filmmusik gilt als legendär und die Band Sigur Rós hat deutlich gemacht, dass ihre Musik durch sein Schaffen erst möglich wurde. In Hilmar Örns Tradition haben Sigur Rós einen ganz eigenen Stil entwickelt, der das Kunstwerk fertigbrachte, die Gegenpole Rockmusik und Meditation miteinander zu verknüpfen. Ein weiterer Filmkomponist, der in diese Kategorie passt, ist **Jóhann Jóhannsson,** der 2015 sogar einen

Golden Globe in der Kategorie Beste Filmmusik für den Film „The Theory of Everything" („Die Entdeckung der Unendlichkeit"), gewann und für denselben Film auch für den Oscar nominiert wurde. Der zunächst beim isländischen Plattenlabel (und Musikladen) 12 Tónar und später bei der Deutschen Grammophon unter Vertrag stehende, international gefeierte Komponist starb 2018 überraschend im Alter von nur 48 Jahren.

Ein weiterer, jüngerer und international ebenfalls sehr erfolgreicher Musiker, den man hier einreihen könnte, ist **Ólafur Arnalds,** der zwar auch Filmmusik komponiert, sich aber eher auf Projekte konzentriert, mit denen er international auf ausgedehnte und sehr erfolgreiche Tourneen geht.

Mitunter fällt beim Pop, Rock und anderen Musikgenres das Wort **„Elfenmusik",** wenn über isländische Musik geschrieben oder gesprochen wird. Daran dürften die oben Erwähnten nicht unschuldig sein – beziehungsweise die Art und Weise, wie die Welt sie sieht. Die isländische Musik hat etwas Unverbogenes, etwas Authentisches, auf eine positive Weise Naives und dadurch Frisches. Zum einen kommt ihr die isländische Eigenart zugute, dass die Gesellschaft die Menschen darin unterstützt und sie sogar dazu ermutigt, einfach mal etwas auszuprobieren, ihr Ding zu machen. Zum anderen führt der frühe und qualitativ hochwertige **musische Unterricht** dazu, dass die Musikerinnen und Musiker in Island in der Regel von klein auf über ein recht hohes musikalisches Verständnis verfügen.

Nicht nur in ihrer Ruhe, in der in der isländischen Musik die Kraft oder wenigstens der noch fühlbare Ursprung liegt, unterscheidet diese sich von der Musik anderer Länder, sondern auch im **Hörbarmachen dieser Ruhe.** Dies wird auch in Pop und Rock, Indie oder auch anderen Genres immer wieder mit programmatischen Klängen deutliche gemacht, die an ein elektrisches Knistern erinnern – ein typisch isländisches Musikphänomen. Oftmals mixen isländische Bands ihre Musik auch etwas rauer, lassen mehr Arbeits- und Nebengeräusche zu oder andersherum und trimmen ihre Aufnahmen in der Bildsprache einer anderen Branche gesprochen weniger auf Hochglanz und die entsprechenden Konventionen. So trifft ihre Musik die Hörenden natürlicher und direkter und wirkt dadurch authentischer.

▷ Die Vorschullehrerband Pollapönk macht Spaß und richtet sich an Kinder und ihre Eltern. Sie vertrat Island 2014 beim Finale des Eurovision Song Contest.

Extrainfo 26 (s. S. 9): Liste mit Links zu praktisch allen isländischen Musikern und Bands der Úton, Iceland Music, einer Organisation, die isländische Musiker im Ausland promotet

qs-ki690

Eurovision Song Contest

Auch in einer anderen Sparte ist Island oft recht erfolgreich. Schon zweimal, 1999 und 2009, errang man den **zweiten Platz beim Eurovision Song Contest.** So manch einer war da vor allem 2009 erleichtert. Schließlich ist es Brauch, dass das Land, aus dem der Sieger kommt, im darauffolgenden Jahr die Veranstaltung austrägt. Und niemand hätte sich vorstellen können, wie man die Kosten, ganz abgesehen vom logistischen Aufwand, die eine solch kleine Hauptstadt wie Reykjavík bedeutet hätte, mitten in der Finanzkrise hätte bewältigen sollen.

Aber egal wie die isländischen Künstler abschneiden, der Song Contest stellt immer eine gern genutzte Gelegenheit für eine große Sause dar. Die Vorausscheidungen werden sehr ernst genommen, denn bei einem guten Song besteht ja immer die Möglichkeit, dass man doch einmal gewinnen könnte. Bereits die Vorrunden sind jedes Mal ein echtes TV-Ereignis und der eigentliche Abend des Song Contests ist immer ein willkommener Anlass, ihn zusammen mit der Familie und/oder Freunden zu schauen und zu feiern, und alle Jahre wieder ein sicherer Straßenfeger.

Der Schlagerkönig Islands schlechthin ist der Sänger **Páll Óskar,** international auch bekannt unter dem Namen Paul Oscar. Er hatte 1997 seinen großen Auftritt beim ESC. Doch zu einer Zeit, als noch das Jury-Voting dominierte, war vielleicht nicht einmal sein Lied „Minn hinsti dans"

(„Mein letzter Tanz"), sondern waren es die in knappem Latex bekleideten Tänzerinnen, die etwas zu provokativ und gewagt daherkamen. Mit dem isländischen Beitrag 2009 „Is it True?" war er erfolgreicher. Zwar stand Páll Óskar dieses Mal nicht selbst auf der Bühne, hatte aber Text und Melodie diesems Songs mitgeschrieben, der damit schließlich den zweiten Platz erreichte.

Mit seiner glasklaren Tenorstimme und seiner unwiderstehlichen, positiven Ausstrahlung singt er aber nicht nur anspruchsvolle Schlager. Er ist auch im Pop- und Musical-Genre ein glänzender Star. Hier ist nichts mehr mit Melancholie, hier ist Party angesagt – und ganz Island liebt es, mit Páll Óskar zu feiern. Zu einem jährlichen Höhepunkt zählt dabei die **Reykjavík GayPride,** wenn ein Wagen nach dem anderen an der wartenden Menge vorbeizieht. Alle wissen, dass im letzten Wagen Páll Óskar steht. Die Frage ist nur, welche Show und welchen Aufzug er sich dieses Jahr wieder ausgedacht hat. Enttäuscht wird man dabei nie, denn die Rechte der LGBT-Gemeinschaft sind ihm ein Herzensanliegen.

Internationale Erfolge

Vor allem im Bereich des **Jazz** und in der **klassischen Musik** gibt es in Island hervorragende Musikerinnen und Musiker, die ihre Ausbildung meist an hochkarätigen internationalen Konservatorien genossen haben. Zum Teil wohnen sie sogar in Deutschland oder treten regelmäßig in den deutschsprachigen Ländern auf.

In der Klassik sei als Beispiel der virtuose Pianist **Víkingur Ólafsson** genannt, der inzwischen seine Aufnahmen bei der Deutschen Grammophon veröffentlicht, genauso wie die Komponistin **Anna Þórvaldsdóttir (Thorvaldsdottir).** Außerdem arbeiten einige isländische Sängerinnen erfolgreich an deutschen Opern- und Operettenbühnen.

Zu den international erfolgreichsten isländischen Jazzbands zählen wohl **AdHd** und **Annes.** Beide Bands bestehen aus hervorragenden Musikern und spielen regelmäßig in den deutschsprachigen Ländern. Die erfolgreichste ist aber mit Abstand **Mezzoforte.** Gegründet 1997, hatte die Band 1983 mit ihrem Titel „Garden Party" einen Riesenhit. Bis heute spielen die vier Gründungsmitglieder weltweit Konzerte und nehmen neue Musik auf. Alle verfolgen sie auch eigene Projekte, lebten zum Teil im Ausland, zusätzlich gehören, wie in Island so üblich, auch anderen Bands an und arbeiten auch an ihren eigenen Produktionen. Mezzoforte aber ist ihr Ursprung und die Freude, mit der die vier Musiker zusammenspielen, ist auch nach mehr als 40 Jahren noch immer immens und überträgt sich auf ihre Zuhörer.

Extrainfo 27 (s. S. 9): Jazzfunk, der so richtig swingt: die Garden Party von Mezzoforte

Filme

Die Filmproduktion fristete in Island lange ein Schattendasein. Vielleicht liegt das auch daran, dass noch in den 1970er-Jahren der einzige isländische Sender, den es damals gab, nicht mal jeden Tag ein Programm ausstrahlte – Donnerstag war fernsehfreier Tag. Heutzutage aber steht die isländische Filmproduktion sowohl in Thematik als auch in Qualität ihren nordischen Geschwistern in nichts nach. Der isländische Film ist geprägt von durchgeknallten, aber liebevollen Antihelden, von Melancholie, der Einsamkeit, von der (Un-)möglichkeit des Miteinanderlebens, dem Umgang mit nicht gelebten Emotionen, dem Leben mit und gegen die Natur. Die Geschichten werden dabei meist ruhig und in oftmals poetischen Bildern geschildert, wobei Landschaftsaufnahmen nicht zu kurz kommen.

Der Regisseur **Hrafn Gunnlaugsson,** schon seit den 1970er-Jahren mitunter recht provokant als Regisseur zugange, schrieb Anfang der 1980er-Jahre ein Drehbuch für eine Wikingergeschichte und verfilmte schließlich „Hrafninn flýgur" („Der Flug des Raben", in der DDR als „Odins Raben" veröffentlicht) im Stil eines Westerns. Der Film lief 1984 als erster isländischer Film überhaupt auf der Berlinale. „Í skugga hrafnsins" („Im Schatten des Raben") von 1988 und „Hvíti víkingurinn" („Der weiße Wikinger") aus dem Jahr 1991 vervollständigten die Trilogie und bis zu diesem Zeitpunkt teuerste isländische Filmproduktion. Hrafn Gunnlaugssons Bekanntheit und seine Arbeit, er war zeitweise auch Programmleiter des öffentlich-rechtlichen Fernsehens in Island, beschränkten sich jedoch weitgehend auf die Insel. Seine Filme blieben für längere Zeit einsame Erfolge, an die niemand anknüpfen konnte.

Für den isländischen Film gilt Ähnliches wie für die isländische Literatur: Die hohe Kunst der Melancholie und des skurrilen Humors sind auch hier die häufigsten Stilelemente. Isländerinnen und Isländer lieben das Tragikomische, den Underdog und Antihelden. In einem Land voller Schriftstellerinnen und Schriftsteller verwundert es auch nicht, dass viele der besseren Streifen **Literaturverfilmungen** sind.

Und so war es auch eine Literaturverfilmung, die den isländischen Film wachküsste. **„Börn náttúrunnar"** („Children of Nature" – „Eine Reise" oder auch „Kinder der Natur – Eine Reise") war die Verfilmung eines Romans von Einar Már Guðmundsson, der auch das Drehbuch schrieb. Die Filmmusik stammt von Hilmar Örn Hilmarsson. Die Regie führte Friðrik Þór Friðriksson, der mit diesem 1991 erschienenen Film sein internationales Gesellenstück ablieferte. Der fast 80 Jahre alte Bauer Geiri muss in dem Film Hof und Land aufgeben und zieht zunächst zu seiner Tochter in

Extrainfo 28 (s. S. 9): Link zu einer legalen Plattform, über die man isländische Filme streamen kann

die Stadt. (Es war durchaus Tradition in Island, dass ein Elternteil, der nicht mehr selbstständig zurechtkam, zur Tochter und ihrer Familie zog. Dies lässt sich heutzutage jedoch nicht mehr unbedingt mit den Lebensumständen von modernen Familien vereinbaren.) Das geht nicht gut, und er wird ins Altersheim abgeschoben. Dort lernt er eine Frau kennen, die ursprünglich wie er aus den Westfjorden stammt. Sie schmieden einen Plan, klauen einen Jeep und machen sich auf in ihre alte Heimat, um dort in Würde sterben zu können. Der Streifen wurde als bester ausländischer Film für einen Oscar nominiert. **Hilmar Örn Hilmarson** gewann für seine Musik den Europäischen Filmpreis.

Auch eine weitere Literaturverfilmung Friðrik Þór Friðrikssons, **„Djöflaeyjan“** („Die Teufelsinsel“), erregte einiges internationales Aufsehen. Dieses Mal handelt es sich um die Verfilmung eines Buches von Einar Kárason, der auch das Drehbuch für den Film, der 1996 in die Kinos kam, schrieb. Und wiederum komponierte Hilmar Örn Hilmarsson die Musik. Auch dieser Film gewann bei verschiedenen Filmfestivals in Europa Preise. Zum ersten Mal auf der internationalen Bühne waren bei dieser Gelegenheit dort Baltasar Kormákur und Ingvar Eggert Sigurðsson. Beide spielen Hauptrollen in diesem Film. Die Handlung spielt in Reykjavík in einem abgetakelten Barackenviertel der Nachkriegszeit, wo die Bewohner mehr an Elvis Presley als an die Edda glauben. Was sich auftut, ist ein wilder Gesellschaftskosmos aus Säufern, in die Tage gekommenen Prostituierten und Bauern, die ihr Glück in der großen Stadt doch nicht finden – Helden, die Versager sind, und versuchen, aus ihrem Slum eine Goldgrube zu machen.

070ki-sb

„Englar alheimsins“ („Engel des Universums“) aus dem Jahr 2000 ist Friðrik Þors dritter großer internationaler Erfolg. Auch hierbei handelt es sich wieder um eine Literaturverfilmung. Der gleichnamige Roman stammt wie bei „Börn náttúrunnar“ von Einar Már Guðmundsson (siehe das Kapitel Literatur auf Seite 243). Páll verlebt eine unbeschwerte Kindheit. In der Schule bekommt er aber oft Kopfschmerzen. Er geht auf die Kunstschule und lebt immer mehr in der Welt der Bilder als in der seiner Mitmenschen. Schließlich wird er in der Psychiatrie untergebracht und stellt endlich fest, dass er nicht der Einzige ist, der als „verrückt“ gilt. Einar Már erzählt auf rührende Weise die Geschichte seines Bruders, der sich letztendlich nicht mehr zu helfen weiß.

Die Filmmusik wurde wieder von Hilmar Örn Hilmarsson komponiert und unter anderem von Sigur Rós (s. S. 249) eingespielt. Unschwer kann man hierin ein Muster erkennen. Immerhin gingen Friðrik Þór Friðriksson, Einar Kárason und Einar Már Guðmundsson zusammen zur Schule. Hier zeigt sich die kreative Stärke, die sich in einem Land mit solch kleiner Bevölkerungszahl entwickeln kann. Sowohl Baltasar Kormákur als auch Ingvar Eggert Sigurðsson spielen, wie bereits in „Djöflaeyjan“, in diesem Film Hauptrollen.

Dreizehn Jahre später, 2013, spielte Ingvar Eggert auch in Friðrik Þór Friðrikssons international erfolgreichem und wiederum außerordentlich gepriesenem und mehrfach ausgezeichneten Streifen **„Hross í oss“** („Von Menschen und Pferden“) eine der Hauptrollen. Auch hier geht es humorvoll, skurril und melancholisch zu, wird der Tourismus auf die Schippe genommen, die Sturheit der Isländer und wie man trotz jahrzehntelanger Familienfehden doch irgendwie zusammen oder nebeneinander her lebt.

Nach „Englar alheimsins“ sattelte **Baltasar Kormákur** vom Schauspieler zum Regisseur um, auch wenn er das Schauspielern nicht ganz sein ließ. Er entwickelte sich zum zweiten auch international anerkannten isländischen Regisseur und arbeitet auch erfolgreich in Hollywood.

Im selben Jahr wie „Englar alheimsins“ stand Baltasar schon nicht mehr nur vor, sondern auch hinter der Kamera. Auch er drehte zunächst eine Literaturverfilmung: Für **„101 Reykjavík“** von Hallgrímur Helgason (s. S. 243) wurde er mit dem Fassbinder-Preis nominiert. Dieser Film ist übrigens auch das Filmdebut des Schauspielers Ólafur Darri Ólafsson. Der 28-jährige Hlynur wohnt noch bei seiner Mutter und vertrödelt seine Tage

⊲ Naturkunde für Kinder: Der Autor Vilhelm Anton Jónsson, besser bekannt als „Vísinda-Villi“, zieht die Kleinen mit seinen Experimenten in den Bann.

am liebsten im Bett – bis er sich in die lesbische Freundin seiner Mutter verliebt und ihr One-Night-Stand Folgen hat.

2002 folgten **„Hafið"** („Die kalte See") und 2005 „A Little Trip to Heaven", bei der es sich bereits um eine isländisch-amerikanische Zusammenarbeit handelte. 2006 verfilmte er Arnaldur Indriðasons Kriminalroman **„Mýrin", „Nordermoor"** (s. S. 180), der im Isländischen den Romantitel erhielt und im Deutschen als „Der Tote aus Nordermoor" veröffentlicht wurde. Ein Mann wird tot in einer Souterrainwohnung in Reykjavík aufgefunden. Der Fall erweist sich als schwieriger als gedacht und in den beteiligten Familien scheint es nicht ganz so harmonisch zuzugehen, wie sie zunächst glauben machen möchten.

Noch einmal drehte er 2008 eine Tragikomödie in Island. In **„Brúðguminn"** („White Night Wedding") mit unter anderem Ilmur Kristjánsdóttir und Ólafur Darri Ólafsson in den Hauptrollen, geht es um die Liebe zweier junger Leute, die von den Eltern nicht gern gesehen wird. Der Film spielt sich auf der Insel Flatey im Westen Islands ab. Schon fast prophetisch: Einer der Inselbewohner will für Touristen einen Golfplatz auf der kleinen Insel bauen. Die anderen erklären ihn für verrückt. Zwar gibt es auf Flatey noch immer keinen Golfplatz – die Insel ist so klein, er würde wahrscheinlich fast das gesamte Eiland in Beschlag nehmen – aber mit dem Einbruch der Krise kümmerten sich die Isländerinnen und Isländer auf einmal sehr wohl um die Valuta, die die in immer größerer Zahl eintreffenden Touristen mitbrachten.

Ging es Friðrik Þór in seinen Filmen vor allem um die Randgruppen der isländischen Gesellschaft, so entwickelte sich Baltasar immer mehr zum Regisseur von Krimis und Filmen, bei denen extreme Wetterverhältnisse nicht nur als Hintergrund oder Kulisse, sondern als geschichtstragendes Element eine große Rolle spielen. 2008 steht Baltasar aber auch wieder vor der Kamera. Nach einem Drehbuch von Arnaldur Indriðason spielt er in der deutsch-niederländisch-isländischen Koproduktion **„Reykjavík—Rotterdam"** eine der Hauptrollen (gemeinsam mit unter anderen Ingvar Eggert Sigurðsson) in einer Geschichte über kleine Alkoholschmuggler, die gezwungen werden, ein ganz großes Ding zu drehen und Kunst zu rauben.

Von diesem Film drehte er, jetzt als Regisseur und bereits von Hollywood aus, ein Remake. 2012 erscheint **„Contraband"**, dieses Mal mit Mark Wahlberg in der Hauptrolle. Ebenfalls mit an Bord war Ólafur Darri Ólafsson. 2013 dreht er wieder mit Mark Wahlberg und dieses Mal auch mit Denzel Washington in der Hauptrolle den international erfolgreichen Actionfilm **„2 Guns". „Everest"**, ein auf wahren Begebenheiten beruhendes Bergsteigerdrama am Mount Everest im Jahr 1996, bei dem acht Bergsteiger ihr Leben lassen mussten, folgte 2015 und zeigt unter anderem

Jason Clarke, Josh Brolin, Robin Wright und Emily Watson in den Hauptrollen. 2018 kam **„Adrift“** („Die Farbe des Horizonts“) in die Kinos. Auch in diesem Fall basiert der Film auf wahren Begebenheiten und spielt das Wetter eine unheilvolle Rolle, dieses Mal bei einem Segeltörn von Tahiti nach Kalifornien.

Baltasar Kormákur zieht es aber auch immer wieder zurück in seine Heimat. **„Djúpið“** („The Deep“) wurde 2012 veröffentlicht. Auch dieser Film beruht auf einer wahren Begebenheit. Der Fischer **Guðlaugur Friðþórsson** von den Westmännerinseln ging im März 1984 wie üblich seiner Arbeit nach. Das Fischerboot, auf dem er arbeitete, kenterte im Sturm. Guðlaugur trieb sechs lange Stunden im kalten Atlantik und überlebte als Einziger das Unglück, bis er an seiner Heimatinsel angespült wurde. Der Atlantik ist, nicht nur zu dieser Jahreszeit, vor Island schlichtweg viel zu kalt, als dass es auch nur einige Minuten möglich wäre, in ihm zu überleben. Guðlaugur galt als medizinisches Wunder und gab zunächst seine Zustimmung zu wissenschaftlichen Untersuchungen in London. Irgendwann wurde es ihm aber zu viel und er ging wieder nach Hause. Nach einiger Zeit nahm er seine Arbeit als Fischer wieder auf. Die Wissenschaftler wissen noch immer nicht genau, wieso Guðlaugur überleben konnte. Ein Grund ist wohl, dass seine subkutane Fettschicht um einiges dicker ausgebildet ist als normalerweise beim Menschen. Im Film sind am Ende noch Originalinterviews mit dem Fischer aus den 1980er-Jahren zu sehen. Die Hauptrolle in diesem ergreifenden Film spielt Ólafur Darri Ólafsson.

Baltasar und Ólafur Darri arbeiteten auch an der **bisher erfolgreichsten isländischen Fernsehserie** zusammen. **„Ófærð“** („Trapped – Gefangen in Island“) spielt in Seyðisfjörður im Osten Islands. Aufgenommen wurde sie aber größtenteils in Siglufjörður im Norden Islands. In Seyðisfjörður kommen alle Autofähren nach Island an. Sie fahren von Dänemark über die Färöer nach Island. Der Ort ist nur über eine Passstraße erreichbar, die bei schlechtem Wetter regelmäßig gesperrt werden muss. Das ist auch der Ausgangspunkt der Serie. Als die Fähre gerade anlegt, wird an der Küste vor Seyðisfjörður eine zerstückelte Leiche aus dem Wasser gefischt. Die Polizei vermutet, dass sich der Mörder auf dem Schiff befindet. Die drei Polizisten vor Ort lassen die Menschen zunächst nicht von Bord. Im Dorf herrscht wachsende Unruhe, da immer mehr alte Geschichten und Geheimnisse auf einmal ans Tageslicht kommen. Dabei spielt vor allem ein Brand in einer Fischfabrik vor vielen Jahren, bei dem eine junge Frau ums Leben kam, eine wichtige Rolle. Die drei Polizisten werden von Óalfur Darri Ólafsson, Ingvar Eggert Sigurðsson und Ilmur Kristjánsdóttir verkörpert.

Zu den international erfolgreichsten **Schauspielerinnen und Schauspielern** gehören, sicherlich auch, aber nicht nur, durch den großen Erfolg von „Ófærð", die drei Hauptdarsteller in dieser Serie.

So stand **Ingvar Eggert Sigurðsson** in „K 19 – The Widowmaker" („K 19 – Showdown in der Tiefe"), im Jahr 2002 gemeinsam mit Harrison Ford und Liam Neeson vor der Kamera.

Ilmur Kristjánsdóttir ist eine der bekanntesten und gefragtesten Miminnen Islands.

Ólafur Darri Ólafsson treibt es dagegen auch immer wieder außer Landes. Er hat bereits an einigen Hollywoodproduktionen mitgearbeitet, utner anderem 2013 an **„The Secret Life of Walter Mitty"** („Das erstaunliche Leben des Walter Mitty") und 2016 an „The BFG" („BFG – Big Friendly Giant") . Auf den Bühnen zu Hause hingegen spielt er dann schon eher Hauptrollen in Shakespeare-Dramen.

Sólveig Arnarsdótir spielt im Theater und in deutschen Filmproduktionen. Sie ist Ensemblemitglied am Hessischen Staatstheater in Wiesbaden und taucht immer mal wieder als Gast in deutschen Fernsehserien auf.

Die **international erfolgreichste isländische Schauspielerin** dürfte **Anita Briem** sein. Sie arbeitet vor allem international. Unter anderem spielte sie 2008 in „Journey to the Centre of the Earth" („Die Reise zum Mittelpunkt der Erde") und 2016 in „Salt and Fire" (Regie Werner Herzog) mit. Ihren internationalen Durchbruch erlebte sie 2008 als Jane Seymour in der BBC-Serie „The Tudors".

Alle isländischen Filmschauspielerinnen und -schauspieler arbeiten auch am **Theater.** Eigentlich ist es natürlich genau andersherum, aber als Ausländer nimmt man ja eher die synchronisierten bzw. untertitelten Filme wahr, als dass man in eine Theaterproduktion geht, deren Sprache man nicht versteht.

Island und der Film haben aber auch noch eine ganz andere Dimension: **internationale Produktionen, die in Island gedreht werden.** Das erste Mal geschah dies bereits 1919 und handelte sich, wie sollte es anders sein, um eine Literaturverfilmung. Die Borgarættar-Trilogie von Gunnar Gunnarsson wurde vom dänischen Regisseur Gunnar Sommerfeldt unter dem Titel **„Borgslægtends historie"** („Die Schande der Orlygsons") verfilmt und kam 1922 auch in die deutschen Kinos. Die prächtige Kulisse Islands in einem Stummfilm, das muss auf die Kinobesucher ordentlich Eindruck gemacht haben.

Und doch dauerte es bis 1985, bis mit **„James Bond: View to a Kill"** („Im Angesicht des Todes") die zweite ausländische Filmproduktion in Island stattfand. Die auf der Insel gedrehte Eröffnungsszene spielt sich bei der Jökulsárlón und dem Vatnajökull-Nationalpark ab. Die lange Actionsequenz wurde als so gefährlich eingestuft, dass der Hauptdarsteller Roger Moore hierfür keinen Fuß auf isländischen Boden setzte, er wurde gedoubelt.

Zwar dauerte es dieses Mal nicht so lange, aber doch noch zehn Jahre, bis 1995 der Science-Fiction Streifen **„Jugde Dredd"** mit Sylvester Stallone in Island gedreht wurde. 1998 folgte die deutsch-niederländisch-belgische Koproduktion **„When The Light Comes"** („Die Stunde des Lichts"), in der Island als Spitzbergen figuriert. Nach **„Lara Croft: Tomb Rider"** im Jahr 2001 geht es Schlag auf Schlag. Schon 2002 kommt James Bond mit **„Die Another Day"** („Stirb an einem anderen Tag") wieder nach Island, dieses Mal aber nicht für die Anfangssequenz. Nein, in diesem Kassenschlager rettet der Geheimagent in Gestalt von Pierce Brosnan sogar von Island aus die ganze Welt. Gedreht wurde wieder in der Gletscherlagune Jökulsárlón.

Meist dient Island als große Kulisse für (post-apokalyptische) Science-Fiction, Phantasie- oder Weltuntergangsfilme wie etwa in **„Batman Begins"** (2005), **„Stardust"** (2007), **„Prometheus"** (2012), **„Oblivion"** (2013), **„Star Trek – Into Darkness"** (2013), **„Thor: The Dark World"** (2013), **„Interstellar"** (2014), dem Bibeldrama **„Noah"** (2014), **„Star Wars: The Force Awakens"** (2015), **„Rogue One: A Star Wars Story"** (2016) oder **„Bokeh"** (2017). Die leeren Steinwüsten des Hochlands, die kahlen Berge, die vielen Wasserfälle, Höhlen, die unberührte Natur, die Panoramaeinstellungen zulässt, auf denen kein von Menschen errichtetes Bauwerk zu sehen ist, machen Island nicht nur zu einem attraktiven Drehort, sondern auch zu einer Kulisse, die sowohl Stimmungen und Handlung eines Films unterstützr, als auch selbst zu einem wichtigen Teil der Geschichte werden kann. Für Filmemacher besitzt Island sicherlich einige Alleinstellungsmerkmale, zumal sie in den hiesigen Produktionsfirmen professionelle Mitarbeiterinnen und Mitarbeiter vorfinden.

Manchmal ist es auch einfach nur die Lava, die als Argument für Island als Drehort ausschlaggebend sein kann. Clint Eastwood drehte seine Filme **„Flags of our Fathers"** (2006), in dem die Geschichte um die Schlacht um Iwojima von Februar bis März 1945 aus der Sicht der US-Amerikaner erzählt wird, und **„Letters from Iwo Jima"**, in dem die Geschehnisse aus japanischer Sicht erzählt werden, teilweise in Island. Auch Japan ist vulkanisch, die ausgestreckten Landschaften aus Lava ähneln sich.

In **„The Secret Life of Walter Mitty"** (s. S. 262) spielt die isländische Natur gewissermaßen sich selbst, inklusive eines Vulkanausbruchs, und dient nicht als Drohkulisse für irgendeine Apokalypse. Aber Vorsicht, die im Film genannten Orte sind meist nicht diejenigen, die man gerade sieht.

071ki-sb

Dafür wird einem am Ende des Streifens vorgegaukelt, dass sich die Handlung in Afghanistan abspielt. Gedreht wurden allerdings auch diese Szenen in Island.

Was man in Europa vielleicht nicht weiß: Es werden inzwischen auch etliche **Bollywood-Filme** mit den größten Stars, die dieses Genre zu bieten hat, in Island gedreht. Island gewann beim Indywood Film Carnival 2017 sogar den Preis als schönste Filmkulisse.

Auch wenn sie das Genre anfangs noch belächelten, sind die Isländer nach dem Einbruch infolge der Finanzkrise ganz froh über diese Art der **Devisenbeschaffung.** Nach dem wirtschaftlichen Kollaps legte die isländische Regierung ein **Filmförderungsprogramm** auf. Dies hatte einen deutlichen Effekt. Immer mehr internationale Filmproduktionen mit erheblichem Budget wurden und werden seither in dem Land gedreht.

Manchmal ist die Filmerei aber auch eine **Gefahr für die Umwelt.** Während der Dreharbeiten zu „Fast & Furious 8" (2017) versanken im März 2017 zwei Bagger im Mývatn-See im Norden. Sie konnten nach einigen Stunden und wenig Ölverlust wieder geborgen werden. Bei einem Sturm während der Dreharbeiten flogen dem Team aber auch noch die Requisiten weg. Einen „Eisberg" aus Styropor verschlug es auf eine Pferdeweide. Die zwei Pferde gerieten in Panik und rannten los. Eines brach sich das Bein und musste eingeschläfert werden.

Kommen **Stars** auf der Insel an, ist das oft einen Bericht, wenn möglich mit Foto, auf den Titelseiten der Zeitungen wert. Manche bedanken sich auf ihre eigene Weise, wie Russell Crowe, der während der Dreharbeiten zu „Noah" seinen Beitrag zur Kulturnacht Menningarnótt in Reykjavík lieferte: Zum Beginn der neuen Kultursaison finden in ganz Reykjavík an verschiedenen Orten auf der Straße und auf Bühnen Performances und kurze Konzerte statt. Crowe stand gemeinsam mit Patti Smith an drei verschiedenen Veranstaltungsorten auf der Bühne und bedankte sich nach jedem Auftritt ausdrücklich für die gute Zeit in Island.

Ganz anders Tom Cruise, der sich während der Filmaufnahmen zu „Oblivion" verbunden mit einem Urlaub ein ganzes Haus im Hochland mietete. Seine Bodyguards sperrten kurzerhand die Zufahrtsstraßen, sodass nicht einmal mehr die Bauern auf ihre Felder fahren konnten. Eine solche Ignoranz und Arroganz geht Isländerinnen und Isländern gewaltig gegen den Strich und so musste die Polizei dafür sorgen, dass alles wieder ins Lot gerückt wurde.

Den größten Einfluss in den letzten Jahren hat aber sicherlich die Erfolgsserie **„Game of Thrones".** Einige Episoden verschiedener Staffeln wurden auch in Island aufgenommen. Hier dient Island als Kulisse für das Gebiet nördlich der Mauer, wo die Wildlinge und Weißen Wanderer ihr Unwesen treiben. Das passt, schließlich herrscht hier noch immer eine harsche, unberührte Natur vor, die den Menschen manchmal vor schwere Prüfungen stellt. Der Erfolg der Serie war so groß, dass inzwischen regelmäßig Touren zu den Schauplätzen am See Mývatn und dem Lavafeld Dimmuborgir mit seinen bizarren Gesteinsformationen im Norden Islands, an denen unter anderem für diese Serie gedreht wurde, angeboten werden.

Eine große Kinoproduktion hat es nur fast nach Island geschafft: Eigentlich wollte man hier gerne drehen, da diese Literaturverfilmung auch vom Inhalt und Thema her perfekt zu Island gepasst hätte. Außerdem ähnelt die isländische Sprache sogar in Teilen derjenigen, die einige der Figuren dieser fantastischen Romantrilogie sprechen, denn für das Elbisch hatte J. R. Tolkien isländische Grammatik- und Sprachlehrbücher auf seinem Schreibtisch liegen. Daraus formte er diese Fantasiesprache. Den verantwortlichen Filmproduzenten der Trilogie **„Der Herr der Ringe"** (2001 bis 2003) war das Wetter in Island für ihre langen Dreharbeiten aber einfach nicht stabil und gut genug.

☒ Immer wieder werden in Island Spielfilme gedreht. Die raue Natur dient auch gerne als Kulisse für Werbeaufnahmen.

Als Fremder auf Island

◁ Augen auf im Straßenverkehr! Immer wieder büxen Schafe aus und spazieren dann am Straßenrand entlang oder nutzen die Fahrbahn (072ki-sb).

Isländer und Deutsche

In manchen Länder Europas mag man als **Deutscher** zuweilen die Erfahrung machen, dass einem zunächst etwas zurückhaltend begegnet wird – nicht so in Island. Ressentiments aufgrund von Besatzung und Gräueltaten vor allem im Zweiten Weltkrieg oder wegen der Größe und dadurch Position des Landes in Europa existieren in Island nicht. Auch **Österreicher** und **Schweizer** sind **willkommene Gäste.**

Alte **deutsche Sagen und die isländischen Edda-Texte** sind zum Teil deckungsgleich, so sind ganze Versatzstücke aus dem Ring des Nibelungen praktisch identisch mit den Edda-Texten – bis auf die Orte der Handlung versteht sich. Für Isländer ergibt sich so ein **gemeinsamer Boden** und eine gewisse Art von Verwandtschaft. Wohl auch deshalb mögen Isländer Deutsche normalerweise, viele waren auch schon mal in Deutschland. Einige haben schon mal eine Zeitlang in Deutschland, Österreich oder der Schweiz gelebt und sprechen sogar Deutsch. Vor allem in Berlin wohnen einige Isländer, darunter auch Schriftsteller und Musiker. Als Deutscher, Österreicher oder Schweizer wird man also durchweg **freundlich und offen behandelt,** auch wenn sich die Isländer darüber im Klaren sind, dass Touristen aus den USA und Skandinavien etwas lockerer mit ihrem Portemonnaie umgehen und mehr Geld im Land lassen. Dafür freuen sich die Isländer, dass vor allem Deutsche gerne mehr wissen möchten und nachfragen als Bürger anderer Länder, die schnell mit oberflächlichen Informationen zufrieden sind. Isländer freut dieses Interesse an ihrem Land normalerweise sehr.

So weit wie es Georg Gustav Winkler 1861 beschreibt, wird wohl aber keine Gastfamilie mehr gehen:

„In Island wird auf den Gast Sorge verwendet, bis er in's Bett steigt. Man ist ihm auch noch beim Ausziehen der Kleider behilflich, und wie weit er auch damit fortfahren möge. Ich erhielt vor Antritt meiner Reise Andeutungen, dass diese Sitte romantische Erlebnisse im Gefolge haben könne, indem, gewöhnlich den Töchtern des Hauses diese Dienste oblägen. Damit stimmen aber meine Erfahrungen nicht, denn wo man es nicht meinem Führer überließ, mich zu bedienen, da wurde das Geschäft von Männern oder alten Frauen besorgt, und nichts Romantisches war dabei." [Winkler, ebd., S. 137]

Die Weltreisende Wienerin **Ida Pfeiffer,** deren Reisebücher in mehrere Sprachen übersetzt wurden, war zu ihrer Zeit als allein reisende Frau ein echtes Phänomen. 1845 besuchte sie auch Island. Dabei ließ sie sich unter anderem wohlwollend über die Inselbewohner aus, vor allem wenn es um deren Verhältnis zum Geld und zu den Touristen ging. Hier hat sich im Laufe der Zeit wohl wenig verändert:

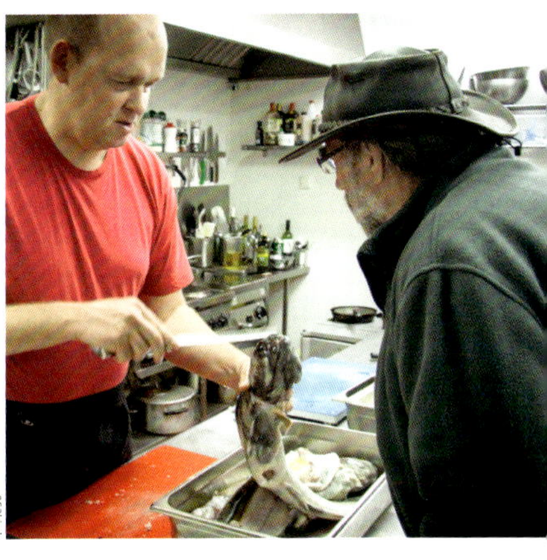
052ki-sb

„Was die Gastfreundschaft der Isländer betrifft, so glaube ich nicht, dass man sie ihnen zu einem sehr großen Verdiente anrechnen darf. Es ist wahr, Priester und Bauern nehmen jeden europäischen Reisenden gerne auf, und bewirthen ihn mit Allem was in ihren Kräften steht, – aber Beide wissen, dass *der* Reisende, der *ihr* Land besucht, gewiß weder ein Abentheurer noch ein Bettler sein ist, und ihnen daher auch erkenntlich sein wird. – Mir kam kein Priester und kein Bauer vor, der nicht die gebotene Gabe ohne die geringste Widerrede angenommen hätte. – Von den Priestern muß ich jedoch zu ihrem besondern Lobe bemerken, dass sie überall sehr dienstfertig und gefällig, und mit jeder Gabe zufrieden waren. Auch ihre Forderungen, wenn ich die Pferde zu meinen Excursionen nahm, waren immer sehr bescheiden gestellt. – Den Bauer hingegen fand ich nur in jenen Gegenden weniger eigennützig, wo beinah nie ein Reisender hinkam. An Orten aber die schon mehr besucht werden, waren seine Forderungen oft unverschämt.

Für Uiberfahrten über Flüsse z. B. mußte ich 20 bis 30 kr. zahlen, und da wurden ich und mein Führer in einem Kahn übergeschifft, die Pferde mußten schwimmen. – Der Führer, welcher mich auf den Hekla begleitete, forderte gar 5 fl. 20 kr. EM. Und ließ sich ordentlich noch dazu bitten. Er wußte, dass ich gezwungen war, ihn zu nehmen, denn Auswahl an Führern hat man nicht, und unverrichteter Sache will man auch nicht zurückkehren.

Aus diesem Benehmen aber sieht man, dass der Charakter der Isländer gerade nicht zu den trefflichsten gehört, und dass sie ihren Vortheil von den Reisenden so gut zu ziehen wissen, wie die Wirthe und Lohnbedienten auf dem Continente.“ [Ida Pfeiffer: Reise nach dem skandinavischen Norden und der Insel Island im Jahre 1845. Zweiter band. Pesth (Budapest), 1846. S. 72f]

Es gab und gibt halt wie immer und überall solche und solche …

⌃ Isländer freuen sich über interessierte Besucher und bringen ihnen gerne die Besonderheiten ihrer Insel nahe

Wo Einheimische und Touristen sich in die Quere kommen

Der durchschnittliche Isländer lebt vielleicht nicht auf einer großen Fläche – zu 75 % tut er dies aber **in seinem eigenen Haus.** Nun ja, wenn man mal davon absieht, dass bis zur völligen Begleichung der Hypothek genau genommen die Bank der Eigentümer des Eigenheims ist. Vor der Bankenkrise 2008 war dieser Anteil sogar noch höher. Wohnte man zur Miete, wurde man schnell zur Zielscheibe von Klatsch und Tratsch, denn irgendetwas konnte da ja nicht stimmen. War man vielleicht zu Hause rausgeflogen oder frisch geschieden oder war sonst irgendetwas Besonderes vorgefallen? Heutzutage suchen deutlich mehr Menschen als vor der Krise eine Mietwohnung. Das gilt nicht mehr als anrüchig, sondern hat sich zu einer akzeptierten Wohnform entwickelt, allerdings zu einer ziemlich teuren. Die **Auswahl an Mietwohnungen** war nie sonderlich groß, doch jetzt kommt noch erschwerend hinzu, dass viele Hausbesitzer Teile ihres Eigenheims lieber an Touristen vermieten, weil sie damit schnelles Geld machen können, vor allem, wenn sie in der Innenstadt Reykjavíks oder an anderen besonders gut besuchten Orten wohnen. Manche ziehen sogar zurück zu ihren Eltern, um ihre Wohnung an Touristen zu vermieten. Andere kaufen eine zweite Wohnung mit dem einzigen Ziel, diese gewinnbringend zu vermieten. Die Konsequenz: Der Wohnungsmarkt ist immer stärker angespannt, die **Mietpreise schießen in die Höhe.** Da kommen die Löhne schon lange nicht mehr mit. Manche müssen bis zu Dreiviertel ihres Gehalts für die Miete ausgeben – **gesellschaftlicher Sprengstoff.** Die Stadt Reykjavík, in der sich die Situation besonders verschärft hat, versucht mit Regelungen den Vermietungsboom zu unterbinden und baut mit Hochdruck neue Wohnungen. Aus dem gleichen Grund steigen auch die Wohnungs- und Häuserpreise, und das, obwohl die Zinsen in Island um einiges höher sind als in den westeuropäischen Ländern. Viele sprechen schon von einer **neuen Blase** und manche befürchten, dass sich eine Wirtschaftskrise wie 2008 wiederholen könnte.

▷ Vom Busbahnhof BSÍ in Reykjavík geht es direkt zum Flughafen nach Keflavík

Unterwegs auf Island

Grundsätzlich gibt es verschiedene Möglichkeiten, durch Island zu reisen. Man kann beispielsweise **Touren bei Reiseanbietern** buchen. Ist man selbständig unterwegs, kann man entweder die **öffentlichen Verkehrsmittel** oder einen **Mietwagen** nutzen. Es gibt verschiedene Busunternehmen, die unterschiedliche Überlandstrecken bedienen, allerdings werden nicht alle Ziele das ganze Jahr über angefahren. Doch zur Hauptsaison im Sommer kann man die wichtigsten Sehenswürdigkeiten per Bus besuchen. Bei Vorausbuchung kann man auch sein **Fahrrad** mitführen, sodass man auf einer Radtour bestimmte Abschnitte auch mit dem Bus zurücklegen kann. Von den Isländern werden die Busse nicht nur für ihre Reisen genutzt, sondern oft für das Verschicken von Paketen und Materialien, man braucht dafür nicht selbst mitzufahren. Die Sachen kommen so zuverlässig ans Ziel.

Ist man mit dem Mietwagen unterwegs, dann ist es gut zu wissen, welche Bedeutung die verschiedenen **Straßennummern** haben. Je länger die Nummer, desto schlichter werden die Straßen. Die Ringstraße Nr. 1 ist fast **komplett asphaltiert,** kleinere Straßen sind oft über weite Strecken **Schotterpisten.** Steht ein „F" vor der Nummer, braucht man einen **Vierradantrieb,** um die Straße bewältigen zu können. Wer auf den kleineren Straßen und F-Straßen unterwegs sein will, sollte damit rechnen, dass man **Flussläufe furten** muss. Abgesehen davon, dass die meisten Mietwagenverträge das Furten ausschließen, sollte man schon wissen, was man tut

073ki-sb

048ki-sb

und sich unbedingt vorher schlau machen, wie man Furten sicher durchfährt.

Häufige Unfallursache in den Sommermonaten: **Schafe auf der Straße,** denn diese Tiere und manchmal auch Pferde sowie Hunde von den Höfen laufen einen Großteil des Jahres frei herum, auch auf der Straße. Daher muss man immer damit rechnen, dass sie rechts oder links auf der Böschung auftauchen und die Fahrbahn überqueren. Sieht man die weißen, wolligen Geschöpfe am Straßenrand auftauchen, dann ist es am besten, man nimmt den **Fuß vom Gas.** Das ist im Übrigen auch geraten, wenn man sich unübersichtlichen Kuppen und einspurigen Brücken nähert. Zum Glück ist in Island oft wenig Verkehr, sodass man meistens in aller Ruhe fahren kann.

Manche **unterschätzen im Winter das Wetter, was häufig zu Unfällen führt**. Man sollte während einer Tour jedenfalls immer auf einen Wetterumschwung gefasst sein und sich vor Beginn einer Fahrt über die Wetterverhältnisse erkundigen. Wind, Schnee, Eis und Regen können für (sehr) erschwerende Bedingungen sorgen. Über den Zustand von Straßen kann man sich beim isländischen Straßenamt Vegagerðin immer per Telefon oder auf deren Website erkundigen. Und wenn Vegagerðin angibt, dass eine Straße gesperrt ist, fährt man besser eine andere Strecke.

Streng untersagt ist das Offroad-Fahren. Und ganz ehrlich: Die Pisten sind manchmal in einem Zustand, der den Unterschied sowieso nur erahnen lässt.

Zu Zeiten der Finanzkrise 2008 und des Ausbruchs des Eyjafjallajökull 2010 wurden so viele Reklamefilme für ausländische Firmen in Island gedreht, dass es nicht nur in den deutschsprachigen Ländern kaum einen Werbeblock im Fernsehen mehr gab, in dem nicht ein Stückchen Island zu sehen war. Manche der Reklametreibenden übertrieben es allerdings: 2013 brach in Island ein Sturm der Entrüstung los, als der amerikanische Autobauer Chevrolet eine Fernsehreklame für sein neues Modell Captiva veröffentlichte. Zwei Männer fuhren offroad durch Island und genossen ihre Freiheit. Schade nur, dass sie dabei das größte Gut des Landes, die Natur, zerstörten. Der Autohersteller entschuldigte sich, das Filmchen wurde eingestampft. Als 2014 der Autobauer Land Rover sein neues Modell des Discovery von Journalisten in Island testen ließen, dachte der Schreiberling der Sunday Times aus Großbritannien, unbedingt mal offroad fahren und damit Schaden in der Natur anrichten zu müssen. Zu dumm nur, dass der neue Geländewagen den isländischen Verhältnissen nicht gewachsen war. Er blieb beim See Kleifarvatn tief im Lavasand stecken und musste herausgezogen werden.

Auch wenn von Touranbietern noch immer ab und zu mit Offroad-Fahrten in Island geworben wird: Es ist strengstens verboten, was schon durch die drastischen Strafen zum Ausdruck kommt. Bis zu 2300 Euro und vier Jahre Haft kann es einen kosten, da sind die Isländer wenig zimperlich.

Wetter

Überhaupt ist das Wetter ein nicht zu unterschätzender Faktor. Im Sommer bringen die langen, hellen Tage schon mal den natürlichen Rhythmus durcheinander. Dann ist es wichtig, die eigenen Kräfte nicht zu überschätzen und nicht zu lange und zu spät noch unterwegs zu sein, auch wenn es immer noch hell ist. **Übermüdung ist eine häufige Unfallursache.**

Im Sommer wie im Winter kann es zu **extremen Wetterumschwüngen** kommen, die sehr kräftezehrend sein können, wenn man zu Fuß oder auf dem Rad unterwegs ist. Man sollte also unbedingt gut ausgerüstet sein und sich vor einer Tour ausführlich erkundigen, welches Wetter zu erwarten ist. Im Hochland kann es auch im Sommer zu sehr niedrigen Temperaturen und Schneefall kommen.

◁ Natur macht kreativ, hier in Dimmuborgir („Dunkle Städte") im Norden

Im Winter sind der **Wind und das Eis auf den Straßen die größten Gefahren.** Mietwagen sind normalerweise mit Spikes ausgerüstet, doch kann das Fahren auf eisigen Straßen trotzdem schwer werden, wenn plötzliche Windstöße von der Seite kommen. Island ist geprägt von seinen offenen Landschaften, viel Schutz vor Wind hat man hier nicht. Auch sind die Tage recht kurz, man muss also einkalkulieren, dass man lange in der Dunkelheit unterwegs ist.

Gut vorbereitet und in Kontakt

Eine gute Möglichkeit, die eigene Sicherheit zu erhöhen, ist zuallererst eine gute **Vorbereitung** und darüber hinaus eine gute **Kommunikation.** Besonders wenn man auf längeren Touren unterwegs ist, ist es äußerst ratsam, den Besitzern von Unterkünften **mitzuteilen, wohin man unterwegs ist** und welche Strecke man nehmen möchte. Es ist wichtig, gute Absprachen zu treffen, z.B. darüber, ob man am Ziel eine **Nachricht hinterlässt,** dass man tatsächlich angekommen ist. Denn gerade bei Wetterumschwüngen kann es wichtig sein, zu wissen, ob jemand auf einer Tour in Gefahr geraten sein könnte.

Die Rettungswachten werden in Island von freiwilligen Helfern und Helferinnen bemannt, daher haben sie ein cleveres Mittel entwickelt, das es auch Touristen erlaubt, eine Art Brotkrumenspur zu hinterlassen, die darauf hinweist, wo man sich befindet. Über die sogenannte **112 App** kann man sich und seine Tour registrieren und verschiedene Möglichkeiten wählen, ob und wann jemand Kontakt mit einem aufnimmt. Auch kann man mit der App mit einem Knopfdruck einen Notruf absenden, der gleichzeitig die GPS-Daten mitschickt, sodass die Rettungskräfte in einem Notfall wissen, wo sie suchen müssen. Das häufigste Problem bei Notrufen ist nämlich, dass in Not Geratene falsche oder ungenaue Angaben zu ihrem Standort machen.

Tücken der isländischen Natur

Touristen geraten meist in Schwierigkeiten, wenn sie **Gefahrenhinweise nicht ernst nehmen,** die **Wetterbedingungen unterschätzen** und/oder **zu schnell fahren.** Isländer mögen es nicht, wenn man ihnen vorschreibt, was sie zu tun oder zu lassen haben. Daher würden sie selbst auch niemand anderem vorschreiben, wie dieser sich zu verhalten habe. Wenn also ein Isländer so etwas sagt wie: „Ja, das ist nicht ganz einfach", dann sollte man es sich mehrmals gut überlegen, ob man sich darauf einlassen will. Es sind einigermaßen **verschlüsselte Botschaften,** die man erhält, weil sie einem nichts

073ki-sb

verbieten möchten. Das heißt, dass in Island das umgekehrte Prinzip gilt, vor allem unterwegs in der Natur: Es kann gefährlich sein, und es ist wichtig, wachsam zu sein und seinen gesunden Menschenverstand einzuschalten. Wenn man in Island überall Schilder aufstellen wollte, wo es gefährlich sein könnte, wäre das ganze Land vollgepflastert. Grundsätzlich stehen hier **nur an strategisch wichtigen Stellen Hinweisschilder, die auf Gefahren hinweisen.** Diese Schilder sind dann aber auch wirklich ernst zu nehmen.

Bodenerosion

Das raue Klima setzt Grund und Boden sehr zu. Bodenerosion kann dazu führen, dass zum Beispiel ein Stück des Wegs einbricht, eine Brücke weggeschwemmt wird oder einem wortwörtlich der Boden unter den Füßen weggleitet. Besonders wer viel fotografiert, sollte sich nicht nur auf das Motiv und den Bildausschnitt konzentrieren, sondern auch darauf, dass er solide und auf sicherem Grund steht.

Lavafelder

Große Teile der Insel sind von Lavafeldern bedeckt, die sehr häufig von Moos überwachsen sind. Das **Moos überbrückt dabei auch Löcher und Spalten im Boden,** die zu gefährlichen Verletzungen führen können, wenn man einbricht. Es ist daher größte Vorsicht geboten, wenn man in einem solchen Gelände unterwegs ist. Einmal davon abgesehen, dass das Moos Jahrzehnte braucht, um sich wieder von Beschädigungen zu erholen. Wo es also Wanderwege oder -pfade gibt, folgt man am besten diesen vorgegebenen Routen.

⌃ Island weist zahlreiche geothermale Felder auf, von denen einige auch zur Energiegewinnung genutzt werden

074ki-sb

Geothermalfelder und heiße Quellen

Auch das Wandern in Gegenden mit heißen Quellen sollte aufmerksam und konzentriert geschehen. Die Thermalgebiete gehören zu den interessantesten Attraktionen des Landes. Doch kann es durch Erdbeben immer wieder vorkommen, dass **Schlammlöcher und Fumarole an neuen Stellen entstehen und extrem heißen Dampf ausstoßen.** Außerdem ähnelt ein solches Gebiet einem Schweizer Käse. Dampf und Schlamm sind jedenfalls heiß genug (zwischen 80–110 °C), um zu schwersten Verbrennungen zu führen. Und nein, man testet die Wärme von Springquellen nicht direkt an der Austrittsstelle mit der bloßen Hand. Und man steigt auch nicht, ohne dies vorher vorsichtig zu testen, einfach in eine auf der Karte eingezeichnete heiße Quelle. Hier ist Vorsicht geboten.

Strände

Die Küsten Islands zeichnen sich dadurch aus, dass die Landmasse an vielen Stellen bereits kurz hinter dem Wassersaum sehr steil abfällt. Das bedeutet, dass es dort einen **extremen Wellengang** und -hub gibt. Die Tiden haben an einigen Stellen mehrere Meter Höhenunterschied und der **Unterstrom** kann extrem stark sein, allerdings sieht man das nicht immer. Das Tückische an den Küsten ist, dass eine relativ lange Zeit seichte, sanfte Wellen an den Strand spülen und plötzlich eine sehr viel höhere und stärkere Welle kommt. Das **Meer ist besonders an der Südküste Islands**

Extrainfo 29 (s. S. 9): FAZ-Video über Islands heiße Quellen

sehr wild. Warum wohl sonst sollte eine Seefahrernation und ein Volk von Fischern in ihrer gesamten Siedlungszeit praktisch keine Häfen an der Südküste gebaut haben? Schon die ersten Wikinger umschifften diesen Teil der Insel, weil der Wellengang dort einfach zu heftig war, um sicher dort landen zu können. Der Unterstrom an dieser Küste ist extrem stark. In der Gegend um Vík í Mýrdal haben sich in den letzten Jahren schon mehrere schwere und teilweise tödliche Unfälle ereignet.

Gletscher

Gletscher und Eishöhlen begeht man **nicht ohne professionelle Begleitung,** auch nicht für ein paar Meter. Sowieso ist das Gehen auf Eis ohne Eiskrallen und Pickel ein halsbrecherisches Unterfangen. Für den, der das Eis nicht lesen kann, kann es zu einer **verräterischen Falle** werden. Wenn man erst einmal einbricht, wird es schwierig, Hilfe zu holen, denn steckt man erstmal mehrere Meter in einem Gletscherloch, ist es ziemlich unwahrscheinlich, dass man mit seinem Mobiltelefon noch Empfang hat.

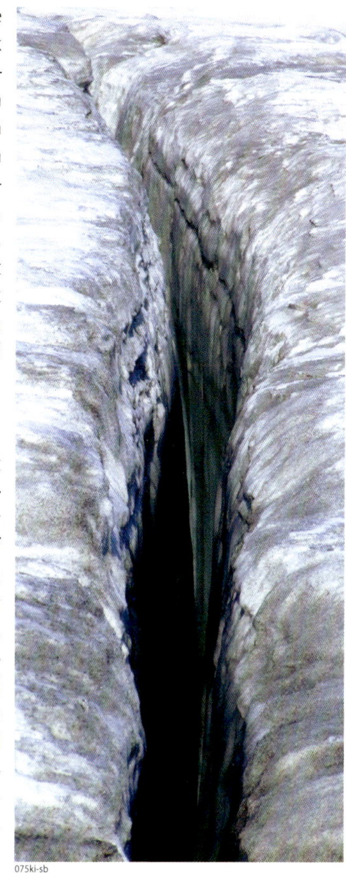

075ki-sb

⌃ Manchmal sind Gletscherspalten auch durch dünne Eisschichten bedeckt und nicht so leicht zu erkennen wie hier

‹ Es brodelt und blubbert, dass es eine wahre Lust ist – außer man tritt in eine der Fumarolen und verbrennt sich den Fuß

Anhang

☒ So gingen die Fischer auf ihren offenen Booten ihrer Arbeit nach. In grober Ledermontur und Wollhandschuhen mit zwei Daumen: So konnte man die Handschuhe umdrehen und länger benutzen (076ki-sb).

Literaturtipps

Auch in der Literatur setzt sich ein typisch isländisches Phänomen fort. So wie viele Menschen mehrere Arbeitsstellen haben, beackern auch viele Autoren mehrere Genrefelder, manchmal auch über das gesamte Spektrum hinweg, von Romanen über Kinderbücher bis zum Sachbuch. Im Folgenden sind die meisten Autoren für nur jeweils ein Genre genannt. Die Jahreszahlen beziehen sich auf die letzten lieferbaren Auflagen.

Sagas und Sagen

- **Isländersagas** (Frankfurt am Main, 2014). Hervorragende Ausgabe aller Sagas in vier Bänden, mit Kommentaren und Erklärungen.
- **Isländische Märchen und Sagen** (Hrsg. Erich Ackermann, Köln, 2011). Für Isländer, ob jung, ob alt, sind ihre Märchen noch immer sehr lebendig. Das gewisse Extra: In den Märchen spielen auch jede Menge Elfen, Trolle und weiteres Huldufólk eine große Rolle.

Sachbücher

- **Andri Snær Magnason: Traumland** (Freiburg, 2011). Eine weltweit beachtete und inzwischen auch verfilmte Beschreibung, wie Konzerne ihre Macht auch auf Staaten ausbreiten und ohne Rücksicht auf Verluste nach Gewinnmaximierung und der Befriedigung ihrer Anteilseigner streben. In seiner ruhigen Art entlarvt der Autor gnadenlos die Triebfedern und die Herangehensweise großer Konzerne. Mit diesem Buch wurde er zum isländischen Michael Moore, allerdings ohne dessen Zynismus.
- **Ragnar Axelsson:** Rax, wie er oft genannt wird, ist nicht nur ein weltweit beachteter Fotograf, sondern auch ein begnadeter Erzähler. Zieht er mit seiner Leica los, bringt er auch immer Geschichten mit über Menschen, die am Rande der Zivilisation leben und den Lebensumständen und Gefahren der Natur am Nordatlantik trotzen, von den Färöern bis zu den Grönländern. Gleichzeitig zeigen seine Fotos über die Jahre gesehen auch das erschreckend hohe Ausmaß des Klimawandels in diesen Breiten. Eindrucksvoll und in schwarz-weiß: **Gesichter des Nordens** (München, erweiterte Auflage 2016) und **Die letzten Jäger der Arktis** (München, 2010).

› Der Fotograf und Autor Ragnar Axelsson, besser bekannt als Rax

077ki-sb

- **Spessi: 111** (Reykjavík, 2018). Der famose Fotograf Spessi stellt regelmäßig international aus und hat ein sensibles Gespür für die Randgruppen und -orte auf der Insel. Dies zeigt er auch in seinem Buch **Location** (Reykjavík, 2007), das direkt zu Beginn der Wirtschaftskrise erschien.
- **Richard Sale: So sind sie, die Isländer** (Bielefeld, 2017). Humoristische Erklärungen dafür, warum die Isländer so ticken, wie sie ticken.
- **Anne Siegel: Frauen, Fische, Fjorde** (München, 2016). 1949 gingen Hunderte deutscher Frauen nach einer Anzeige des isländischen Bauernverbands nach Island, um auf das ganze Land verteilt auf isländischen Bauernhöfen zu arbeiten. Anne Siegel erzählt eindrucksvoll die Schicksale der Frauen, die aus dem zerbombten Deutschland in das noch rückständige Island kamen und zusehen mussten, wie sie mit der Einsamkeit und Kälte und manchmal auch mit den Bauern fertig wurden.
- **Gunnar Karlsson: Eine kompakte Geschichte Islands** (Reykjavík, 2008). Kurz, knapp und übersichtlich erzählt der emeritierte Geschichtsprofessor auf durchaus unterhaltsame Art und Weise die Geschichte seines Landes.
- **Jón R. Hjálmarsson: Die Geschichte Islands. Von der Besiedlung zur Gegenwart** (Reykjavík, 2009). Etwas ausführlichere Darstellung eines ehemaligen Pädagogikprofessors, Lehrers und Schulrektors.
- **Ari Trausti Guðmundsson: Lebende Erde** (Reykjavík, 2014). Alles zur reichen und bewegten Geologie Islands, von den unterschiedlichen Gletscher- bis zu den reichhaltigen Vulkanarten, die diese Insel prägen.

- **Hörður Kristinsson: Die Blütenpflanzen und Farne Islands** (Reykjavík, 2010). Reich bebildertes Bestimmungsbuch, das 465 Pflanzenarten, die in Island wachsen, enthält.
- **Birgit Albrecht: Discover Icelandic Architecture** (Reykjavík, 2018). Vom Torfhaus bis zur Harpa: 170 alte und neue Gebäude werden in diesem Architekturführer beschrieben.
- **Jón R. Hjálmarsson: Schauplätze isländischer Volkssagen** (Reykjavík, 2011). Reiche Sammlung isländischer Märchen und Sagen, die jeweils mit einer Wegbeschreibung zu den einzelnen Orten eingeleitet wird.
- **Unnur Jökulsdóttir: Auf den Spuren der Unsichtbaren. Eine Reise zu den Sehenden** (Reykjavík, 2014). Unnur reiste durch Island, suchte und fand ganz normale Leute, jung und alt, die ihr von ihren Begegnungen und Erlebnissen mit dem Huldufólk (s. S. 74) erzählten. In diesem Buch sind ihre Berichte zusammengefasst.
- **Sabine Burger, Alexander Schwarz: CityTrip Reykjavík** (Bielefeld, 5. Auflage 2017). Der erste deutschsprachige Reiseführer für Reykjavík (1. Auflage 2009) mit viel Hintergrundwissen wird ständig aktualisiert.
- **Alexander Schwarz: InselTrip Island** (Bielefeld, 2. Auflage 2017). Perfekt für einen Tag bis eine Woche in Island – ob man nun einen kurzen Stopp-Over macht oder die ganze Insel umrunden möchte. Das Buch wird genau wie der Reykjavík-Führer ständig aktualisiert.

Isländische Literatur

Im Kapitel Literatur (s. S. 240) bzw. Filme (s. S. 257) werden bereits einige wichtige Autoren und Werke genannt, die zur modernen Klassik gezählt werden dürfen. Nur einige weitere überaus lesenswerte Autoren in diesem an hervorragenden Schriftstellern so reichen Land sind hier aufgeführt:

- Literaturnobelpreisgewinner **Halldór Laxness** ist der Klassiker schlechthin. Als erstes Buch aus seiner Feder sei der Roman **Sein eigener Herr** (Göttingen, 2018) empfohlen. Es handelt von einem jungen Bauern, der seinen Traum über alles stellt und ihn so weit und mit einem solchen Starrsinn vorantreibt, dass er damit nicht nur scheitert, sondern auch noch den Tod einiger ihm sehr lieber Menschen verschuldet.

  Verwiesen sei hier auch auf die hervorragende Biografie **Halldór Laxness. Eine Biografie** von Halldór Guðmundsson (München, 2007).
- **Sjón** wird oftmals als moderner Klassiker angesehen. Er schrieb Liedtexte für Björk, aber vor allem wundervolle Romane und Gedichte. Sjón ist der vielleicht innovativste isländische Autor. Seine lyrischen Texte und seine bildgewaltige Sprache enthalten auch immer etwas Fantastisch-Mystisches. Oder wie Björk einst meinte: „Niemand ver-

bindet Herz und Verstand poetischer als Sjón." Gute Beispiele seiner Schaffenskraft sind **Schattenfuchs** (Frankfurt am Main, 2011) und **Der Junge, den es nicht gab** (Frankfurt, 2015).

- **Jón Kalman Stefánsson** ist ein sprachgewaltiger Romancier, der mit seiner Trilogie **Himmel und Hölle** (München, 2011), **Der Schmerz der Engel** (München, 2012) und **Das Herz des Menschen** (München, 2014) den internationalen Durchbruch schaffte.
- Die Bücher von **Kristín Marja Baldursdóttir** drehen sich um Frauenschicksale in Island. Besonders lesenswert sind **Möwengelächter** (Frankfurt am Main, 2011), **Die Eismalerin** (Frankfurt, 2007) und **Die Farben der Insel** (Frankfurt, 2011). Die beiden Letztgenannten bilden eine Einheit über ein Jahrhundert hinweg. In diesen Romanen versuchen Frauen gegen den großen Widerstand aus der Gesellschaft, der bis in die Familie reicht, ihren eigenen Weg zu gehen.
- **Auður Jónsdóttir** hat sich als Schriftstellerin auch international einen Namen gemacht. Und so steht die Enkeltochter des Literaturnobelpreisträgers Halldór Laxness auch literarisch auf eigenen Füßen. Spielt sich die Handlung der oben genannten Bücher vor allem in historischen Zeiten ab, darf man die Romane Auðurs getrost als Gesellschaftsbilder der Gegenwart betrachten, mitunter mit einem ordentlichen Schuss Autobiografischem. Von der gefühlvollen Erzählerin seien hier vor allem **Jenseits des Meeres liegt die ganze Welt** (München, 2013) und **Wege, die das Leben geht** genannt (München, 2016).
- Die engagierte Autorin **Steinunn Sigurðardóttir** lebt schon seit Jahren in Deutschland. Sie verleiht starken Frauen in ihren Romanen eine literarisch deutlich hörbare Stimme. **Herzort** (Reinbek bei Hamburg, 2003) und **Der gute Liebhaber** (Reinbek bei Hamburg, 2013) sind zwei ihrer vielgepriesenen Romane. Mit **Heiðas Traum** (Reinbek bei Hamburg, 2018) überrascht sie mit einer einfühlsam geschriebenen Lebensgeschichte eines ehemaligen Models, das als Schafsbäuerin glücklich ist – bis ein Großunternehmen einen Staudamm auf ihrem Land bauen will und damit das Gleichgewicht der Natur ordentlich ins Wanken bringt.
- **Kristof Magnusson** ist Isländer und Deutscher, zweisprachig aufgewachsen und pendelt zwischen beiden Ländern hin und her. Seine Romane schreibt er auf Deutsch. Viele seiner Kolleginnen und Kollegen übersetzt er auch. Er schreibt sehr unterhaltsam, liebt das Groteske und verbindet dies durchaus mit Tiefgang. **Arztroman** (München, 2016) über Personal und Patienten im Klinikgewerbe, **Das war ich nicht** (München, 2011), eine Bankerkomödie, und **Zuhause** (München, 2007) über Reykjavík zur Weihnachtszeit sind dafür gute Beispiele.

- **Arnaldur Indriðason:** Seine Kriminalromane sind allesamt weltweite Bestseller. Auch die Kritiker sind begeistert. Indriðason ist vielleicht der Krimiautor, der mit den meisten Preisen ausgezeichnet wurde. Besonders erfolgreich ist seine Reihe um Kommissar **Erlendur Sveinsson,** von **Engelsstimme** (Köln, 2006) bis **Eiseskälte** (Köln, 2012).
- **Yrsa Sigurðardóttir** hat mit ihren Krimis eine treue Leserschaft. Sie hat verschiedene Serien und Einzeltitel verfasst, unter anderem **DNA** (München, 2017) und **Das letzte Ritual** (München, 2016) .
- **Ragnar Jónasson:** Nicht nur seine Trilogie **Schneebraut** (Frankfurt am Main, 2017), **Todesnacht** (Frankfurt, 2017) und **Blindes Eis** (Frankfurt, 2017), die im Norden Islands spielt, gehört zum Feinsten, was Island im Krimigenre zu bieten hat.
- **Sigriður Hagalín Björnsdóttir** hat bereits mit ihrem Debüt **Blackout Island** (Berlin, 2018) internationalen Erfolg. In einer Mischung aus Kriminalroman, einem politischen Horrorszenario und Science-Fiction weiß sie ihre Leser zu fesseln.

Lyrik

- **Gerður Kristný** ist die vielleicht erfolgreichste isländische Lyrikerin unserer Zeit und mit ihren Gedichten auch in deutschsprachigen Anthologien vertreten (siehe unten). Auf Deutsch erschien ihr Roman **Die grüne Bluse meiner Schwester** (Berlin, 2013).
- **Linda Vilhjámsdóttir** ist eine politische Dichterin, die in kraftvollen poetischen Bildern schreibt und so auch zur Selbstreflexion auffordert, etwa in **Freiheit** (Nettetal, 2018).
- **Guðmundur Andri Thorson:** Wortstarker Poet und Prosaist. Er ist außerdem Verlagslektor, doch ruht diese Stelle zurzeit. Die Situation im Anschluss an die Krise trieb den Autor so stark um, dass er mittlerweile als Parlamentsmitglied im Alþingi sitzt. Sein Roman **In den Wind geflüstert** (Hamburg, 2018) ist auch auf Deutsch erschienen.
- Eine gute Übersicht über die isländische Dichtung von den Anfängen bis zur Gegenwart bietet die von **Silja Aðalsteinsdóttir, Jón Atlason** und **Björn Kozembel** ausgewählte Anthologie **Isländische Lyrik** (Berlin, 2011). Das Hauptaugenmerk liegt dabei auf dem 20. und 21. Jahrhundert.
- Zu den **Atomdichtern** (s. S. 246) sei der Band 242 der „horen" empfohlen (Eysteinn Þorvaldsson, Wolfgang Schiffer, Zusammenstellung: Johann P. Tammen, Redaktion: die horen. Bei betagten Schiffen / Islands „Atomdichter", Band 242, 56. Jahrgang, 2011).

Informatives aus dem Internet

- **www.government.is:** englischsprachige Website der isländischen Regierung
- **https://reykjavik.diplo.de:** Website der Deutschen Botschaft in Reykjavík
- **http://island.ahk.de:** Die Vertretung der deutschen Wirtschaft in Island bietet vor allem mittleren und kleinen Unternehmen Unterstützung in Island an. Sie ist Teil der Deutschen Internationalen Handelskammer, ihre Kernaufgabe besteht in der Förderung von bilateralen Wirtschaftsbeziehungen.
- **www.iceland.is/iceland-abroad/de/die-botschaft:** Internetpräsenz der isländischen Botschaft in Deutschland mit Informationen zu Handel und Wirtschaft, Studium und Arbeit in Island sowie isländischen Künstlern mit Auftritten in Deutschland
- **www.inspiredbyiceland.com:** Inspired by Iceland ist das offizielle Portal für das Reiseland Island.
- **www.livefromiceland.is:** Webcams an diversen Orten im Land
- **http://icelandiconline.is/index.html:** kostenloser Sprachkurs des Instituts für Isländisch als Fremdsprache der Universität Islands HÍ (die Erklärungen werden auf Englisch gegeben)
- **https://statice.is:** Website des statistischen Landesamts Islands (englische Webseite)
- **https://en.ja.is:** Das isländische Telefonbuch online, mit dem man nach Namen, Adressen und Telefonnummern suchen kann. Außerdem gibt es eine ausgezeichnete Karte (als Karte und Satellitenaufnahme) des Landes. Die korrekte isländische Schreibweise in den Suchfeldern ist erforderlich, die isländischen Buchstaben können in einem Feld ausgewählt werden, aber es werden keine ähnlichen Treffer gemeldet.
- **www.inReykjavik.is:** Website der Autoren mit nützlichen Informationen zu Stadt und Land, Interviews mit isländischen Kreativen aller Kunstgattungen, dem Leben im Jahreskreis und vielen Fotos.

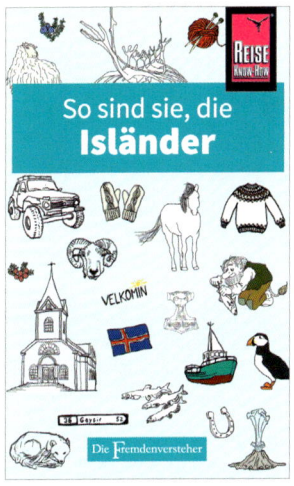

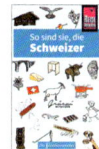

Weitere Titel für Island

Reiseführer – aktuell und informativ

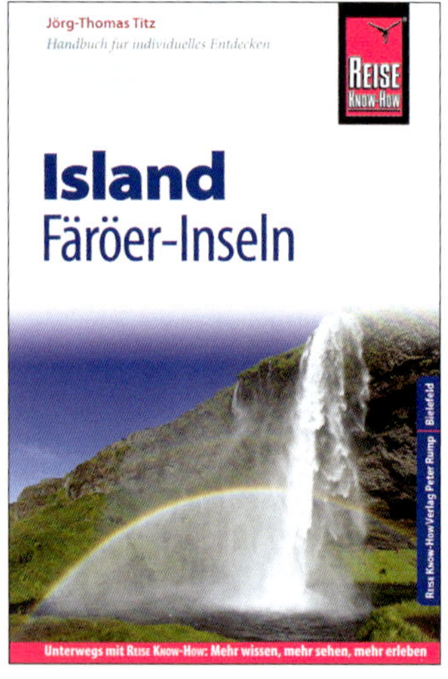

Island und Färöer-Inseln
978-3-8317-2981-4
780 Seiten
37 detaillierte Ortspläne und Karten
€ 24,90 [D]

Reisepraktische Informationen von A bis Z
Sorgfältige Beschreibung aller sehenswerten Orte und Landschaften
Ausführliche Kapitel zu Geschichte, Gesellschaft, Kultur & Natur
Unterkunfts- und Restaurantempfehlungen für jeden Geldbeutel
Hinweise zu allen Verkehrsmitteln
Kleine Sprachhilfe Isländisch
Tipps für Aktivitäten
Viele ansprechende Fotos

Reisen? We know how!

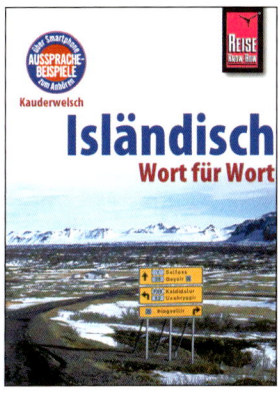

Register

081ki-sb

Kulturschatz: mittelalterliche Miniaturhandschrift im Museum Skriðuklaustur

073ki-sb

◁ Auf sie mit Gebrüll! Auf dem Schild ganz rechts ist das Wappen der Stadt Reykjavík abgebildet.

Island

0 50 km

Polarkreis